Dieta Keto Para leigos

Vicky Abrams, Rami Abrams

Se está pensando em seguir a dieta cetogênica, precisa se preparar! Uma checklist para iniciantes garantirá que você se mantenha no caminho certo para alcançar seus objetivos. É fácil cair na rotina com qualquer dieta, por isso, siga algumas das sugestões que damos de alimentos que fazem parte da dieta cetogênica, incluindo petiscos e bebidas alcoólicas.

COMEÇANDO COM A KETO: A CHECKLIST

A dieta cetogênica (keto, para abreviar, do nome em inglês, *ketogenic*) é completamente low carb — baixíssimos carboidratos. Se está pensando em testá-la, prepare-se! A checklist a seguir, da dieta keto para iniciantes, é um ótimo ponto de partida.

- Prepare a cozinha. Quando você faz uma mudança drástica na dieta, como a keto exige, convém livrar a geladeira, o freezer e os armários de tudo o que é proibido. Isso demanda tempo; você encontrará carboidratos escondidos em alimentos que nunca imaginou que os ocultariam. Dedique uma tarde para analisar sua despensa e eliminar os alimentos que não deve ter.

DICA
Se seus familiares ou colegas de quarto não aderirem à jornada keto com você, pense em maneiras criativas de separar os alimentos que pode comer daqueles que não pode. Reorganize seus armários em categorias "low carb" e "regular", assim, quando for cozinhar, só verá os ingredientes permitidos, reduzindo a tentação.

- Previna a gripe cetogênica. Muitos novatos experimentam o que é conhecido como gripe cetogênica ao fazer a transição da alta ingestão de carboidratos para uma dieta rica em gorduras saudáveis. Como a glicose e o glicogênio (glicose que é armazenada no fígado e nos músculos) serão eliminados de seu sistema, levarão com eles bastante água e eletrólitos, o que cria sintomas semelhantes aos da gripe por alguns dias. Embora a gripe cetogênica seja comum nessa fase, seus sintomas podem ser atenuados ou até mesmo completamente evitados. Se você se hidratar, repor seus eletrólitos com um bom multivitamínico e descansar o suficiente todas as noites, os sintomas de sua transição podem ser tão suaves, que serão quase imperceptíveis.

- Faça uma transição tranquila. Passar da dieta padrão à cetogênica é como escalar uma parede de 3 metros; se seguir uma dieta rica em carboidratos até domingo e, na segunda, passar para uma low carb, será um baque. Contudo, se adicionar gorduras mais saudáveis e diminuir lentamente os carboidratos na semana que antecede a data oficial do início da keto, será como construir uma escada na parede — cada passo se tornará muito mais fácil.

Como você está evitando o açúcar, notará uma diminuição drástica na quantidade de doçura na sua dieta. Faça uma lista de sobremesas cetogênicas que o manterão no caminho e atenderão ao seu desejo de sentir o gosto doce.

Dieta Keto Para leigos

- Lembre-se do que retirar (carboidratos) e do que adicionar (gorduras). A keto causa uma reviravolta na dieta, e é fácil se concentrar apenas no que é preciso retirar (carboidratos) ou adicionar (gorduras). Equilibre ambos: se apenas retirar os carboidratos, sentirá uma fome voraz, o que acabará em lanches descontrolados, algo que quase certamente o desviará da cetose. Caso se concentre apenas na adição de gorduras, não necessariamente ingerirá poucos carboidratos, o que afeta, ou até impede, sua perda de peso.

- Saiba o que medir e o que ignorar. Vários estudos confirmam que, quando as pessoas prestam atenção ao que comem (contando calorias ou a quantidade de macronutrientes) e a quanto pesam (subindo regularmente em uma balança), seus esforços para perder peso são muito mais bem-sucedidos. No entanto, é possível focar demais os números a ponto de eles controlarem você — lembre-se de evitar isso.

    O nível de hidratação faz com que nosso peso oscile até 2kg por dia, portanto, se você se pesa todas as manhãs, leve isso em consideração. Se medir cetonas, não esqueça que as tiras de urina só registram o excesso, portanto, é possível que o nível seja baixo, ou zero, e ainda estar em cetose (quando seu corpo metaboliza gordura como combustível, em vez de usar carboidratos/açúcar). Lembre-se de que todos esses números são indicadores úteis para rastrear o progresso em longo prazo, mas não desanime em curto prazo por causa da estatística.

- Conte para seus familiares e amigos. Começar essa jornada incrível é emocionante, e você deve contar às pessoas! Além de compartilhar algo com o qual está empolgado, há outras vantagens em contar à família e aos amigos. Primeiro, cria responsabilidade — se todos ao seu redor souberem de seus planos, você não ficará tentado a trapacear. Segundo, facilitará as coisas não deixar para a última hora contar que você tem restrições alimentares.

    Não tenha vergonha do que está fazendo — assuma! Este é um excelente passo rumo a uma saúde melhor, e algo que deve deixá-lo animado!

Dieta Keto

Para leigos

Dieta Keto

Para leigos

Rami Abrams e Vicky Abrams

ALTA BOOKS
E D I T O R A
Rio de Janeiro, 2021

Dieta Keto Para Leigos®
Copyright © 2021 da Starlin Alta Editora e Consultoria Eireli. ISBN: 978-85-508-1575-6

Translated from original Keto Diet For Dummies®. Copyright © 2019 by John Wiley & Sons, Inc. ISBN 978-1-119-57892-5. This translation is published and sold by permission of John Wiley & Sons, Inc., the owner of all rights to publish and sell the same. PORTUGUESE language edition published by Starlin Alta Editora e Consultoria Eireli, Copyright © 2021 by Starlin Alta Editora e Consultoria Eireli.

Todos os direitos estão reservados e protegidos por Lei. Nenhuma parte deste livro, sem autorização prévia por escrito da editora, poderá ser reproduzida ou transmitida. A violação dos Direitos Autorais é crime estabelecido na Lei nº 9.610/98 e com punição de acordo com o artigo 184 do Código Penal.

A editora não se responsabiliza pelo conteúdo da obra, formulada exclusivamente pelo(s) autor(es).

Marcas Registradas: Todos os termos mencionados e reconhecidos como Marca Registrada e/ou Comercial são de responsabilidade de seus proprietários. A editora informa não estar associada a nenhum produto e/ou fornecedor apresentado no livro.

Impresso no Brasil — 1ª Edição, 2021 — Edição revisada conforme o Acordo Ortográfico da Língua Portuguesa de 2009.

Produção Editorial	**Produtor Editorial**	**Equipe de Marketing**	**Editor de Aquisição**
Editora Alta Books	Thiê Alves	Livia Carvalho	José Rugeri
Gerência Editorial		Gabriela Carvalho	j.rugeri@altabooks.com.br
Anderson Vieira		marketing@altabooks.com.br	
Gerência Comercial		**Coordenação de Eventos**	
Daniele Fonseca		Viviane Paiva	
		comercial@altabooks.com.brw	
Equipe Editorial	Maria de Lourdes Borges	**Equipe de Design**	**Equipe Comercial**
Ian Verçosa	Raquel Porto	Larissa Lima	LDaiana Costa
Illysabelle Trajano	Rodrigo Dutra	Marcelli Ferreira	Daniel Leal
Juliana de Oliveira	Thales Silva	Paulo Gomes	Kaique Luiz
			Tairone Oliveira
			Vanessa Leite
Tradução	**Revisão Gramatical**	**Revisão Técnica**	**Diagramação**
Carolina Gaio	Alessandro Thomé	Juliana Szabluk	Joyce Matos
	Eveline Vieira Machado	Terapeuta e consultora nutricional	
Copidesque			
Alberto Gassul Streicher			

Publique seu livro com a Alta Books. Para mais informações envie um e-mail para autoria@altabooks.com.br

Obra disponível para venda corporativa e/ou personalizada. Para mais informações, fale com projetos@altabooks.com.br

Erratas e arquivos de apoio: No site da editora relatamos, com a devida correção, qualquer erro encontrado em nossos livros, bem como disponibilizamos arquivos de apoio se aplicáveis à obra em questão.

Acesse o site **www.altabooks.com.br** e procure pelo título do livro desejado para ter acesso às erratas, aos arquivos de apoio e/ou a outros conteúdos aplicáveis à obra.

Suporte Técnico: A obra é comercializada na forma em que está, sem direito a suporte técnico ou orientação pessoal/exclusiva ao leitor.

A editora não se responsabiliza pela manutenção, atualização e idioma dos sites referidos pelos autores nesta obra.

Ouvidoria: ouvidoria@altabooks.com.br

Dados Internacionais de Catalogação na Publicação (CIP) de acordo com ISBD

A161d   Abrams, Rami
         Dieta Keto Para Leigos / Rami Abrams, Vicky Abrams ; traduzido por Carolina Gaio. - Rio de Janeiro : Alta Books, 2021.
         368 p. ; 17cm x 24cm.

         Tradução de: Keto Diet For Dummies
         Inclui bibliografia, índice e apêndice.
         ISBN: 978-85-508-1575-6

         1. Dieta. 2. Dieta Keto. I. Abrams, Vicky. II. Gaio, Carolina. III. Título.

2020-2402   CDD 613.2
                                                           CDU 613.2

Elaborado por Vagner Rodolfo da Silva - CRB-8/9410

Rua Viúva Cláudio, 291 — Bairro Industrial do Jacaré
CEP: 20.970-031 — Rio de Janeiro (RJ)
Tels.: (21) 3278-8069 / 3278-8419
www.altabooks.com.br — altabooks@altabooks.com.br
www.facebook.com/altabooks — www.instagram.com/altabooks

Sobre os Autores

Rami Abrams e **Vicky Abrams** são dois empreendedores do Brooklyn, Nova York. Eles conheceram a dieta cetogênica em 2014, e é natural que, no início, tenham ficado céticos a respeito de uma alimentação que permitia mais ingestão de manteiga e bacon do que de grãos. Para não viver com a pulga atrás da orelha, eles se aprofundaram em seus fundamentos. Ficaram impressionados com os estudos, revisados por pares, que demonstravam sua aplicação como tratamento médico e para perda de peso, e decidiram testá-la. Em poucas semanas, estavam perto de atingir seus objetivos e nunca tinham se sentido melhor em toda a vida.

Ver o ponteiro da balança correndo rápido para o lugar certo foi ótimo, mas os dois maiores benefícios que notaram foram o aumento da disposição e da concentração durante o dia. Quanto mais seguiam a jornada cetogênica, mais dispostos e atentos se sentiam; o que começou como um experimento de curto prazo se transformou em uma reviravolta completa de suas vidas.

Tanto Rami quanto Vicky são "loucos por comida", gostam de experimentar novos pratos e culinárias em todas as oportunidades. Embora encantados com a nova maneira de cozinhar, "rica em gordura", com todos os sabores que ela proporcionava, o casal percebeu que estava deixando de lado muitos de seus pratos favoritos. Determinados a preparar e comer tortas, começaram a procurar formas de recriar receitas convencionais.

A empreitada passou por um processo de tentativa e erro (e vários encontros infelizes com o detector de fumaça), mas eles também fizeram progressos. Vicky gosta de dizer que é possível recriar quase todas as suas comidas favoritas, incluindo as sobremesas. Para uma dieta baseada na eliminação do açúcar e de outros adoçantes prejudiciais, é uma conquista e tanto!

No início de 2015, Rami e Vicky criaram o Tasteaholics.com [conteúdo em inglês], com artigos escritos com base em pesquisas profundas, além de fotografias de receitas e textos sobre seu progresso. O site logo se tornou uma fonte especializada de informações sobre cetogênese e receitas tentadoras. No segundo ano, começaram a publicar sua popular série de livros de culinária, a *Keto in Five*. Os livros de receitas se fundamentam em três princípios básicos: cada prato contém até 5g de carboidratos por porção, é feito com até cinco ingredientes, em cinco etapas fáceis. Seus esforços foram tão bem-sucedidos, que eles se demitiram de seus empregos e se concentraram exclusivamente no Tasteaholics.

Em 2017, os Abrams lançaram a So Nourished, Inc., uma empresa dedicada à produção de ingredientes e produtos com baixo teor de carboidratos, como substituições saudáveis para o açúcar, e brownies, panquecas e caldas low carb.

Eles também expandiram seu site, incluindo planos de refeições e notícias sobre a dieta cetogênica, e lançaram o aplicativo Total Keto Diet [em inglês].

Embora sejam ocupados, os Abrams arranjam tempo para se dedicar a suas duas atividades favoritas: viajar e experimentar novas comidas. Em um ano, passaram seis meses explorando oito países, experimentando suas iguarias e fazendo postagens sobre o estilo de vida cetogênico e as receitas low carb de todo o mundo. Enquanto a revolução da gordura saudável continuar, Rami e Vicky permanecerão dedicados a difundir os benefícios da cetose em todas as áreas da vida.

Dedicatória

Para nossa família low carb: vocês nos inspiram todos os dias. Desde a energia nas redes sociais, que alimenta nossas inovações, até o incentivo que sempre vemos em nossas caixas de entrada, vocês se tornaram uma família da qual não sabíamos que precisávamos. Obrigado por resistirem à tradição conosco, por se disporem a fazer perguntas e a explorar novos territórios, e por exigirem, incansavelmente, saúde *e* sabor!

Agradecimentos dos Autores

Em função da escrita deste livro, somos gratos a inúmeros especialistas, pesquisadores e colegas pioneiros do low carb que trabalharam de sol a sol para descobrir a verdade.

Nosso querido amigo Yuriy Petriv foi a primeira pessoa que nos inspirou a seguir a dieta cetogênica, apresentando-nos não apenas a esse estilo de vida, mas também um ao outro! Sua amizade e parceria (na So Nourished, Inc.) foram a pedra angular para nossos esforços pessoais e profissionais desde o início.

Josh Burnett, nosso editor-chefe do Tasteaholics e da So Nourished, foi um guia inestimável, que estruturou grande parte deste livro com suas críticas pertinentes e sua orientação proativa e detalhada.

Não teria sido possível escrever este livro sem Tracy Boggier, editora sênior de aquisições da Wiley, que nos deu a ideia do projeto. Queremos agradecer a toda a equipe de editores que trabalhou neste livro: Elizabeth Kuball (editora do projeto), Emily Nolan (testadora de receitas), Rachel Nix (editora técnica) e Patty Santelli (analista de nutrição).

Sumário Resumido

Introdução 1

Parte 1: Começando 5
CAPÍTULO 1: Preparando o Básico 7
CAPÍTULO 2: Colocando Prós e Contras na Balança 21
CAPÍTULO 3: Efeitos da Cetose 39
CAPÍTULO 4: Conhecendo Seus Macros 51

Parte 2: Aderindo à Dieta Cetogênica 61
CAPÍTULO 5: Enchendo a Cozinha de Alimentos Keto 63
CAPÍTULO 6: Opções de Bebidas 95
CAPÍTULO 7: Cetose Passo a Passo 113
CAPÍTULO 8: Nutrindo-se Bem 131
CAPÍTULO 9: Comendo Fora e Amando! 141

Parte 3: Encarando os Efeitos Colaterais 157
CAPÍTULO 10: Todo Carnaval Tem Seu Fim 159
CAPÍTULO 11: Lidando com as Pressões Sociais 177

Parte 4: Ao Infinito e Além 189
CAPÍTULO 12: Jejuando 191
CAPÍTULO 13: Segurando Essa Barra 211

Parte 5: Receitas Keto 247
CAPÍTULO 14: Café da Manhã: Daquele Jeito 249
CAPÍTULO 15: Almoços Keto 259
CAPÍTULO 16: Jantares Keto 269
CAPÍTULO 17: Acompanhamentos 279
CAPÍTULO 18: Petiscos sem Riscos 287
CAPÍTULO 19: Delícias Práticas 295
CAPÍTULO 20: Sobremesas: A Vida É um Doce, Vida É Mel ... 305

Parte 6: A Parte dos Dez 319
CAPÍTULO 21: Dez Benefícios da Cetose 321
CAPÍTULO 22: Dez Fontes de Gorduras Saudáveis 325
CAPÍTULO 23: Dez Recursos da Keto 331

Apêndice: Guia de Conversão Métrica 337

Índice 339

Receitas Keto

Café da Manhã: Daquele Jeito

Panquecas de Amêndoa e Mirtilo 251

Torrada com Abacate 252

Waffles com Gotas de Chocolate 253

Taco de Queijo 254

Shake de Morangos e Creme 255

Miniquiches 256

Omelete de Queijo de Cabra 257

Mingau de Framboesa 258

Almoços Keto

Salada de Frango com Abacate 261

Cheeseburger no Crepe 262

Almôndega Marinara Assada 263

Frango com Caju Salteado 264

Camarão Cremoso e Legumes ao Curry 265

Salada Cobb 266

Salada de Couve com Limão 267

Caçarola de Pizza de Frango 268

Jantares Keto

Almôndegas ao Parmesão com Macarrão de Abobrinha 271

Salmão com Purê de Abacate e Limão 272

Costeletas de Porco com Maçã 273

Coxas de Frango Supercrocantes 274

Carne Moída com Brócolis 275

Hambúrgueres Mediterrâneos de Cordeiro 276

Bacalhau Marinara 277

Frango ao Shoyu 278

Acompanhamentos

Couve-de-bruxelas com Parmesão 280

Salada de Repolho Cremosa 281

Purê de Couve-flor com Manteiga Dourada 282

Repolho Frito com Curry 283

Vagens ao Creme de Limão 284

Cogumelos Amanteigados ao Alho 285

Aspargos Assados com Queijo 286

Petiscos sem Riscos

Chips de Queijo e Guacamole 289
Tirinhas de Pão com Pesto 290
Chips de Abobrinha com Ranch 291
Miniespetos Caprese 292
Anéis de Cebola Crocantes. 293

Delícias Práticas

Filé Mignon com Couve Crocante 296
Sopa de Abóbora 297
Frango ao Bacon Crocante com Espinafre ao Alho. 298
Linguiça e Legumes na Frigideira 299
Costeletas de Porco Fritas com Molho de Cogumelos. 300
Sopa Cremosa de Couve-flor 301
Sopa de Legumes. 302
Lasanha de Abobrinha de Frigideira. 303

Sobremesas: A Vida É um Doce, Vida É Mel

🍎 Panquecas de Morango e Creme 307
🍎 Bolo Fácil de Canela na Caneca 308
🍎 Musse de Biscoito Cremoso 309
🍎 Pudim de Abóbora 310
🍎 Torta de Gelatina de Limão. 311
🍎 Panna Cotta de Limão 312
🍎 Muffins de Banana e Amêndoas 313
🍎 Sorvete de Chocolate com Menta 314
🍎 Musse de Abacate com Chocolate. 315
🍎 Brownie com Calda de Amêndoas. 316
🍎 Pudim de Banana 317

Sumário

INTRODUÇÃO 1
   Sobre Este Livro.. 2
   Penso que... 3
   Ícones Usados Neste Livro 3
   Além Deste Livro 4
   De Lá para Cá, Daqui para Lá 4

PARTE 1: COMEÇANDO.................................... 5

CAPÍTULO 1: Preparando o Básico 7
   Entendendo a Dieta Keto.................................... 7
      Dieta cetogênica padrão 10
      Dieta cetogênica direcionada 11
      Dieta cetogênica cíclica 11
      Dieta cetogênica hiperproteica 12
   Descobrindo Se a Dieta Keto É Sua Metade da Laranja........ 13
      Você quer perder peso rápido, de vez 13
      Você não tem medo de compromissos 13
      Quer reduzir o risco de diabetes 14
      Não aguenta mais se sentir triste e lerdo. 14
      Quer ser saudável..................................... 14
   Como Ativar Seu Metabolismo 15
      Consumindo as quantidades ideais de macronutrientes 15
      Sabendo que entrou em cetose......................... 16
      Sabendo quando parar 17
   Eliminando Obstáculos Comuns............................ 18
      Restrições na dieta 18
      Desejo ardente por carboidratos....................... 19
      Efeitos colaterais desagradáveis 19
      Pressões sociais 19

CAPÍTULO 2: Colocando Prós e Contras na Balança 21
   Os Inúmeros Benefícios da Keto 22
      Perda de peso 22
      Melhora da composição corporal 24
      Aumento da energia................................... 25
      Melhora o foco mental................................ 26
      Sono tranquilo....................................... 27
      Níveis de açúcar no sangue estabilizados 28
      Níveis saudáveis de colesterol 29
      Redução da pressão sanguínea........................ 30
      Redução da acne..................................... 30

Redução das inflamações 31
Benefícios para a saúde. 31
Contratempos da Keto. 34
Gripe cetogênica. 34
Hálito cetogênico 35
Cetoacidose 35
Deficiências nutricionais 36
Aos Fatos: Gordura e Colesterol. 36
Identificando os verdadeiros vilões:
Açúcar e alimentos processados. 37
Absolvendo a gordura 37
A verdade sobre o colesterol 37

CAPÍTULO 3: **Efeitos da Cetose**. 39
Explorando o Sistema Total Flex do Corpo. 40
Queimando carboidratos: Glicólise 40
Queimando gordura. 41
Queimando proteínas 42
Seguindo o Fluxo de Energia ao Longo das Vias Metabólicas. 43
Enquanto houver comida 43
Quando o corpo está em jejum 44
Quando o corpo entra em inanição 45
Prevendo Mudanças no Bem-estar 47
Mudanças em curto prazo 47
Mudanças em longo prazo 48
Verificando Se Você Está em Cetose 49
Exame de urina 49
Exame de sangue 50

CAPÍTULO 4: **Conhecendo Seus Macros**. 51
Carregamento de Gorduras Saudáveis. 51
Gorduras saudáveis 52
Gorduras menos saudáveis 54
Gorduras não saudáveis 57
Consumindo Quantidades Moderadas de Proteína. 58
Cortando o Excesso de Carboidratos 59

PARTE 2: ADERINDO À DIETA CETOGÊNICA. 61

CAPÍTULO 5: **Enchendo a Cozinha de Alimentos Keto** 63
Esquecendo Seu Ex. 64
Libertando sua despensa do açúcar. 65
Abandonando farinhas e grãos 68
Eliminando os vegetais amiláceos 70
Dispensando frutas de alto IG 71
Expulsando toda comida processada 72
Por Dentro das Novidades. 73
Conhecendo as gorduras saudáveis 75

xvi   **Dieta Keto Para Leigos**

Descobrindo as proteínas saudáveis. 83
Optando por carboidratos saudáveis 84
Aderindo a adoçantes mais saudáveis 88
Produtos cetogênicos pré-fabricados. 89

CAPÍTULO 6: ## Opções de Bebidas 95

Fazendo da Água Seu Elixir 95
Olha a água mineral!. 96
Aromatizando a água com frutas e ervas. 96
Intensificador de baixa caloria 98
Acrescentando eletrólitos 101
Apreciando Chá e Café. 102
E me beija com a boca de café. 102
Morena, eu quero chá 103
Encontrando um Substituto do Leite. 104
Alternativas aos Sucos e Refrigerantes 106
Refrigerantes diet: Fuja deles!. 107
Dai-me forças: Energéticos na keto 107
Consumindo Álcool na Keto 108
Aderindo às opções low carb 110
Evitando as opções ricas em carbo 111
Escolhendo um chaser. 111

CAPÍTULO 7: ## Cetose Passo a Passo. 113

Personalizando Seus Objetivos Keto. 114
Definindo metas de peso 115
Objetivando condições específicas 117
Prevenindo futuros problemas de saúde. 120
Necessidades Diárias de Macros 120
Total de calorias diárias 121
Total de gordura diária. 124
Total de proteína diária 125
Total de carboidratos diários 125
Preparando Refeições 126
Beliscando sem Sair da Dieta 127
Moderação é tudo 127
Afasta de mim esse cálice!. 128
Recuperando Fluidos e Eletrólitos 129
Água de beber 129
Reabastecendo seus eletrólitos 129

CAPÍTULO 8: ## Nutrindo-se Bem. 131

Contando os Carboidratos Líquidos 132
Restringindo as Proteínas 132
Queremos Gordura! 134
Repondo Seus Eletrólitos. 135
Consumindo Óleos Saudáveis 135
Seja uma Pessoa de Fibra 136

Sumário xvii

CAPÍTULO 9: Comendo Fora e Amando! 141

Restaurantes com Opções Keto 142

Churrascarias e carnes 142

Self-service 143

Frutos do mar 143

Culinária do Mediterrâneo 144

Culinária japonesa 145

Culinária chinesa 145

Controle Absoluto dos Carboidratos 146

Aproveitando Gorduras e Proteínas 148

Pedidos Especiais 149

Montando Sua Refeição Keto 150

Café da manhã 151

Almoço 151

Jantar 152

Bebidas com Baixo Teor de Açúcar 152

Jantando na Casa de Amigos ou Familiares 153

Comunicando suas preferências 154

Leve sua bebida 155

PARTE 3: ENCARANDO OS EFEITOS COLATERAIS 157

CAPÍTULO 10: Todo Carnaval Tem Seu Fim 159

Toda Rosa Tem Espinhos 160

De Olho na Cetoacidose 162

Efeitos Colaterais Mais Específicos 163

Cãibras 163

Constipação 164

Diarreia 165

Palpitações cardíacas 166

Hálito cetogênico 167

Redução de força ou resistência 167

Queda de cabelo 169

Colesterol alto 170

Cálculos biliares 172

Indigestão 173

Erupções cutâneas 174

CAPÍTULO 11: Lidando com as Pressões Sociais 177

Mantendo o Foco 178

Contando Seus Planos 182

Conversando com Seu Médico 185

PARTE 4: AO INFINITO E ALÉM 189

CAPÍTULO 12: Jejuando 191

Os Benefícios do Jejum 192
    Acelerando a perda de gordura 192
    Ganhando mais músculos 194
    Acelerando a recuperação e o reparo 196
    Uniformizando a pele 197
    Freando o envelhecimento 199
    Melhorando a função cerebral 200
    Redução das inflamações 201
    Detox celular 203

Métodos de Jejuar 204
    Jejum de dezesseis horas 205
    Uma refeição ao dia 205
    Dieta 5-2 206
    Jejum em dias alternados 207

Atenuando os Contras do Jejum 207
    Controle sua mente 208
    Comece aos poucos e desenvolva resistência 208
    Movimente-se 208
    Mantenha as mudanças da keto 209
    Hidrate-se 210

CAPÍTULO 13: Segurando Essa Barra 211

Antecipando o Impacto da Keto 212
    Os exercícios e a transição 212
    Fase de adaptação 213
    Exercícios e jejum intermitente 218

Ajustando os Macros aos Exercícios 220
    Otimizando o ganho de massa muscular 220
    Otimizando a perda de peso 224
    Adaptando para ter resistência 224

Adequando a Keto a Seus Objetivos 225
    Seguindo a dieta cetogênica padrão 225
    Adotando a dieta cetogênica hiperproteica
    para ganhar massa muscular 226
    Seguindo a dieta cetogênica direcionada
    para aumentar o progresso do treino 227
    Adotando a keto cíclica 228

Adaptando a Rotina de Exercícios 231
    Anaeróbicos: Treinamento intervalado
    de alta intensidade e resistência 232
    Exercícios aeróbicos 233
    Equilíbrio e estabilidade 234
    Flexibilidade e alongamento 235
    Bônus para atingir seus objetivos 236

Alguns Suplementos Úteis. 239
    Suplementos proteicos low carb 239
    Creatina. 243
    Óleos MCT 243
    Cetonas. 244
    Outros suplementos para a saúde 244

PARTE 5: RECEITAS KETO 247

CAPÍTULO 14: Café da Manhã: Daquele Jeito 249

CAPÍTULO 15: Almoços Keto 259

CAPÍTULO 16: Jantares Keto. 269

CAPÍTULO 17: Acompanhamentos .279

CAPÍTULO 18: Petiscos sem Riscos. .287

CAPÍTULO 19: Delícias Práticas 295

CAPÍTULO 20: Sobremesas: A Vida É um Doce, Vida É Mel 305

PARTE 6: A PARTE DOS DEZ 319

CAPÍTULO 21: Dez Benefícios da Cetose. 321
    Perda de Peso Rápida. 321
    Estabilização do Açúcar no Sangue 322
    Aumento da Energia 322
    Redução dos Níveis de Colesterol 322
    Redução da Pressão Sanguínea 322
    Melhora do Sono. 323
    Controle da Fome 323
    Pele Perfeita 323
    Alto Astral Constante 323
    Interrupção da Resposta Inflamatória. 324

CAPÍTULO 22: Dez Fontes de Gorduras Saudáveis. 325
    Abacate/Óleo de Abacate 325
    Ghee 326
    Óleo de Coco 326
    Azeite de Oliva 326
    Amêndoas. 327
    Carne de Boi Alimentado com Capim 327
    Óleos Triglicerídeos de Cadeia Média 327

Peixe Gorduroso 328
Sementes de Cânhamo 328
Manteiga de Nozes 328

CAPÍTULO 23: Dez Recursos da Keto 331

Diet Doctor 331
Aplicativo Total Keto Diet 332
Healthline Nutrition. 332
Tasteaholics 332
Peter Attia 333
Mark's Daily Apple 333
KetoConnect. 333
/r/keto Subreddit, do Reddit 334
Calculadora de Macros para a Keto. 334
Grupos de Facebook sobre Keto e Low Carb. 334

APÊNDICE: GUIA DE CONVERSÃO MÉTRICA 337

ÍNDICE 339

Introdução

Você está interessado em perder bastante peso em um período relativamente curto? Está cansado de dietas radicais, que restringem suas calorias a ponto de fazê-lo passar fome, cujo desfecho é seu peso voltar com força total ao retomar seus hábitos alimentares? Seu médico lhe disse para reduzir o colesterol ou observar os níveis de açúcar no sangue? Pode surpreendê-lo saber que esses objetivos são acessíveis alterando o que e como você come. A dieta padrão baseia-se no consumo de níveis extremamente altos de carboidratos e na redução da quantidade de gordura ingerida. Embora seja possível viver assim, como os seres humanos têm feito desde a revolução agrícola, não é a melhor maneira. Uma abordagem muito melhor se concentra na ingestão de baixas quantidades de carboidratos e altas de gordura — ela é conhecida como *dieta cetogênica* (keto, para abreviar, do nome em inglês, *ketogenic*).

Com todas essas vantagens, elucidadas por estudos científicos revisados por pares, você pode se perguntar por que alguém se oporia à keto. Infelizmente, há algumas brechas para críticas. O principal problema que a maioria das pessoas tem com a dieta é mais psicológico do que de qualquer outra ordem: os seres humanos parecem predispostos a buscar "curas milagrosas", "superalimentos" e qualquer coisa que pareça boa demais para ser verdade. Como diz o ditado, "Qualquer coisa que pareça boa demais para ser verdade provavelmente é". A keto não é mágica. No entanto, ativa um processo metabólico, completamente natural, que foi ignorado na maior parte da história da civilização — não porque os carboidratos sejam melhores para nós, mas pela facilidade de acesso. Nossa sociedade se tornou consumidora crônica de carboidratos e sistêmica de gorduras, o que acarreta problemas de saúde que são um resultado inevitável de formas desequilibradas de se alimentar. A keto corrige isso de maneira tão drástica, que parece milagrosa. No entanto, esses benefícios rápidos e esmagadores são apenas indicativos de quão desequilibrados nossos padrões alimentares eram, não um "milagre" da keto.

Outra fonte de crítica é oriunda das pessoas que estão sempre procurando soluções rápidas para tudo. Temos certeza de que você convive com pessoas assim — que sempre têm a resposta certa, que são capazes lhe dar uma solução rápida para resolver qualquer área problemática de sua vida e que simplificam demais praticamente tudo. É uma realidade lamentável que muitas pessoas com essa mentalidade tenham embarcado na onda keto e, como resultado, a dieta tenha recebido muita atenção negativa. No entanto, nem os Beatles agradaram a todos — só porque alguns detratores do low carb têm uma mentalidade errada em relação à dieta, não significa que essa abordagem nutricional não tenha seu mérito.

Reconhecemos que dietas "relâmpago" ou "da moda" não são saudáveis. Mesmo que funcionem em curto prazo, o peso perdido sempre volta com força total no momento em que você retoma os antigos padrões alimentares. Somos grandes defensores da manutenção de um estilo de vida saudável, nutritivo, delicioso e confortável. Para nós, a keto não é uma solução rápida de curto prazo; é a maneira como vivemos, e não há nada que nos faça desistir.

A perda de peso é o maior benefício da keto, mais ainda no atual cenário de alimentação tóxica e expectativas de imagem corporal igualmente irrealistas. No entanto, não é a principal razão para termos aderido, há anos, ao estilo de vida cetogênico. Quando você segue uma dieta rica em gorduras saudáveis e saciantes, seus níveis de energia e atenção permanecem altos e aguçados ao longo do dia. Nosso foco fica mais preciso, não temos os altos e baixos dos picos de açúcar no sangue, e faz anos que não ficamos "famintos".

O que você não encontrará neste livro é um incentivo para mudar seus hábitos alimentares por um curto período para experimentar uma rápida perda de peso. Embora seja comum que as pessoas que estejam fazendo a keto queimem gordura rapidamente, essa não é uma dieta relâmpago que você deve fazer duas semanas antes do casamento e depois voltar para uma dieta rica em carboidratos. É altamente recomendável que você considere fazer uma mudança de estilo de vida para uma dieta muito mais saudável e com inúmeros benefícios comprovados. Não precisa decidir agora seguir a keto para sempre, mas ficaremos surpresos se você não considerar isso depois de um mês consumindo gorduras saudáveis — você terá uma ótima aparência e se sentirá bem.

Sobre Este Livro

Escrevemos este livro para que você encontre informações de maneira rápida e fácil. Cada capítulo concentra-se em um aspecto da dieta cetogênica e descreve como fazer a transição, destacando os benefícios ou as desvantagens, e estruturando sua dieta e seu estilo de vida para desenvolver sua "melhor versão". Há alguns detalhes e dicas práticas específicos, mas você não precisa ler o livro na ordem canônica. Fique à vontade para pular, navegar pelas seções que achar interessantes e seguir para onde seu coração o levar.

Não é necessário ler este livro inteiro para vivenciar uma jornada bem-sucedida de keto. Nós o estruturamos para funcionar como um guia de referência. Faça anotações em suas margens, escreva recursos adicionais ou ajustes de receita e destaque as informações que achar mais aplicáveis à sua situação. Em suma, faça deste livro um reflexo de sua exploração cetogênica e personalize-o para se adequar a você!

Ao longo do livro, você notará que o texto é sinalizado pelo ícone Papo de Especialista, bem como por boxes cinza. Se tiver pouco tempo, pode pular essas seções; elas são interessantes, mas não essenciais para entender o tópico em questão.

Por fim, neste livro, você observará que alguns sites se quebram em duas linhas de texto. Se quiser visitar um deles, basta digitar o endereço exatamente como está indicado no texto, como se a quebra de linha não existisse. Todos os sites indicados têm conteúdo em inglês.

Penso que...

Ao escrevermos este livro, fizemos as seguintes suposições sobre você:

» Você quer mudar sua dieta, perder peso, melhorar sua forma física ou lidar com algum tipo de problema de saúde.

» Tem controle sobre as escolhas alimentares que você e sua família fazem, e deseja incentivá-la a ter um estilo de vida saudável e low carb.

» Quer reduzir a ingestão de comidas processadas e tóxicas e maximizar as opções de alimentos saudáveis, para se sentir mais jovem, saudável e feliz.

» Está interessado em aprender como as escolhas alimentares o afetam física e mentalmente, mas não deseja ficar atolado em todo o jargão científico. Você quer um resumo em linguagem simples do que precisa saber.

» Está aberto à ideia de fazer mudanças em seu estilo de vida — evitando certos alimentos, priorizando o sono, adotando um programa de condicionamento físico — para melhorar sua qualidade de vida.

Ícones Usados Neste Livro

Ao longo deste livro, usamos *ícones* (pequenas figuras na margem) a fim de chamar sua atenção para certas informações. Aqui estão os ícones que usamos e o que significam:

DICA

Sempre que vir o ícone Dica, haverá algumas informações que facilitarão sua jornada keto de alguma forma, em grandes ou pequenas proporções.

Este livro é um guia, o que significa que você não precisa memorizá-lo nem haverá um teste na sexta-feira. No entanto, às vezes, falamos algo tão importante, que é bom você guardar para uso futuro, e quando o fazemos, marcamos essas informações com o ícone Lembre-se.

Quando vir o ícone Cuidado, pare! É aí que estamos informando sobre armadilhas ou perigos que deve evitar.

Às vezes, ficamos empolgados e dizemos algo supertécnico ou científico. Esse é o tipo de coisa que nos faz salivar, mas, se você não é tão nerd quanto nós, pule essas partes, nada essencial será perdido.

Por fim, usamos um pequeno ícone de tomate (🍅) para destacar receitas vegetarianas nas listas Receitas Deste Capítulo, bem como nas Receitas Keto, no começo do livro.

Além Deste Livro

Além do livro que está em suas mãos, há um conteúdo útil de bônus online. Confira a Folha de Cola gratuita. Acesse o site www.altabooks.com.br e digite o título ou o ISBN do livro na caixa de pesquisa.

De Lá para Cá, Daqui para Lá

Você pode ler este livro do começo ao fim ou usar o Sumário e o Índice para localizar os tópicos que mais lhe interessam no momento. Se não sabe por onde começar, vá para o Capítulo 1, que não tem erro. Se preferir já começar cozinhando, vá para a Parte 5 ou procure nas Receitas Keto, no início do livro, o que desejar, desde aperitivos a sobremesas. Se está curioso sobre o jejum, o Capítulo 12 é sua alma gêmea. E se quiser apenas um lembrete rápido sobre os dez grandes benefícios de seguir a keto, vá para o Capítulo 21. Por onde quer que comece, esperamos que a dieta keto seja tão recompensadora para você quanto é para nós!

1
Começando

NESTA PARTE...

Familiarize-se com os fundamentos da keto.

Identifique os pontos fortes e fracos da vida low carb.

Entenda a ciência por trás da dieta keto.

Descubra os ingredientes básicos da keto.

> **NESTE CAPÍTULO**
>
> » **Familiarizando-se com a keto**
>
> » **Descobrindo se a keto é sua metade da laranja**
>
> » **Entrando em cetose**
>
> » **Mantendo-se otimista**

Capítulo **1**

Preparando o Básico

A keto tornou-se bastante popular nos últimos anos, mas o que você realmente sabe sobre esse estilo de vida aparentemente moderno? Será que a keto vale a propaganda e é, de fato, uma maneira saudável de perder peso? Estamos aqui para ajudá-lo a descobrir se ela é o melhor para você e as etapas básicas para seguir o estilo de vida keto com segurança e eficácia. Neste capítulo, abordamos os fundamentos do estilo de vida keto e o preparamos para dar a partida, com uma clara noção dos benefícios de escolhê-lo.

Entendendo a Dieta Keto

A dieta cetogênica (ou dieta keto) é um método excepcionalmente bem pesquisado e comprovado para trabalhar *com* seu corpo, e não contra ele, para melhorar sua saúde. Seguir as regras básicas do estilo de vida keto o faz:

» Sentir-se mais disposto.

» Perder peso mais rápido.

» Melhorar a saúde cardiovascular.

» Aguçar o foco mental.

Além desses benefícios, há vários outros de longo prazo que o deixarão rindo à toa. Embora tenha se popularizado há pouco tempo, a dieta keto é adotada há quase cem anos para curar e prevenir doenças, com um longo histórico de benefícios.

Em resumo, a dieta keto é:

>> Rica em gorduras.

>> Moderada em proteínas.

>> Low carb.

Colocar grãos e carboidratos na base de todas as refeições parece um padrão, mas, na maior parte da história da humanidade, não era o caso. Os carboidratos processados e de fácil digestão estimulam o ganho de peso e geram picos prejudiciais de açúcar no sangue a cada mordida; ao longo da vida, isso destrói sua saúde.

A dieta cetogênica o coloca em *cetose*, um processo em que as gorduras, não os açúcares dos carboidratos, são usadas para alimentar o corpo. Na dieta keto, você aprende a tornar as potências nutricionais — gorduras — a base de suas refeições.

Neste capítulo, e de novo no Capítulo 3, aplacamos os medos típicos quando falamos sobre comer gordura. A verdade é que a gordura não é a culpada pelos problemas cada vez mais comuns de obesidade e sobrepeso de que você sempre ouve falar. A gordura é muito benéfica, ela o faz se sentir mais saciado, colabora com a perda de peso e melhora a saúde em longo prazo.

Há muitas noções erradas sobre nutrição, em geral, e sobre a dieta keto, em particular. Neste livro, analisamos o eterno embate sobre o que você deve ou não comer para ficar um filé (trocadilho intencional). O estilo de vida keto é muito mais do que os memes do "bacon enrolado em queijo" o fazem acreditar — embora bacon e queijo sejam permitidos. Ingerir alimentos baseados no estilo de vida keto não causará estragos em seu coração ou vasos sanguíneos, nem aumentará seus níveis de colesterol.

Apesar do que muitos nos dizem há décadas, não precisamos ingerir muitos carboidratos para ter um estilo de vida saudável. Na verdade, o segredo é comer uma variedade de alimentos cetogênicos. A dieta keto é um estilo de vida flexível e aventureiro, que não é uma fórmula única; há várias formas de combiná--la com seu estilo de vida e seus objetivos.

Nas seções a seguir, examinamos as várias opções disponíveis, em que diferem e o que cada uma oferece.

8   PARTE 1 **Começando**

A HISTÓRIA DA KETO

De certa forma, a dieta cetogênica existe há milhares de anos. Na verdade, a primeira menção a esse padrão alimentar foi encontrada em textos médicos gregos de 400 a.C. A dieta foi formalmente criada e nomeada há um século por médicos que buscavam uma maneira inovadora de tratar a epilepsia infantil. Foi muito bem-sucedida, embora a comunidade médica não entendesse completamente seu funcionamento — eles só sabiam que consumir uma dieta rica em gorduras e com poucos carboidratos reduzia drasticamente, e em alguns casos até eliminava, o número de convulsões sofridas por epiléticos.

A dieta perdeu popularidade nas décadas de 1930 e 1940, quando os anticonvulsivos foram inventados. O principal apelo para a venda desses medicamentos foi a conveniência, não necessariamente a eficácia. A keto ainda é tão eficaz, que os médicos recorrem a ela nos casos de *epilepsia intratável*, uma versão da condição que não responde à medicação. Nesses casos, a keto quase sempre funciona. A principal objeção à dieta, e o que a fez cair em desgraça nas décadas de 1930 e 1940, é que ela requer um pouco de dedicação e disciplina para cozinhar de uma maneira diferente daquela como o resto da sociedade aborda a comida. Os benefícios são inegáveis, mas demanda esforços — e tratar a epilepsia tomando uma pílula é muito mais conveniente do que reformular a dieta. Porém, para os cerca de 30% de epiléticos para os quais a medicação não tem efeito, a keto é o alívio indispensável.

Entre as décadas de 1940 e 1990, a dieta cetogênica caiu no ostracismo. Ainda era usada na comunidade médica, mas com moderação, e não gerava grandes discussões. Isso mudou em meados dos anos 1990, quando o diretor de Hollywood Jim Abrahams a descobriu, procurando desesperadamente tratamentos que ajudassem seu filho epilético. Os Abrahams consideraram a keto tão eficaz, que Jim criou a Fundação Charlie, em homenagem ao filho, para reviver a abordagem alimentar como tratamento convencional. Os esforços de Abrahams marcaram o ressurgimento do interesse pela cetose e, nas décadas que se seguiram, a comunidade médica e científica realizou milhares de estudos sobre ela.

À medida que o interesse pela dieta crescia, as pessoas começaram a perceber que sua função extrapolava a prevenção de convulsões. No início da década de 1900, a prevalência de diabetes era de cerca de 3 em 100 mil; 100 anos depois, no entanto, quase 1 em cada 10 norte-americanos é diabético ou pré-diabético. Aqueles que adotaram a cetose ficaram chocados com os resultados: além de fazer mais de 90% dos diabéticos tipo 2 reduzir seus medicamentos, mais da metade dos diabéticos tipo 2 que mantiveram o estilo de vida low carb e com alto teor de gordura teve redução tamanha em seus níveis de HbA1C (o principal marcador de diabetes), que sua condição foi revertida!

(continua)

(continuação)

A comunidade diabética reagiu com empolgação, e as pessoas começaram a notar outros efeitos. Os indivíduos que adotavam a dieta cetogênica viam o excesso de peso se esvair e começaram a assumir um peso corporal saudável, independentemente de idade, gênero, raça e etnia — nem o sedentarismo parecia interferir. A keto mantinha percentuais ideais de gordura corporal.

A indústria da perda de peso é multibilionária, portanto, essa descoberta despertou uma enorme atenção. Novas pesquisas descobriram que esse modo de comer reduzia o colesterol da lipoproteína de baixa densidade (LDL, o tipo ruim) e aumentava o colesterol da lipoproteína de alta densidade (HDL, o tipo bom), o que chocou a comunidade nutricional dos anos 1990. Mulheres que sofriam da síndrome dos ovários policísticos (SOP) apresentaram redução dos sintomas, e estudos confirmaram que aquelas com problemas de fertilidade os reduziram com a baixa ingestão de carboidratos.

Histórias de pessoas que venceram o câncer com a ajuda da keto começaram a surgir, e, como você deve imaginar, isso gerou um burburinho na comunidade médica. Estudos descobriram que a Keto não cura o câncer, mas tem efeitos notáveis. O primeiro decorre do fato de que muitos tumores cancerígenos se alimentam quase exclusivamente de glicose, mas não de cetonas; quando os pacientes mudaram a alimentação, até algumas formas agressivas de câncer pararam de crescer, dando aos tratamentos médicos tradicionais mais tempo para agir. Os estudos também confirmaram que o estilo de vida cetogênico torna os tumores mais sensíveis à radiação e à quimioterapia; a dieta não apenas deu à comunidade médica mais tempo para trabalhar, como ajudou seus esforços.

Dieta cetogênica padrão

A dieta cetogênica padrão é a versão básica da keto. Já existe há mais tempo e tem mais evidências e pesquisas subjacentes. Se está considerando a keto, precisa estar familiarizado com a dieta cetogênica padrão. Ela divide as fontes da ingestão calórica diária da seguinte maneira:

> » **Gordura:** 70%.
>
> » **Proteína:** 25%.
>
> » **Carboidratos:** 5%.

Tradicionalmente, nessa dieta, você come cerca de 25g de carboidratos por dia. No entanto, vivemos em tempos mais flexíveis, e algumas pessoas comem até 50g. Tudo bem, porque a maioria das pessoas fica em cetose com 50g de carboidratos por dia, então não precisam limitá-los mais. Com o tempo, você descobrirá o que funciona melhor no seu caso.

A quantidade diária de carboidratos é de, no máximo, apenas um quinto do que muitas pessoas comem. Na dieta padrão, você ingere cerca de 30% de calorias provenientes de gorduras, 20% de proteínas e, pelo menos, 50% de carboidratos. Isso significa que a maioria das pessoas come cerca de 250g de carboidratos por dia ou mais. Como você imagina, uma mudança tão radical, de uma dieta baseada em carboidratos para uma baseada em gorduras, tem um enorme impacto em seus níveis de saúde e energia.

LEMBRE-SE

Na dieta cetogênica padrão, a proporção é de 70:25:5 em termos de calorias provenientes de gorduras, proteínas e carboidratos. Considere comer até 30g de carboidratos diários.

Dieta cetogênica direcionada

A dieta cetogênica direcionada é voltada para atletas. É uma versão um pouco mais flexível da dieta keto, porque permite a ingestão de mais carboidratos em períodos de treinos intensos. Quando se queimam muitas calorias, os carboidratos ingeridos são imediatamente usados como combustível, então, em longo prazo, o corpo mantém a cetose. Assim que os carboidratos são usados durante o treino, o corpo volta à queima de gordura, por isso sedentários não ingerem esses carboidratos extras.

Essa é uma boa escolha para pessoas muito ativas, que praticam exercícios intensos regulares (por horas, não minutos) ou treinam para um grande desafio atlético que requer muita energia, como uma maratona. Independentemente disso, não é um passe livre para ingerir a mesma quantidade de carboidratos de uma dieta rica neles. Quem segue essa modalidade da dieta deve consumir cerca de 20g a 25g de carboidratos de fácil digestão (carboidratos simples) cerca de 30 a 45 minutos antes de se exercitar. Após os exercícios, deve voltar à dieta keto padrão. Lembre-se do número total de calorias (incluindo os carboidratos ingeridos no pré-treino) ao calcular sua ingestão diária de energia.

LEMBRE-SE

É fundamental que a ingestão de carboidratos seja suficiente apenas para alimentar o treino, para que seu corpo volte a queimar gorduras quando terminar de se exercitar. Geralmente, é preciso se ajustar à dieta cetogênica padrão durante alguns meses antes de mudar para a versão direcionada.

Dieta cetogênica cíclica

A dieta cetogênica cíclica é outra opção flexível, voltada para atletas de alta performance. Aqui, o campo de jogo é ampliado — estamos falando do corredor da ultramaratona ou do atleta profissional, não do guerreiro de final de semana. Esses atletas podem aumentar a ingestão de carboidratos por um curto período para "se abastecer", como compensação para o alto nível de desempenho com o qual se comprometem. O aumento pode ocorrer alguns dias antes de um grande treinamento, e a quantidade de carboidratos consumida deve corresponder à intensidade das atividades físicas executadas. Depois, eles voltam à dieta cetogênica padrão após o término do grande evento. Embora eles não atinjam o estado de cetose durante esses "dias de trapaça", o alto nível de desempenho os mantém na faixa de low carb, porque queimam muito mais calorias do que o normal.

Outro grupo de seguidores da dieta cetogênica cíclica inclui quem tem dificuldade em seguir a dieta cetogênica padrão e opta por trapacear de vez em quando. O esquema pode se basear em seguir a keto cinco dias por semana, deixando os finais de semana "livres". Para aqueles que comem carboidratos no fim de semana ou não conseguem seguir a dieta cetogênica padrão por causa das pressões sociais, é importante não se perder nos ciclos de "farras de carboidratos". Passar do estado de cetose para a alta ingestão de carboidratos tão rapidamente impacta o corpo. Então passe a uma "dieta pobre em carboidratos", na faixa de 150 a 200 gramas nos dias de trapaça. A cetose não acontecerá nesses dias — e pode demorar um pouco para o corpo voltar a fazê-la, mesmo nos dias em que voltar à dieta cetogênica padrão —, mas, pelo menos, ainda há os benefícios da redução de carboidratos.

DICA

A dieta cetogênica cíclica é útil para atletas e aqueles que acham difícil se comprometer com o estilo de vida keto. Agora, a keto é muito flexível e adaptável a qualquer estilo de vida, desde que você se comprometa com sua saúde.

Dieta cetogênica hiperproteica

Na dieta cetogênica hiperproteica, você aumenta a porcentagem de calorias oriundas das proteínas. Geralmente, ela se divide assim:

- » **Gorduras:** 60%.
- » **Proteínas:** 35%.
- » **Carboidratos:** 5%.

Essa é a opção ideal para as pessoas preocupadas com a perda de massa muscular ou que desejam crescer, como fisiculturistas ou indivíduos com pouca massa muscular magra. Geralmente, a keto é uma dieta neutra para os músculos (você não ganha e nem perde), portanto, adicionar proteínas é uma ótima opção para quem deseja ganhar massa muscular. Nessa dieta, você ainda está em cetose, mas não tem necessariamente um nível tão alto de cetonas quanto alguém que segue a dieta cetogênica padrão. É difícil, mas possível, sair da cetose se os 35% recomendados de calorias proteicas forem excedidos. Também é importante, nesse tipo de dieta keto, lembrar-se de ingerir uma variedade de alimentos proteicos saudáveis e nutritivos.

Descobrindo Se a Dieta Keto
É Sua Metade da Laranja

Ainda não tem certeza se a dieta keto é ideal para você? Além das quatro opções que acabamos de analisar, o estilo de vida keto é adaptável para atender a quase todas as necessidades, desde a pessoa que procura acelerar a perda de peso à que se preocupa com o risco de diabetes. É preciso adotar uma atitude de mudança e se comprometer com ela, porque haverá obstáculos na estrada; mas, para os persistentes, o estilo de vida keto compensa o esforço. Mergulhamos mais nos muitos benefícios, e poucos efeitos colaterais, da keto no Capítulo 2, mas, nesta seção, mostramos um pouco do porquê de ela ser a nata das dietas.

Você quer perder peso rápido, de vez

Se já testou várias dietas e se sente desmotivado porque não consegue manter o peso, a dieta keto é para você. Ela transforma seu corpo em uma máquina de queima de gordura. Com a combinação certa de exercícios e dieta keto equilibrada, você alcançará seus objetivos de perda de peso. A dieta keto demonstrou fazer as pessoas perder peso mais rápido do que as dietas com baixo teor de gorduras; se mantiver seu compromisso, será uma maneira saudável e satisfatória de manter seu peso em longo prazo.

Você não tem medo de compromissos

A keto é ótima para quem se compromete. Existe uma margem de flexibilidade, mas mudar sua mentalidade para uma de "gordura é saudável e carboidratos não são tão necessários quanto pensamos" requer um pouco de conhecimento nutricional (ler este livro é um ótimo começo) e o compromisso de escolher opções favoráveis à keto em um mar de delícias ricas em carboidratos. É preciso fazer escolhas quanto ao que se coloca no corpo como combustível, observando suas metas de longo prazo, e não o que é mais fácil.

Ela é um tanto desafiadora, principalmente nos primeiros dias e semanas, se você nota alguns sinais da *gripe cetogênica* (cãibras musculares e a sensação geral de ter sido atropelado, conforme seu corpo se ajusta à cetose). No Capítulo 3, compartilhamos algumas dicas para diminuir ou evitar esses sintomas, mas enfrentar a gripe cetogênica pode fazê-lo vacilar em seu compromisso com o estilo de vida keto. Se leva sua saúde a sério e não se abala pelos tropeços no caminho, a keto lhe dará benefícios duradouros.

CAPÍTULO 1 **Preparando o Básico** 13

Quer reduzir o risco de diabetes

Se está preocupado com o risco de desenvolver diabetes, a keto é uma excelente opção. Ela interrompe as oscilações dos níveis de açúcar que ocorrem na dieta padrão, carregada de carboidratos. A keto reduz o risco de desenvolver diabetes tipo 2, um problema generalizado, que leva a doenças cardiovasculares e a outros problemas de saúde severos. Suspeita-se que uma grande quantidade de pessoas seja pré-diabética e sequer sabe.

CUIDADO

Seja cauteloso se já for diabético. Pesquisas mostram que a dieta keto pode, de fato, ajudar a curar o diabetes e a livrar as pessoas dos medicamentos, mas ele é uma condição grave, que requer tratamento médico. Procure o apoio de um médico ou nutricionista se já tiver diagnóstico de diabetes e quiser adotar a dieta keto; ela diminuirá muito os níveis de açúcar no sangue, auxiliando os medicamentos.

Não aguenta mais se sentir triste e lerdo

A maioria dos adeptos da keto percebe um aumento na energia e no foco mental. Quase esquecemos como é aquela sensação de "fome" que tínhamos às 16h, quando parecia justificável morder a cabeça de um colega de trabalho se não pudéssemos comer alguma coisa, qualquer coisa, naquele exato momento.

Esses sintomas são praticamente universais, quando seu corpo fica refém das oscilações selvagens dos níveis de açúcar no sangue que acontecem quando você come carboidratos, mas não faz uma refeição há horas. A dieta keto permite que você se liberte desses sintomas porque seus níveis de glicose no sangue permanecem estáveis, seja no meio de uma refeição, seja em um jejum de mais de seis horas. Com níveis estáveis de açúcar no sangue, você fica com energia e não fica lento no final do dia — nem em qualquer outro momento.

Quer ser saudável

A dieta keto não é boa apenas para a perda de peso e o controle de açúcar; é também anti-inflamatória, melhorando sua saúde em muitas outras áreas. Ela foi desenvolvida para crianças com convulsões incuráveis, que não respondiam nem aos melhores e mais recentes medicamentos.

A dieta keto diminuiu e, em alguns casos, interrompeu as convulsões. Pesquisas subsequentes mostraram que ela reduz o risco de doenças neurodegenerativas, como o Alzheimer, melhora os níveis de colesterol e previne doenças cardíacas. Um bônus para os adolescentes é que combate a acne. Abordaremos os detalhes de seus benefícios para a saúde nos próximos capítulos, mas, por agora, saiba que são muitos.

LEMBRE-SE

A dieta keto poderá ser ideal para você se estiver pronto para se comprometer a mudar sua saúde para melhor.

Como Ativar Seu Metabolismo

Entrar em cetose requer um compromisso para reduzir drasticamente a ingestão de carboidratos. Seu corpo está programado para usar carboidratos como combustível, quando estão disponíveis, então não se entra em cetose até que a ingestão caia para, no máximo, 50g de carboidratos diários e que esse nível seja mantido por vários dias. Se você voltar a comer mais carboidratos, a cetose parará. Aprender a entrar em cetose é vital para desfrutar um estilo de vida keto. Estamos aqui para ajudá-lo a descobrir tudo.

Consumindo as quantidades ideais de macronutrientes

Ao iniciar a dieta keto, é preciso saber a ingestão exata de calorias dos três *macronutrientes* primários (os principais grupos de alimentos que fornecem combustível para seu corpo): gorduras, proteínas e carboidratos. O segredo da keto é a pequena ingestão de carboidratos. Mesmo que você siga uma dieta rica em gorduras e com proteínas moderadas, se exceder o limite de carboidratos, não entrará em cetose. É preciso monitorar a ingestão de carboidratos até se acostumar a seguir uma dieta low carb e ter uma boa noção da quantidade de carboidratos dos alimentos. Isso significa entender a proporção de macronutrientes em uma porção de alimentos frescos e sempre, mas sempre mesmo, verificar as tabelas nutricionais dos alimentos industrializados.

Ao passar a conferir os rótulos nutricionais, você ficará surpreso com a quantidade de alimentos que contêm carboidratos ocultos, desde condimentos, como ketchup e molho para salada, a carnes e outras proteínas, que contêm farinha e amido. Mantenha essa natureza curiosa ao sair para comer, mesmo que seja na casa de um amigo. Saber o que compõe sua comida é prioridade.

Aumentando o consumo de gorduras saudáveis

Como já sabe, você terá de aumentar a ingestão de gordura — e muito. Se já fez dieta, aumentar a ingestão de gordura é bastante alarmante, principalmente se acha que ingerir gordura resulta em ganho de peso. Mesmo que não queira emagrecer, a gordura tem uma reputação de não ser saudável, ruim para o coração e algo que sempre deve ser limitado. Isso não pode estar mais longe da verdade. Claro, devemos nos certificar de escolher gorduras de fontes saudáveis e nutritivas, mas as gorduras, em si, não são ruins. Falamos mais sobre isso no Capítulo 4, mas adiantamos que é importante obter gorduras de alimentos vegetais e animais, e comer nozes, sementes, abacate, óleos saudáveis, laticínios e gordura animal.

Calculando sua necessidade proteica

A quantidade de proteínas ingeridas na keto não está muito distante da que se come em uma dieta rica em carboidratos, portanto, não deve haver muita confusão. Algumas pessoas se equivocam pensando que a dieta keto é rica em proteínas e que seus adeptos comem carne, carne e mais carne. Isso não é verdade, e a keto não é uma desculpa para viver à base de hambúrguer. Controle a quantidade de proteína que deve consumir em um dia com base no peso corporal e no nível de atividade física. Familiarize-se com as porções adequadas de suas fontes de proteína, bem como com as melhores fontes de proteína que combinam com seu estilo de vida. Uma quantidade moderada de proteína é de cerca de 1,2g para cada quilo de peso corporal, se for sedentário. Isso dá cerca de 85g de proteínas, se você pesar 70kg. Caso seja fisicamente ativo, a proteína pode se elevar para até 1,7g para cada quilo de peso corporal. Isso dá cerca de 120g de proteínas diárias. Atenção: fique atento à diferença entre "peso do prato" e "quantidade de proteínas". Um ovo pesa 50g e contém 6,3g de proteínas. Aqui, estamos falando da quantidade de proteínas, não do peso do alimento.

Cortando sua ingestão de carboidratos

Sua ingestão de carboidratos começará ou interromperá sua jornada keto, então fique atento! Vale lembrar que, sempre que falamos de "carboidratos" neste livro, estamos nos referindo a carboidratos de fácil digestão. Existem carboidratos complexos e simples — de grãos integrais e aveia a doces e qualquer coisa com açúcar —, que seu corpo usa como combustível. Não é preciso limitar os carboidratos indigeríveis, como fibras; seu corpo não os digere, o que significa que os carboidratos da fibra não deterão a cetose. Na dieta keto, os alimentos ricos em carboidratos são substituídos por vegetais com baixo teor de carboidratos, que também são boas fontes de fibras. Você pode comer uma pequena quantidade de frutas que contenham pouco açúcar, como frutas silvestres. Não se preocupe, há muitas opções low carb excelentes que o manterão saciado.

DICA

Para ter sucesso na keto, acostume-se a olhar os rótulos nutricionais. É importante saber quantos carboidratos está comendo, para não interromper a cetose. Com o tempo, você aprenderá a evitar carboidratos "ocultos" e se dará bem com as opções low carb.

Sabendo que entrou em cetose

Demora de alguns dias a uma semana seguindo uma dieta low carb para a maioria das pessoas entrar em cetose. Isso ocorre porque nosso corpo armazena uma quantidade "emergencial" de carboidratos, caso de repente fiquemos sem pão e macarrão. Se for a primeira vez que entrará em cetose, talvez esteja incerto quanto ao que esperar. Algumas pessoas têm sintomas que sugerem cetose, enquanto outras nem notam alterações. Os sinais mais comuns da cetose para iniciantes são dores de cabeça, fadiga e cãibras musculares (os sintomas da gripe cetônica, que abordaremos no Capítulo 2). Embora seja desagradável, é um sinal de que você está alcançando seus objetivos.

Então, como saberá que está em cetose se não tiver nenhum sintoma? Uma maneira básica é usar um teste de urina para cetose — do mesmo tipo que as mulheres usam para verificar se estão grávidas, mas para cetose. Em cetose, a urina tem certo nível de *cetonas* (produtos de ácidos graxos decompostos), que as pessoas que seguem uma dieta rica em carboidratos não têm. Isso lhe mostra se alcançou sua meta. Esses testes de urina estão disponíveis para compra online ou na maioria das boas lojas de suplementos. O exame de sangue também mede o nível de cetonas. Mostramos como testar a cetose no Capítulo 3.

Sabendo quando parar

Quando alguém está em cetose, e os obstáculos iniciais foram superados, deve se sentir no topo do mundo. Vez ou outra, porém, algumas pessoas em cetose não se sentem assim, mesmo após semanas ou meses engajadas. Aqui estão alguns sinais de que a abordagem à keto precisa ser reavaliada:

- » Você está sempre cansado.
- » É difícil ter uma boa noite de sono.
- » Seus hábitos intestinais diminuíram bastante.
- » Você não está tão forte quanto antes e perdeu definição muscular.
- » Tem tido erupções cutâneas ou perda de cabelo.

Se estiver passando por alguns desses problemas, precisa alterar a dieta e investigar o que está errado com sua jornada keto. Em geral, esses efeitos colaterais decorrem da falta de nutrientes cruciais, como vitaminas e minerais essenciais. Alguns caem nessa armadilha porque comem sempre os mesmos cinco ou seis alimentos permitidos na keto, e não muito mais. Se sua dieta cetogênica parecer uma luta, faça um balanço do que come diariamente e se isso o está alimentando de fato.

CUIDADO

Um efeito colateral raro, mas que merece menção, é a *cetoacidose*. Ela ocorre com mais frequência em diabéticos tipo 1, mas não é exclusiva desse grupo. A cetoacidose ocorre quando o número de cetonas na corrente sanguínea excede a faixa saudável. Em geral, somente as pessoas que têm uma condição médica subjacente (como diabetes) são afetadas, mas ela pode acometê-lo se você restringir muito suas calorias ou tiver uma alta necessidade energética, como as

DICA

grávidas. Se tem uma condição médica relevante, converse com seu médico antes de aderir à keto.

Se faz acompanhamento médico decorrente de algum problema crônico de saúde, aconselhe-se com seu médico antes de iniciar a keto. Ela é uma opção de estilo de vida saudável, mas algumas condições médicas conflitam com ela.

Eliminando Obstáculos Comuns

A princípio, a dieta keto é desafiadora, então se concentre em seu compromisso antes de começar a jornada. É uma boa ideia ter uma noção dos obstáculos comuns que encontrará ao iniciar a dieta cetogênica, para estar preparado e confiante. Abordamos o tópico em detalhes no Capítulo 3, mas lhe damos um gostinho do que esperar.

Conhecer seus motivos para adotar o estilo de vida keto é uma boa estratégia. "Perder peso" ou "ficar saudável" são razões comuns para as pessoas começarem, mas para ter sucesso em uma mudança tão significativa, aprofunde-se e encontre seus motivos particulares. Isso o motivará quando sentir vontade de comer carboidratos ou parecer que não tem nada para comer. Para algumas pessoas, o troféu é perder peso para correr a maratona; para outras, ficar saudável para não acabar adquirindo diabetes, como os pais.

DICA

Seja qual for seu motivo, anote-o — e tenha-o sempre à mão —, para que, ao encontrar obstáculos, se lembre do que o fez começar. Quando há objetivos concretos e um plano específico para alcançá-los, é mais provável ter sucesso na jornada.

Outra ótima ideia é conseguir um parceiro de compromisso, alguém em quem confie e com quem se comprometa. É bom que seja alguém com quem você conversa ou que vê regularmente, para que essa pessoa o acompanhe e mantenha motivado.

LEMBRE-SE

Como tudo o que vale a pena, a transição para a keto tem obstáculos. Estar preparado e ter um plano é essencial para manter o estilo de vida keto.

Restrições na dieta

A primeira coisa com que as pessoas se preocupam são as restrições do estilo de vida. Como muitos ingerem metade (ou mais!) das calorias na forma de carboidratos, você pode sentir que não tem nada para comer. Isso está muito longe de ser verdade. Há uma ampla gama de alimentos low carb ricos em gordura por aí e que são inexplorados. O estilo de vida keto abrirá um mundo de alimentos integrais saudáveis que o manterão saciado e saudável.

Desejo ardente por carboidratos

Abrir mão de algo sempre resulta em desejos ardentes, até que o vazio seja preenchido. Com os carboidratos, não é diferente. É normal ter desejos ardentes por carboidratos ao começar a dieta keto, principalmente porque seu corpo está acostumado a usá-los como combustível. Além do mais, você, provavelmente, é viciado neles. O açúcar desencadeia os mesmos receptores no cérebro que a heroína, portanto, cortar carboidratos é como parar um vício.

Felizmente, há também uma variedade de "farinhas" alternativas e lanches low carb para ter à mão ao iniciar o estilo de vida keto. Com um pouco de conhecimento e algumas tentativas e erros, você supera o desejo por carboidratos e encontra os alimentos de que gosta e que o mantêm satisfeito, sem desejos ardentes. À medida que se familiarizar com o estilo de vida keto, perceberá que seu desejo por carboidrato desaparecerá. Você perderá o desejo de fazer lanches entre as refeições à medida que seus níveis de glicose se estabilizarem e se sentir satisfeito com suas refeições keto.

Efeitos colaterais desagradáveis

A keto é associada a alguns efeitos colaterais desagradáveis, mas passageiros. A gripe cetogênica e o *hálito cetogênico* (o odor frutado e, às vezes, bolorento na boca, decorrente da cetose) são apenas alguns dos obstáculos com os quais você se familiarizará durante sua jornada keto. Eles são uma faca de dois gumes: significam que a cetose começou, que é o objetivo, mas ainda são difíceis de encarar. Algumas pessoas sentem constipação ou até desenvolvem deficiências nutricionais ao descobrir o que comer regularmente. Essas são as desvantagens da cetose, mas elas se resolvem com paciência e perseverança. Este livro apresenta as ferramentas para facilitar sua transição e limitar os efeitos colaterais, mas, para atingir seus objetivos, assuma o compromisso e se dedique.

Pressões sociais

Comer é um evento social, e muitas pessoas gostam de opinar sobre o que você deve ou não comer. Pessoas que não conhecem o estilo de vida keto acham que você acabará tendo um ataque cardíaco ou outros problemas de saúde; essas preocupações são infundadas ou baseadas em conceitos equivocados. Se pesquisou e se comprometeu com sua jornada, não deixe que preocupações e medos alheios o desviem do caminho. Você sabe o que é bom para o seu corpo e como alimentá-lo, melhor do que seus amigos, familiares ou colegas de trabalho. Agradeça a eles pela preocupação e informe que você pesquisou e está comprometido. Quando eles virem os resultados da keto, mudarão de ideia. Você pode até lhes ensinar esse estilo alimentar.

Restaurantes, reuniões familiares e festas são um desafio para um novato na keto: resistir a pães, sobremesas e outras guloseimas com alto teor de carboidratos. As pessoas ficarão curiosas se perceberem que você recusou certos alimentos e tenderão a se intrometer. Não se preocupe com isso.

Outra pressão social comum é a do seu médico. Os médicos são treinados para seguir a ciência estabelecida há muito tempo e tendem a desconfiar de "novas" maneiras de abordar a saúde. A keto tem um longo histórico e é bem estabelecida, mas grande parte de sua história girava em torno do tratamento de epiléticos. Se dissesse ao seu médico que segue a keto para evitar crises convulsivas, ele provavelmente ignoraria. Mas se mencionar que o motivo é tratar outra condição (como diabetes ou colesterol alto), ele poderá ficar relutante em lhe dar sua bênção. Converse com ele com franqueza sobre a pesquisa que fez, comentando os muitos estudos médicos e científicos revisados por pares que apresentamos em nossos sites (www.tasteaholics.com e wwww.sonourished.com).

Você também pode adotar uma abordagem monitorada, visitando seu médico a cada poucos meses para fazer check-up e exames de sangue. Esse método forneceria resultados mensuráveis e proporcionaria mais confiança a você e ao seu médico.

LEMBRE-SE

Você conhece melhor o seu corpo, e se fez sua pesquisa, cuide dele da maneira que o faz se sentir melhor.

DICA

Não permita que amigos, familiares ou médicos bem-intencionados o desmotivem de seguir um estilo de vida saudável e cetogênico com alimentos integrais. Mantenha-se comprometido e continue fazendo o que é certo para manter seu estilo de vida e corpo saudáveis.

NESTE CAPÍTULO

» **Comemorando os inúmeros benefícios da dieta keto**

» **Descobrindo possíveis inconvenientes**

» **Apaziguando as preocupações sobre gordura e colesterol**

Capítulo **2**

Colocando Prós e Contras na Balança

A dieta cetogênica não é apenas uma maneira intuitiva e simples de comer, é um estilo de vida comprovado para melhorar a saúde e fazê-lo se sentir melhor. Comer os alimentos nutritivos e de alta qualidade da dieta keto o nutrem com uma energia limpa, auxiliando sua mente e seu corpo a fazerem seu trabalho: ser fortes e eficientes, prevenir doenças e manter uma visão objetiva e otimista da vida.

Infelizmente, muitas pessoas se afastaram desse estilo alimentar, e voltar a ele parece complicado no começo, principalmente se estiverem um pouco enferrujadas nos tópicos sobre cetose, macronutrientes e metabolismo. Não há necessidade de se preocupar. Neste livro, orientamos desde o básico, e essa base o ajudará a superar muitos dos mal-entendidos encontrados na jornada keto. Com um pouco de ponderação e persistência, seus muitos benefícios são logo notados, e essas preocupações desaparecem..

Neste capítulo, discutiremos os principais benefícios da keto. Prepare-se, porque a lista é descomunal! Também o orientamos sobre algumas das preocupações comuns dos novatos, principalmente nos primeiros dias e semanas. Mergulhamos no equívoco comum de que uma dieta rica em gordura engorda ou prejudica a saúde (alerta de spoiler: nada disso acontecerá). Em vez disso, mostramos os verdadeiros culpados — açúcar e alimentos processados — e como a vida sem eles pode ser muito mais doce.

Os Inúmeros Benefícios da Keto

Talvez você não saiba, mas a keto não é fogo de palha. Ela usa a gordura como combustível para que o corpo faça a *cetogênese*, um processo mais eficaz para conseguir energia e curar a si mesmo. Desde que a comunidade médica começou a usar formalmente a dieta cetogênica como tratamento, na década de 1920, médicos e cientistas estão cientes da capacidade das cetonas de curar o corpo de condições debilitantes que a medicina moderna considera intratáveis, como a epilepsia refratária. Desde a década de 1920, sabe-se que os benefícios da keto vão além do tratamento da epilepsia — estendem-se a tudo, da perda de peso à melhora da saúde cardiovascular. Quando os descobrir, você ficará sedento para aderir ao movimento keto.

Perda de peso

Vamos às vacas frias: gordura não engorda. O corpo humano é complexo e instintivo demais para isso. A ideia de que "gordura engorda" é uma estratégia comercial para difundir as dietas das décadas de 1980 e 1990 ricas em açúcares e com pouca gordura, que só serviram para nos deixar gordos, doentes e viciados em açúcar. O número de pessoas que lutam contra a obesidade dobrou desde aquela época, enquanto a dieta cetogênica tem sido adotada desde os anos 1960 para impedir o ganho excessivo de peso.

O uso de gordura como combustível substitui a química viciante do açúcar e queima aqueles pneuzinhos que temos. Como o corpo tem uma capacidade infinita de armazenar gordura (em comparação à capacidade muito mais limitada de armazenar carboidratos e açúcares), a keto o adapta para usar uma fonte de energia mais sustentável, que o abastecerá em longo prazo, em vez de fazer a queima rápida dos picos de açúcar. Esse uso inteligente, oriundo da keto, leva à perda de gordura e de quilos teimosos e indesejados; a gordura da qual você quer se livrar é usada para alimentar a perda de peso. As pesquisas confirmam: vários estudos mostram que pessoas em dietas de restrição de carboidratos, em comparação às dietas com baixo teor de gordura e outras "táticas para emagrecer", perdem mais peso nos primeiros meses e mantêm o novo corpo em longo prazo.

Quando entra em cetose, o corpo deixa de ser uma máquina de produção de gordura e se torna uma máquina de *queima* de gordura. Pesquisas com jovens saudáveis mostraram que a keto acelerou seu metabolismo em repouso, em comparação a outros em uma dieta regular e repleta de carboidratos.

22 PARTE 1 **Começando**

Curiosamente, quanto mais gordura uma pessoa tem, mais a usa; pessoas com sobrepeso usam uma porcentagem maior de ácidos graxos decompostos como combustível do que as magras. Indo além, quem segue a keto, e come até 50g de carboidratos diários, perde peso e, mais importante, se mantém assim por mais tempo. Isso significa que mesmo uma dieta keto flexível colabora com a perda de peso.

A melhor parte? A keto ajuda a perder peso e diminui a fome salafrária, comum em dietas com pouca gordura. Assim, fica mais fácil percorrer a jornada da perda de peso. Isso se relaciona ao fato de que os alimentos com alto teor de gordura saciam mais, reduzindo a sensação de fome causada por restrição de calorias ou inerente à alta ingestão de carboidratos! O mesmo se aplica às proteínas, que também são uma parte essencial da keto.

Além disso, os cientistas descobriram que as cetonas afetam os hormônios do apetite, como grelina e leptina, enviando sinais para o corpo comer menos. Esses hormônios têm funções opostas: quando se tem fome, os níveis de grelina aumentam, para estimular o apetite; enquanto a leptina é ativada após uma grande refeição, avisando ao cérebro que é hora de parar de comer. As pesquisas mostram que a grelina aumenta ao reduzir as calorias, e é por isso que, para perder peso, os dietistas acham tão difícil cortá-las. A grelina fica gritando "Coma!", e é difícil ignorá-la. A cetose, no entanto, bloqueia o aumento da grelina, para que você não se sinta faminto, mesmo ao perder peso.

Quando entende como a cetose funciona, você se acostuma a ela. Quando o corpo se alimenta de carboidratos, ele os consome logo e pede mais. Quando se alimenta de gordura, utiliza toda a gordura que você acabou de comer e, quando acaba, passa à gordura armazenada (da qual quer se livrar). Seu corpo fica satisfeito porque está sempre se alimentando do peso que deseja perder!

Isso é vital para entender por que muitas pessoas que perdem peso engordam de novo. Na verdade, a maioria acaba ganhando mais quilos do que perdeu. Esse efeito ioiô controla essas pessoas, encarando dieta após dieta, o que só as leva a se sentir privadas, com uma fome insana e a excessos inevitáveis e, em consequência, ao ganho do peso perdido. Não é esse o caso quando se segue a dieta cetogênica; o corpo não para de queimar gordura, e o metabolismo não diminui, como acontece em dietas com pouca gordura.

LEMBRE-SE

A keto é uma maneira natural e inovadora de acelerar o metabolismo e transformá-lo em uma máquina de queima de gordura. Você usa as vias metabólicas naturais do corpo para otimizar a perda segura de peso em longo prazo, sem ter de usar produtos sintéticos nocivos ou técnicas de dieta que o fazem passar fome.

Melhora da composição corporal

Um corpo esbelto e escultural é um dos benefícios da perda de peso proporcionada pela keto. À medida que usamos nossos estoques de gordura, a cintura se afina, um sinal vital da melhora da função cardiovascular. A gordura abdominal está associada a doenças cardíacas, pressão alta e diabetes. Não é segredo que, à medida que envelhecemos, muitos de nós tendem a perder músculos e a ganhar gordura. A cetose impede esse processo. Ao usar a gordura como combustível e ingerir a quantidade adequada de proteína, quem faz a dieta keto preserva a massa muscular magra em longo prazo, porque não a usa como fonte energética.

Alguns estudos analisaram as alterações na gordura corporal e na massa muscular magra quando a keto é associada a exercícios. Em dois estudos, os participantes que a seguiram (ingerindo de 70% a 75% de calorias provenientes de gorduras, 20% de proteínas e menos de 10% de carboidratos) perderam mais gordura corporal total e abdominal do que os que faziam os mesmos treinos, focados em ganho de força, que seguiram uma dieta típica, rica em carboidratos (ingerindo de 50% a 55% de calorias provenientes de carboidratos, 25% de gorduras e 20% de proteínas). Os resultados referentes à massa muscular magra foram variados; no estudo mais extenso, a dieta keto quase dobrou a massa corporal magra, enquanto, no outro, não houve alterações significativas.

Quando a pesquisa associou as dietas a treinos intensos de resistência, apenas a keto levou à perda de gordura corporal total. Isso é vital para atletas que queiram diminuir o percentual de gordura corporal, essencial em muitos esportes, e não só perder peso. Assim, a dieta cetogênica é uma opção mais segura para atender aos requisitos de pesagem ou obter o corpo "esculpido", necessário à prática de esportes, como o fisiculturismo. É importante ressaltar que isso não ocorre à custa de restrições calóricas, como alguns atletas desesperados para perder peso rápido fazem. Portanto, há pouco risco de perda e fadiga muscular, e altas chances de perda de peso.

Esses estudos mostraram que é improvável que a keto cause um aumento substancial da massa muscular. *A massa corporal magra* (o peso corporal composto pelos músculos) pode aumentar ou, na pior das hipóteses, permanecer inalterada, mas é improvável que ocorra um aumento expressivo. Um dos fatores cruciais para ganhar massa muscular é manter um excesso de proteína no organismo, para que o corpo a use para reparar os tecidos e, assim, crescer. Ao consumir muita proteína, o corpo pode fazer *gliconeogênese*, um processo que converte parte dela em glicose, parando a cetose.

LEMBRE-SE

Diferente dos termogênicos e dos remédios para emagrecer, prejudiciais à saúde, a keto elimina gordura, preservando os músculos definidos que você lutou para obter. É segura para atletas extremos e guerreiros de fim de semana, pois fornece proteínas suficientes para protegê-lo da perda muscular e gorduras para alimentar o metabolismo no decorrer dos exercícios contínuos.

Aumento da energia

Um equívoco comum é pensar que a cetose dá uma sensação de fome extrema. Embora a cetose compartilhe algumas características com a fome, seu corpo não lhe dá a sensação de estar morrendo de fome, nem você fica hipoglicêmico. Isso significa que seus níveis de açúcar no sangue não serão perigosos, deixando-o letárgico, fraco e "irritado". Muitas pessoas, principalmente médicos e nutricionistas bem-intencionados que não estão familiarizados com a dieta, preocupam-se com que a cetose leve a um estado permanente de exaustão e letargia. Isso é mito — seus níveis de glicose no sangue ficarão naturalmente na extremidade mais baixa dentro da faixa normal, porque seu corpo não usa glicose como combustível primário, usa cetonas. Essa é a maneira ideal de reduzir o risco de diabetes e doenças cardiovasculares, fatores que causam a sensação de exaustão.

Comparada a outras opções, a keto tem mais chances de aumentar sua energia e vitalidade. Em um estudo que analisou indivíduos mais velhos, com diabetes tipo 2, que seguiam a dieta keto há mais de dois anos, os pesquisadores notaram uma melhora geral na qualidade de vida, em comparação com aqueles que mantinham uma dieta com pouca gordura. Especificamente, os do grupo keto:

>> Sentiam-se mais bem preparados para concluir atividades e tarefas diárias.

>> Tinham um aumento nos níveis de energia.

>> Sentiam menos dores corporais e mal-estar habituais.

Além de conferir uma excelente fonte de energia, a keto melhora o humor. As cetonas afetam os níveis de neurotransmissores importantes para a regulação do humor, como o ácido gama-aminobutírico (GABA) e as monoaminas. Evidências cada vez mais expressivas sugerem que a dieta keto atenua a depressão e alivia a ansiedade. No geral, comparada a dietas pobres em gordura, vários estudos provaram que as pessoas se sentem melhor com a dieta cetogênica.

Preocupado de não conseguir manter suas atividades habituais ou treinar para uma maratona? Caso queira aumentar sua resistência ou seja um atleta olímpico, saiba que a keto não afeta a resistência, ela pode até aumentá-la. Um estudo da década de 1980, que avaliou indivíduos com sobrepeso, descobriu que, após se adaptar à dieta cetogênica, por mais de seis semanas, eles conseguiram aumentar a intensidade dos treinos na esteira, empregando menos esforço.

O mesmo vale para os atletas: quem entra em cetose (como muçulmanos que jejuam durante o mês do Ramadã) não tem efeitos adversos nos níveis de condicionamento físico, nem se queixaram de níveis mais baixos de energia durante o treinamento (antes do período de adaptação à cetose). Na mesma linha, estudos com atletas de alto nível que, seguindo a keto, ingeriam uma quantidade adequada de proteínas para a intensidade de seus exercícios mostraram níveis estáveis de resistência e força, sem que se recorresse a lanches ricos em carboidratos.

LEMBRE-SE

A gordura abastece o corpo. Na keto, os níveis de glicose permanecem em uma faixa saudável, para que o organismo não sofra com a perigosa montanha-russa dos níveis de açúcar no sangue, que o deixam letárgico, irritado e infeliz. A keto é a medida certa para manter o cérebro e os músculos eficientes e cheios de energia.

Melhora o foco mental

A cetose é uma maneira natural de atingir um estado mental de clareza e foco, uma conquista pela qual o cérebro agradece. As cetonas são uma fonte nutricional eficiente para o corpo, alimentando a produção de energia (o *ciclo de Krebs*) mais rapidamente do que a glicose, que segue um caminho tortuoso para produzir energia. Usar um sistema tão inteligente, de maneira natural, tem um efeito positivo no cérebro. As cetonas estimulam as *neurotrofinas*, proteínas que aumentam o crescimento e o desenvolvimento de neurônios. Elas melhoram a resistência dos neurônios ao estresse do cotidiano e atuam nas conexões sinápticas, vitais para a memória e o aprendizado.

Embora adotar a keto para tratar outras condições, além da epilepsia, ainda seja um campo florescente, estudos em camundongos mostraram que a cetose melhora a capacidade de aprender e criar novas memórias. Alguns estudos em seres humanos mostraram que pessoas que seguem a keto são capazes de processar informações mais rapidamente. As cetonas atingem o hipocampo cerebral, uma parte crítica, responsável por aprender novos fatos e lembrá-los mais tarde. Isso sugere que o estilo de vida keto o torna mais apto a lidar com o turbilhão de tarefas, em qualquer momento.

Há grandes expectativas de que a keto auxilie a tratar doenças neurodegenerativas, distúrbios muito comuns associados ao envelhecimento prematuro e ao mau funcionamento do cérebro e da medula espinhal. Como a cetose é um processo celular muito eficiente, os cientistas acreditam que é útil para prevenir e, talvez, curar condições neurodegenerativas, geralmente causadas por ineficiência metabólica no cérebro. As cetonas aumentam a produção de adenosina trifosfato (ATP), a moeda energética do corpo, e diminuem os sinais de inflamação no tecido cerebral. A keto tem sido administrada a pessoas com Alzheimer, e os resultados são notáveis.

O Alzheimer é a doença neurodegenerativa mais comum e a principal causa de demência em idosos. Apesar de os atuais medicamentos promoverem um declínio progressivo na função, a pesquisa mostra que a indução da cetose em ratos remove proteínas anormais, comumente encontradas no cérebro de pessoas com Alzheimer. Os suplementos de triglicerídeos de cadeia média (MCT) melhoram a capacidade de os pacientes com Alzheimer recordarem um parágrafo que acabaram de ler, o que é um marco importante. Benefícios semelhantes estão sendo descobertos em outros distúrbios neurodegenerativos, como a doença de Parkinson e até mesmo as lesões cerebrais traumáticas.

LEMBRE-SE

As cetonas são uma excelente fonte de combustível para o cérebro. A dieta cetogênica aumenta a produtividade, além de ser importante para melhorar, e até reverter, doenças neurodegenerativas.

Sono tranquilo

O sono é um fator determinante e crucial para nossa capacidade de permanecer dispostos e focados ao longo do dia. Quem já lutou contra a insônia compreende a importância do sono. Ele nos permite incorporar novas informações ao cérebro e armazená-las na memória de longo prazo. Em resumo, sem descanso, não podemos aprender. O corpo percorre quatro estágios de sono várias vezes por noite:

» **Estágio 1:** O mais leve. A maioria das pessoas é facilmente despertada desse nível de inconsciência, por um som alto ou outro tipo de interrupção.

» **Estágio 2:** Nesse estágio, o corpo começa a fazer a transição para os ciclos mais profundos. A frequência cardíaca e a temperatura corporal diminuem, e a respiração fica mais profunda.

» **Estágio 3:** O estágio mais restaurador do sono. É muito difícil despertar alguém nele.

» **Movimento rápido dos olhos (REM, da sigla em inglês):** Também conhecido como sonho, é nesse estágio que se incorporam as habilidades e que os aspectos emocionais da memória são controlados.

É preciso passar por todos os estágios de sono para funcionar corretamente. Quando algum deles falta, além de ficar exausto e cansado, você perde parte da capacidade de tomar decisões e pensar direito, e tende a ficar deprimido e enfrentar uma sensação geral de impotência na vida.

A cetose não só o ajuda a dormir, como melhora a qualidade e reduz as horas de sono necessárias. E quais são seus efeitos? A maioria dos estudos que se debruçaram sobre essa questão avaliou pessoas epilépticas ou com outros problemas neurológicos, mas os resultados se aplicam a todos nós. Em um deles, a keto, além de diminuir o tempo que as crianças epilépticas dormiam, aumentou a quantidade total de sono REM, mantendo a quantidade de sono profundo. Isso significa que mais tempo foi gasto nas áreas cruciais do sono, em vez de nos estágios leves, que não são tão revitalizantes e em que é mais provável que se acorde acidentalmente. Um ano depois, esses mesmos participantes cochilavam menos, sofriam menos convulsões e mantiveram o aumento do tempo de sono REM.

Embora o mecanismo específico da forma como as cetonas afetam o sono não seja conhecido, sabemos que a qualidade do sono melhora alterando-se a alimentação.

Níveis de açúcar no sangue estabilizados

A cetose, por definição, é um estado em que a glicose está perfeitamente controlada. Carboidratos e açúcares processados causam diabetes e intolerância à glicose, precursora do diabetes. Cerca de um terço dos norte-americanos é pré-diabético, mas não sabe, e é improvável que eles sigam a keto.

Carboidratos complexos (como batatas, pão e arroz), embora pareçam mais saudáveis que o açúcar refinado, ainda são transformados em glicose pelo organismo e aumentam a resistência à insulina. Ao diminuir os carboidratos em geral, como a keto recomenda, cessa esse ciclo doentio de transporte constante de glicose para dentro e fora das células. Na keto, seus níveis de glicose não ficam em extremos, mas se mantêm em uma faixa regular baixa.

Os médicos sabem que essas grandes variações nos níveis de açúcar, mesmo que seu corpo as controle bem inicialmente, com o tempo, levam à inflamação e à diminuição da sensibilidade à insulina. A oscilação constante na secreção de insulina afeta o pâncreas, deixando-o esgotado e incapaz de dar conta da carga contínua de carboidratos. Os altos níveis de insulina causam danos reais; o excesso é um precursor do diabetes e sinal de resistência, o que se associa à inflamação e à obesidade, mesmo em pessoas sem diabetes.

Pesquisas recentes mostram que pessoas com diabetes tipo 2 se adaptam melhor a dietas low carb do que a dietas com pouca gordura, que muitos médicos recomendavam. Na verdade, vários estudos mostram que os diabéticos que seguem a dieta cetogênica reduzem bastante os níveis de açúcar no sangue, a ponto de diminuir drasticamente, ou até mesmo se livrar, dos medicamentos que, a princípio, teriam de tomar por toda a vida. Isso ocorre porque seguir uma dieta cetogênica implica não comer carboidratos, que induzem a secreção de insulina — não há alterações significativas nos níveis de açúcar ou de insulina no sangue.

Pense na ingestão de carboidratos "mais saudáveis" e a diferença drástica nos níveis de açúcar. "Carboidratos saudáveis" são aqueles com baixo índice glicêmico, um sistema de classificação de alimentos que avalia seu efeito nos níveis de açúcar no sangue. Alimentos com baixo índice glicêmico são considerados saudáveis, mas aqueles com baixo índice glicêmico e low carb são ainda melhores.

Níveis saudáveis de colesterol

O colesterol tem má fama nos círculos nutricionais, mas é uma parte necessária do corpo humano. Ele é um dos componentes das membranas celulares e dos hormônios esteroides, e é vital para retirar o colesterol dos vasos sanguíneos, para evitar danos, aterosclerose e doenças cardiovasculares. Há vários tipos de colesterol:

> » **Colesterol total:** A quantidade total de colesterol no sangue. Em exames, indica a soma das categorias a seguir, apresentadas em um único número:
>
> - **Lipoproteína de baixa densidade (LDL, da sigla em inglês):** Vulgarmente conhecida como colesterol "ruim". Associa-se a condições como diabetes, derrames e ataques cardíacos.
> - **Lipoproteína de alta densidade (HDL, da sigla em inglês):** Vulgarmente conhecida como colesterol "bom". Altos níveis de HDL se associam ao oposto; protegem contra diabetes, derrames e ataques cardíacos.
>
> » **Triglicerídeos:** Gorduras que flutuam livremente no sangue. Esses níveis sobem após uma refeição gordurosa e descem ao jejuar.

Embora em exames esses marcadores estejam associados a gorduras, a verdade é que controlar o açúcar no sangue, diminuindo a ingestão de carboidratos, é crucial para melhorar esses números. Seguindo uma dieta low carb, os níveis totais de colesterol (composto principalmente de LDL) e triglicerídeos diminuem, enquanto os de HDL aumentam. Também melhora a proporção de HDL em relação ao colesterol total, outro importante indicador da saúde cardiovascular.

Outra função da keto na saúde é o bloqueio da enzima produtora do colesterol, *a HMG-CoA redutase*, que estimula o fígado a produzir mais colesterol, além do ingerido. Reduzir a ingestão de carboidratos bloqueia naturalmente a função da enzima. Essa enzima é a mesma que é bloqueada pelos medicamentos mais comuns, as estatinas — prescritos para melhorar os níveis de colesterol. As estatinas são tão bem-aceitas, que alguns médicos acreditam que todos deveriam usá-las. Na realidade, todo mundo pode reduzir naturalmente seu colesterol seguindo a dieta keto, sem os efeitos colaterais da estatina.

LEMBRE-SE

Hipócrates pegou o espírito da coisa quando disse: "Deixe a comida ser o remédio." Ao seguir a keto, você faz exatamente isso: melhora os níveis de colesterol com comida de verdade, não com substâncias sintéticas.

Redução da pressão sanguínea

A dieta cetogênica é equivocadamente considerada rica em proteínas, mas ela não é. Sua versão típica é equilibrada em proteínas, compreendendo entre 1,2g e 1,7g de proteínas ao dia por quilo de peso corporal, para sedentários e ativos, respectivamente. Um benefício da keto é que os *aminoácidos* (componentes das proteínas) envolvidos na cetose geralmente são proteínas que reduzem a pressão sanguínea, em oposição aos aminoácidos acidificantes, presentes em outros estados metabólicos.

A keto costuma ser reduzida a uma dieta baseada em bacon, queijo e muitos alimentos ricos em sal, que provocam casos de pressão alta em pessoas suscetíveis. De modo geral, as pessoas consomem muito sal; precisamos de apenas 500mg por dia, e a média apurada é de cerca de 3.000mg (para lhe dar uma noção, 1 colher de chá de sal tem 2.300mg). Esse excesso de sal está associado à pressão alta em longo prazo em pessoas que têm histórico familiar de pressão alta ou de fatores de risco análogos. Curiosamente, a cetose faz o corpo reter menos sal. Muitos alimentos processados com carboidratos são ricos em sal e são terminantemente cortados da keto. Na verdade, os adeptos da keto podem adicionar sal aos alimentos, porque têm mais chances de estar abaixo dos níveis recomendados de consumo desse mineral.

Redução da acne

Já reparou como uma noitada cheia de coquetéis ou uma farra de doces nas festas de final de ano aparece no dia seguinte em sua pele? Bem-vindo ao clube — em geral, a acne acomete as pessoas que seguem dietas ricas em açúcar. Por outro lado, é rara em orientais, cuja alimentação é pobre em açúcar. Quando a dieta com pouco açúcar é abandonada, e você se rende a cereais matinais e barras de cereais adoçados com açúcar, a acne aparece. Estudos mostram que pessoas com acne tendem a ingerir mais carboidratos, por meio de alimentos com alto índice glicêmico, e apresentam níveis mais altos de insulina e de fator de crescimento semelhante à insulina.

Alimentos com alto índice glicêmico, que aumentam os níveis de açúcar no sangue e a insulina, não só aumentam o risco de intolerância à glicose e diabetes, como afetam a pele. A alta liberação de insulina cria uma cascata de efeitos, que levam à intensificação da resposta inflamatória das células da pele. Curiosamente, quem tem síndrome do ovário policístico (SOP) — um tipo de resistência à insulina — tende a ter mais acne.

Dermatologistas e seus pacientes marcados pela acne perceberam essa conexão e tiveram muitos benefícios após reduzir a ingestão de carboidrato. Vários estudos com pessoas com acne moderada ou grave mostraram que a adesão a dietas semelhantes à keto se relaciona com a atenuação da acne e de suas cicatrizes, mesmo sem produtos caros para a pele ou sem lavar o rosto cinco vezes por dia.

A acne é uma manifestação física da inflamação que ocorre no corpo. Muitos dermatologistas e esteticistas acreditam que a pele dá sinais da saúde. Surtos de acne e irritações na pele sugerem que o corpo está com problemas de saúde e são a forma de dizer que algo está errado.

DICA

A acne nem sempre é superficial. Se você já passou por vários surtos e nem produtos específicos de alta qualidade funcionaram, é hora de investigar por que sua pele está tão inflamada. O excesso de carboidratos é um possível motivo.

Redução das inflamações

Como mencionado, a dieta keto não é nova. Embora tenha se popularizado na década de 1920, voltada a patologias específicas, tem sido um modo de vida de gerações em algumas culturas. As cetonas, principalmente o β-hidroxi-butirato, a principal do corpo, são anti-inflamatórias. A inflamação, especificamente a crônica de baixo grau, é a base de muitas das chamadas doenças da era moderna. Estudos mostram que a infusão dessas cetonas mágicas em camundongos diminui uma variedade de doenças associadas às inflamações, incluindo Alzheimer, diabetes tipo 2 e aterosclerose

A keto simula nossos primórdios, quando a comida não era tão acessível quanto hoje. Ela compartilha algumas semelhanças com a fome (mesmo que você não sinta uma fome pavorosa) e força o corpo a buscar caminhos e processos alternativos, mais produtivos. Alguns biólogos evolucionistas defendem que ela é o ápice da investida evolutiva em prol de aumentar nossa longevidade e combater doenças. Infelizmente, como mudamos drasticamente nossa dieta e nos afastamos da keto nos últimos cem anos, nossa fisiologia respondeu com doenças inflamatórias, que nos imploram para mudarmos nossos hábitos.

Benefícios para a saúde

Um dos aspectos mais fascinantes da keto é a *parceria* que ela cria com o corpo para melhorar a saúde e combater uma série de doenças e condições. Muitos desses problemas são criados ou exacerbados pelo excesso de carboidratos, portanto, abandonar uma dieta baseada em glicose e adotar uma em cetonas soluciona várias patologias por tabela.

Epilepsia

Embora poucos saibam, a keto começou a ser adotada nos Estados Unidos para tratar a epilepsia. Os médicos, na década de 1920, perceberam que crianças com epilepsia intratável apresentavam uma melhora drástica quando jejuavam.

Obviamente, a fome não faz bem em longo prazo, mas os médicos descobriram que uma dieta rica em gorduras e pobre em carboidratos, um estado similar ao da fome, desencadeia a cetose. Quando as crianças epilépticas aderiam à keto, suas convulsões, tão graves que incapacitavam sua cognição, paravam. A Johns Hopkins possui uma clínica integradora que usa a keto com muito rigor para tratar pacientes que não têm outras opções. A dieta ainda é usada para essas crianças e agora é aprovada para tratar formas raras de convulsões que não têm cura e não respondem aos anticonvulsivos tradicionais.

Diabetes e outros transtornos metabólicos

O diabetes é uma epidemia em expansão em nossa sociedade. Uma em cada dez pessoas em todo o mundo tem a doença, que se associa a outros problemas metabólicos, como pressão alta, níveis anormais de colesterol e resistência à insulina, conhecidos coletivamente como *síndrome metabólica*. A keto trata e até reverte o diabetes tipo 2 e a síndrome metabólica. A alta ingestão de carboidratos e glicose leva à insuficiência de insulina, ou pré-diabetes, uma condição que afeta cerca de um terço dos norte-americanos. Pré-diabéticos têm mais probabilidade de transformar glicose em gordura, o que leva a uma piora da saúde geral.

No entanto, quando os diabéticos mudam para uma dieta low carb, como a keto, diminuem os níveis de glicose no sangue e melhoram o marcador sanguíneo padrão para o diabetes, a hemoglobina A1c (HgbA1c). Na verdade, os diabéticos que se tornam adeptos da keto conseguem até reverter o quadro clínico e parar de tomar medicamentos. Os médicos descobriram isso na década de 1970, mas muitos diabéticos ainda não estão cientes de que podem assumir o controle de sua saúde. Além disso, a keto auxilia na perda de peso, o que é uma recomendação comum para melhorar os níveis de açúcar no sangue.

Uma ressalva importante é que, embora a keto implique benefícios significativos para o diabetes tipo 2, não costuma ser recomendada para pessoas com diabetes tipo 1, a forma comum para crianças e adolescentes. Enquanto o diabetes tipo 2 causa resistência à insulina, as pessoas com diabetes tipo 1 não a produzem.

Fibromialgia

A fibromialgia é uma dor crônica que afeta milhões de pessoas em todo o mundo. Infelizmente, é usada como termo genérico quando os médicos não sabem ao certo qual é a dor crônica que acomete o paciente. Os medicamentos para a dor são paliativos e apenas mascaram o problema.

Muitos pesquisadores acreditam que uma causa subjacente da fibromialgia é a inflamação contínua, que está associada à alimentação. Quem tem fibromialgia tem desequilíbrios de açúcar e hormônios, sensores de dor excitados, radicais livres e função hepática deficiente. Todas essas condições causam estragos no corpo, fazendo com que os neurônios disparem repetidamente, levando a danos. A má saúde do fígado, que bloqueia a capacidade do corpo de se livrar de toxinas e partículas inflamatórias (como os radicais livres), danifica ainda mais os nervos e os músculos responsáveis pela resposta da dor, fazendo com que sintamos dor sem nenhum gatilho.

Quando se removem da dieta os alimentos prejudiciais, ricos em carboidratos e açúcar, que se transformam em gordura, os desequilíbrios hormonais são revertidos, atacando a inflamação que causa a dor da fibromialgia. Estudos mostram que o aumento da ingestão de carboidratos agrava a fibromialgia. Essa não é igual à dor oriunda do excesso de peso.

Muitas pessoas com fibromialgia estão acima do peso e sentem dores intensas devido à artrite, outra condição inflamatória. Como se imagina, a inflamação só piora a dor. A dieta cetogênica, além de promover a perda de peso, elimina muitos dos problemas causados pelo excesso de açúcar. Em um estudo com animais, os cientistas descobriram que a keto ameniza a dor crônica. Eles descobriram que o metabolismo da cetona é menos inflamatório do que o de uma dieta baseada em carboidratos e diminui a atividade dos receptores da dor, que nos fazem perceber a dor. Além disso, como na epilepsia, a keto tem um benefício secundário. Ela estimula a produção de adenosina e do ácido gama-aminobutírico (GABA), duas substâncias inibidoras poderosas do sistema nervoso que atenuam nossa resposta e sensação de dor.

Doenças cardiovasculares

A keto e as gorduras, em geral, são ótimas para o coração. Elas:

» Colaboram com a manutenção de um peso saudável.

» Regulam os níveis de açúcar no sangue.

» Regulam os níveis de colesterol no sangue.

» São anti-inflamatórias.

Todas essas características minimizam as consequências mais comuns das doenças cardiovasculares: ataques cardíacos e derrames. As pesquisas confirmam: pessoas que seguem uma dieta saudável, low carb e baseada em alimentos integrais têm um risco cardíaco muito menor.

Contratempos da Keto

Infelizmente, a transição para a keto tem suas mazelas. Mas, como sabemos, nada que valha a pena é fácil (embora se torne fácil com o tempo). Seu corpo está acostumado com o suprimento constante de carboidratos e glicose, e ele precisará de um tempo para se acostumar à nova fonte de combustível. Saber o que esperar facilita o processo, então aqui estão alguns contratempos da jornada para se adaptar ao estilo de vida keto.

Gripe cetogênica

A *gripe cetogênica* é uma velha conhecida de quem começa a jornada keto. Algumas pessoas que iniciam esse estilo de vida low carb relatam sintomas similares aos da gripe nos primeiros dias. São eles:

- » Confusão mental.
- » Constipação.
- » Cansaço constante.
- » Dores musculares e mal-estar generalizado.
- » Baixa qualidade do sono.

Muitas pessoas acham os primeiros dias, ou até semanas, da transição desafiadores. À medida que os açúcares são drasticamente reduzidos e a gordura se torna a principal fonte de energia, o corpo precisa se acostumar a um mundo com níveis mais baixos de glicose. Isso reduz a água do corpo, à medida que as reservas de carboidratos (que retêm água) são perdidas. Ao perder água, o corpo também perde sal, o que intensifica a sensação de fadiga e fraqueza. Os níveis de potássio também caem, levando a dores musculares, similares às da gripe.

Além disso, o açúcar vicia. Estudos mostram que ele ativa o sistema endocanabinoide — o mesmo que é ativado por analgésicos fortes e heroína. Não é de admirar que a perda repentina da "droga" do açúcar o faça ter desejos intensos.

DICA

Há alguns truques para combater a gripe cetogênica:

- » **Consuma potássio e magnésio.** O abacate é uma boa fonte de ambos, mas é interessante tomar um multivitamínico e polimineral nesse período, para garantir que as necessidades diárias sejam atendidas. Ambos os minerais reduzem as cãibras musculares causadas pela gripe cetogênica.

>> **Reponha o sal perdido.** Tome sopas ricas em sódio, abuse do saleiro e até adicione sal à água.

>> **Hidrate-se.** Isso é crucial para reverter a desidratação da gripe cetogênica.

>> **Descanse.** Seu corpo está passando por muitas mudanças; descansar ajudará na recuperação. Um sono de qualidade reduz os níveis de cortisol (o hormônio de luta ou fuga associado à inflamação) do corpo.

>> **Pegue leve nos exercícios.** Os exercícios fazem parte de uma vida saudável, mas esse não é o momento de correr uma maratona ou se inscrever no CrossFit. Em geral, é possível manter os níveis de atividade habituais, embora o desempenho caia por algumas semanas.

>> **Tome um suplemento de fibras.** Há muitos alimentos low carb com alto teor de fibras, mas, nos primeiros dias da transição, tome um suplemento.

Com o tempo, à medida que seu corpo se acostumar à cetose, a gripe cetogênica cessará. Em geral, ela dura de quatro dias a uma semana. A bonança após a tempestade são o aumento da energia e até a melhora do humor.

Hálito cetogênico

Alguns novatos percebem um hálito doce e "frutado". Em algumas pessoas, o odor é similar ao de removedor de esmalte. Isso não é motivo de alarde e se resolve naturalmente. O *hálito cetogênico* é causado pela acetona, uma das três cetonas da cetose.

A acetona não apresenta benefícios significativos para a saúde, comparada com as duas outras (ácido β-hidroxibutírico e acetoacetato), mas seu odor característico é um bom indicador da cetose. O hálito cetogênico também é comum em situações de inanição, exercícios extenuantes e até de *cetoacidose*, um estado metabólico em que o corpo executa mal a cetose, tornando-a tóxica.

Cetoacidose

Embora os nomes sejam semelhantes, cetose é diferente de cetoacidose. Na prática, a cetoacidose é uma cetose que deu errado, geralmente relacionada a pessoas que têm deficiência de insulina, como os diabéticos tipo 1. A cetoacidose geralmente ocorre em pessoas com diabetes grave, quando a insulina não consegue acompanhar a quantidade de açúcar na corrente sanguínea. O corpo se alimenta dele mesmo, mas a diferença é que faz isso na presença de muito açúcar, a um nível tóxico. A cetoacidose eleva o nível de cetona no sangue para mais de 25mmol, enquanto a cetose o deixa em, no máximo, 8mmol (as pessoas que seguem uma dieta padrão, rica em carboidratos, têm um nível de cerca de 0,1mmol).

A variação na quantidade faz uma enorme diferença. Os níveis altos e anormais de cetonas causam *acidose*, o que torna o sangue muito ácido e, por consequência, afeta sua capacidade de funcionar normalmente. A cetoacidose causa desidratação grave, confusão, vômito e dor de barriga. Pessoas com cetoacidose podem perder a consciência e precisam ser hospitalizadas. Isso é diferente da keto, porque, na cetose, você usa suas cetonas com eficiência para obter energia, não permitindo que os níveis subam a ponto de prejudicar seu corpo. As pessoas em cetoacidose desenvolvem os sintomas rapidamente e adoecem na mesma velocidade. É extremamente raro uma pessoa saudável, sem pré-diabetes ou diabetes, entrar em cetoacidose.

LEMBRE-SE

A cetoacidose é uma cetose que deu errado; ela é mais frequente em pessoas que fazem dietas ricas em carboidratos e cujo corpo não consegue processar níveis muito altos de açúcar no sangue, transformando-os em cetonas excessivas. Um adepto da keto, que não tem essas condições, nunca entrará em cetoacidose.

Deficiências nutricionais

Adotar a keto demanda que se mude a variedade de alimentos ingeridos (inicialmente), e, no processo, você pode perder alguns nutrientes dos alimentos ricos em carboidratos. Por exemplo, os adeptos da keto tendem a perder potássio e nem sempre estão cientes das fontes de potássio permitidas na dieta, como verduras cozidas e abacates. À medida que você aprende a comer vários alimentos saudáveis, integrantes da keto, é essencial ter um estepe para ajudá-lo na mudança. Um multivitamínico é útil nesse sentido, desde que escolha um sem adição de açúcares (um aditivo comum em vitaminas e suplementos).

À medida que o estilo de vida keto se torna familiar e são incorporados vegetais low carb ricos em vitaminas, além de diversos alimentos integrais saudáveis, torna-se desnecessário tomar multivitamínicos. Dois outros suplementos benéficos para o estilo de vida keto são as fibras e o óleo MCT. Reforçando, as fibras são acompanhadas por carboidratos ricos em amido, proibidos na keto. Tomar um suplemento de fibras ou uma colher, das de sopa, de óleo MCT evita a constipação. Tratamos dos melhores suplementos no Capítulo 8.

Aos Fatos: Gordura e Colesterol

A gordura e o colesterol são alvo de zilhões de mitos, informações erradas e conceitos equivocados. A gordura é um macronutriente crucial, sem o qual o corpo não sobrevive, apesar das impressões que as campanhas de alimentos e dieta passam, desde os anos 1990. O colesterol também é crucial para manter um corpo saudável, embora existam vários tipos de colesterol, então é muito importante saber diferenciá-los (e como alterar seus níveis).

Identificando os verdadeiros vilões: Açúcar e alimentos processados

Se leu tudo até aqui, já sabe o que vem pela frente: seguir a dieta keto, que é rica em gorduras e pobre em carboidratos, não engorda. Em vez disso, ela ajuda a perder aqueles quilos indesejados. Esse mito de que "a gordura engorda" só é verdadeiro quando os alimentos ricos em gordura são também ricos em carboidratos.

Em vez disso, o culpado é o carboidrato. Isso ficou evidente porque a popularidade das dietas pobres em gorduras, da década de 1990, coincidiu com o aumento astronômico nas taxas de obesidade e diabetes. Beber uma lata de refrigerante por dia — uma opção com baixo teor de gordura e alto de carboidrato — aumenta o risco de desenvolver diabetes. Os carboidratos são um combustível viciante: o açúcar aciona o cérebro como os opiáceos, fazendo-o querer mais e mais. Como muitos sabem, isso pode sair rapidamente do controle, levando a compulsões por carboidratos que o deixam péssimo, inchado e esgotado.

DICA

O verdadeiro vilão do ganho de peso é o excesso de carboidratos. Para perder peso, diminua carboidratos, em vez de gorduras.

Absolvendo a gordura

A gordura é um macronutriente essencial, diferentemente do carboidrato. Você precisa de gordura para sobreviver, enquanto o corpo (através da *gliconeogênese*; veja o Capítulo 3) pode produzir todos os carboidratos necessários a seu funcionamento. A gordura, incluindo o colesterol, é vital para o corpo que funciona bem. Ela atua na motilidade dos sinais do cérebro, compõe as membranas celulares e é crucial para produzir e ativar uma série de hormônios de que o corpo precisa para se comunicar internamente. Sem gordura, perdemos nossa funcionalidade. Nas últimas décadas, removemos a gordura da alimentação e a substituímos por açúcares, acarretando uma série de doenças, como inflamação crônica, diabetes, obesidade e muito mais.

Na keto, você aprende sobre todos os benefícios que a variedade de gorduras saudáveis proporciona. Com o tempo, gostará de usar o azeite de oliva como base do molho para salada, em vez de um molho ranch com pouca gordura, e apreciará um pudim à base de abacate, em vez da gelatina com açúcar. As possibilidades de preparo com gorduras são infinitas!

A verdade sobre o colesterol

Há muita controvérsia sobre o colesterol. Embora seja integrante do corpo humano, a maioria das pessoas pensa que precisa fugir dele. O fato é que a dieta keto melhora os níveis de colesterol. Quando você come alimentos ricos em colesterol, acha que seu colesterol "ruim" (LDL) aumentará, mas não é assim que funciona. Ingerir colesterol não implica bagunçar seus níveis. Mais e mais estudos mostram que dietas ricas em carboidratos têm mais chances de aumentá-los do que a ingestão de colesterol.

Além disso, o LDL é um pouco mais complexo do que a maioria dos médicos pensava. Embora seja chamado de colesterol "ruim", não se resume a isso. O LDL é uma combinação de diferentes tipos de colesterol, e os cientistas descobriram que apenas alguns tipos de LDL — e não o grupo todo — são prejudiciais ao coração. Embora a keto aumente os níveis gerais de LDL, tende a atuar no tipo "bom", o LDL Tipo A, composto por moléculas "fofas", que têm menos probabilidade de entupir as artérias e, portanto, de levar à *aterosclerose* (endurecimento das artérias), como o LDL menor e denso, ruim para o organismo. Assim, embora a keto aumente os níveis de LDL, é importante ir além da superfície e ver que ela faz isso da maneira mais saudável possível. Por outro lado, a maioria dos carboidratos aumenta o LDL menor e denso, diminuindo o HDL, bom para o coração.

É claro que, como mencionamos, é uma boa ideia ingerir uma grande variedade de gorduras na dieta keto, porque algumas gorduras saudáveis, como o azeite de oliva, são ótimas para aumentar o HDL, saudável para o coração.

LEMBRE-SE

O colesterol não é seu inimigo. Se algo está aumentando seus níveis de colesterol, é mais provável que sejam os alimentos ricos em carboidratos e os processados.

NESTE CAPÍTULO

» **Entendendo como seu corpo queima combustível**

» **Energizando seu corpo com jejum e abundância**

» **Adaptando-se à keto em curto e longo prazos**

» **Determinando se você está em cetose ou não**

Capítulo **3**

Efeitos da Cetose

Para ter sucesso na keto, você precisa entender como seu corpo usa e armazena a energia dos alimentos. O corpo humano é incrivelmente inteligente e adaptável, utilizando os recursos disponíveis para gerar a energia necessária à sobrevivência em qualquer ambiente.

Ao longo de centenas de milhares de anos de evolução, os seres humanos desenvolveram processos complexos e refinados para transformar os alimentos consumidos em energia, o que nos permite tocar instrumentos musicais, correr maratonas ou sentar em silêncio e contemplar a vida. Derivamos essa energia dos *macronutrientes* (normalmente chamados de *macros*), os componentes básicos dos alimentos que fornecem energia na forma de calorias. Os macronutrientes são carboidratos, gorduras e proteínas.

Neste capítulo, mostramos como seu corpo usa os macros como combustível, bem como as mudanças que acontecem quando você come normalmente, jejua ou passa fome. Também explicamos os resultados de aderir ao estilo de vida keto, de curto a longo prazo, e explicamos como descobrir se você está em cetose.

Explorando o Sistema Total Flex do Corpo

Se você gosta de carros, provavelmente já ouviu falar de sistemas de combustível flexível: motores que funcionam com mais de um combustível. Da mesma forma, o corpo humano é flexível quando se trata do tipo de combustível que utiliza. Seu corpo funciona com gordura ou carboidratos, e você faz uma escolha a cada mordida que dá. Nesta seção, mostramos os diferentes combustíveis que o corpo usa e como eles afetam o quão bem você "funciona".

Queimando carboidratos: Glicólise

Sem dúvida, os carboidratos são os macronutrientes mais consumidos em todo o mundo, abrangendo mais de 50% das calorias ingeridas pelos seres humanos. No entanto, nem sempre foi assim. A forma como os seres humanos se alimentam mudou drasticamente nos últimos 100 anos, à medida que os alimentos se tornaram cada vez mais industrializados e refinados, fazendo com que os carboidratos simples se tornassem o macronutriente mais consumido no mundo.

Independentemente disso, os carboidratos são usados pelo corpo para produzir energia a uma taxa de 4 calorias por grama. Todos os carboidratos são transformados em glicose, a menor unidade dos carboidratos. Não importa o tipo de carboidrato ingerido, seja uma xícara de aveia integral, seja uma colher de açúcar, o nível de glicose no sangue aumentará à medida que o amido for decomposto em glicose e entrar na corrente sanguínea.

O processo de transformar glicose em energia começa com a *glicólise*, a primeira etapa na complexa sequência de eventos que ocorrem. Os níveis de insulina (hormônio que falta ou que para de funcionar para os diabéticos) aumentam quando ocorre um aumento da glicólise. A insulina é necessária para que as células absorvam glicose como energia: sem insulina, a célula é como um peixe fora d'água, cercada do que precisa (energia), mas sem conseguir usar. Quando há muita insulina, seu sistema se acostuma e exige mais e mais para obter o mesmo efeito — isso é chamado de *resistência à insulina*. Um dos principais benefícios da dieta keto é interromper a produção de insulina: com o tempo, a sensibilidade à insulina retorna, restaurando a saúde da pessoa.

Depois que a insulina faz seu trabalho, a glicose entra nas células e passa a fornecer combustível para o corpo. Praticamente todas as células do corpo usam glicose como energia. Até as células de gordura precisam de glicose para armazenar gordura! Um dos papéis da insulina é agir como sinalizador, comunicando ao corpo para aumentar as reservas de gordura.

PARTE 1 **Começando**

Você não precisa ingerir carboidratos para que seu corpo encontre a glicose de que precisa. Ele é capaz de gerar toda a glicose necessária através de um processo chamado *gliconeogênese*, que ocorre principalmente no fígado e, em menor grau, nos rins. Esses órgãos, então, exportam a glicose para outras partes do corpo que precisam dela para obter energia.

LEMBRE-SE

Seu corpo trata todos os carboidratos, "bons" ou "ruins", da mesma maneira. Os carboidratos causam um pico de insulina, que, por fim, aumenta o risco de diabetes e incentiva o corpo a ganhar peso.

Queimando gordura

Cetose é o processo que seu corpo usa para decompor os corpos cetônicos para a maioria de suas necessidades energéticas. As cetonas são provenientes de ácidos graxos, independentemente de você ingeri-los ou obtê-los das células adiposas. O corpo prefere usar a glicose para obter energia (consulte a seção anterior). Portanto, a cetose ocorre apenas quando sua dieta não inclui glicose suficiente. Em uma dieta keto, o corpo escolhe a cetose, em vez da glicólise como principal processo gerador de energia.

A gordura, assim como os carboidratos, também é uma fonte de calorias, mas fornece 9 calorias por grama, em comparação com as míseras 4 calorias fornecidas pelos carboidratos e proteínas. Isso significa que, em um campeonato por quem fornece mais energia, a gordura sempre vence os carboidratos.

Na dieta keto, em vez de usar a glicólise para produzir energia, os ácidos graxos são divididos em três tipos de cetonas que fornecem energia a todas as células do corpo:

» **Acetoacetato:** A principal cetona produzida pelo fígado.

» **Ácido β-hidroxibutírico:** A principal cetona na corrente sanguínea e a fonte dos benefícios anti-inflamatórios das cetonas.

» **Acetona:** A cetona menos comum. Não fornece energia, mas é responsável por transportar resíduos para fora do corpo. É responsável pelo *hálito cetogênico* (o hálito frutado ou mofado que algumas pessoas têm quando em cetose) devido à liberação do excesso de acetona pelos pulmões.

É importante ressaltar que os ácidos graxos não produzem apenas cetonas, como também glicose, se você não a obtém pela alimentação. É por isso que, mesmo na dieta cetogênica, seus níveis de açúcar no sangue não caem consideravelmente. Eles também não aumentam muito, como em uma dieta rica em carboidratos, toda vez que você come algo.

O fígado, o burro de carga do metabolismo, não pode usar cetonas como fonte de energia, por isso é crucial que a gordura seja transformada em glicose para apoiar o fígado durante a cetose. Como a glicose, as cetonas também são fonte de energia para o cérebro e fornecem combustível durante a cetose. As cetonas são um combustível melhor para o cérebro do que os carboidratos, pois demonstraram melhorar a saúde das células cerebrais e podem ser úteis na prevenção de doenças neurodegenerativas como o Alzheimer.

PAPO DE ESPECIALISTA

As palavras *cetose*, *cetogênese* e *cetogênico* são derivadas de uma raiz semelhante, significando produzir e utilizar corpos cetônicos como a forma primária de energia. É daí que vem o nome *dieta cetogênica*!

Queimando proteínas

Proteína é a fonte de energia menos usada. Seu corpo prefere usar proteínas para construir tecidos e órgãos, além de regular muitas de suas funções normais. A insulina, hormônio que regula a glicose, é uma proteína. A proteína é o último recurso para a produção de energia, pois quebrá-la significa retirar a proteína dos músculos e desacelerar os principais processos dos quais o corpo depende para funcionar corretamente.

Independentemente disso, as proteínas fornecem tanta energia quanto os carboidratos: 4 calorias por grama. A proteína se torna fonte de energia quando você:

- » Passa fome.
- » Adere a uma dieta rica em proteínas.
- » Muda de um estilo de vida rico em carboidratos para um estilo de vida keto.

Os *aminoácidos* (blocos de construção das proteínas) são convertidos em glicose por meio de um processo chamado *gliconeogênese*. As proteínas não são o único ponto de partida da gliconeogênese — gorduras e outras substâncias também são usadas para produzir glicose. No entanto, a gliconeogênese, principalmente usando proteínas como fonte, requer energia, tornando a proteína uma fonte cara e ineficaz de combustível.

LEMBRE-SE

A maioria das proteínas causa um aumento (moderado) nos níveis de insulina. O aumento não é tão alto quanto o obtido com os carboidratos, mas ainda acontece. É por isso que a dieta cetogênica é uma dieta de "proteína moderada". Adicionar proteínas em excesso (mais do que seu corpo precisa) à dieta diminui os benefícios do estilo de vida low carb ao colocar a insulina de volta no jogo.

Seguindo o Fluxo de Energia ao Longo das Vias Metabólicas

Nesta seção, informamos a respeito da produção de energia no corpo humano, tanto em uma dieta padrão com alto teor de carboidratos quanto em uma dieta keto com baixo teor. Esta seção explica a importância das fontes das calorias e expõe a falácia da ideia de que "calorias são todas iguais". A origem das calorias, e não apenas a quantidade, é essencial.

Enquanto houver comida

Vejamos o que acontece quando você faz uma refeição. Quando come, é fácil obter combustível, e seu corpo aproveita ao máximo as calorias disponíveis.

Dieta padrão rica em carboidratos

Quando você ingere uma refeição rica em carboidratos, sua saliva e seu intestino precisam os decompor em glicose (por meio de muitas enzimas) para que possam ser absorvidos e usados como combustível. É por isso que os carboidratos, simples (como refrigerantes) ou complexos (como aveia integral), são tratados de maneira semelhante pelo organismo: todos se transformam em glicose, independentemente da aparência do seu prato.

Quando a glicose entra no corpo, sinaliza ao pâncreas para produzir *insulina*, o hormônio que move a glicose para dentro das células do corpo. Níveis altos de glicose são prejudiciais, causando aumento e acúmulo de ácidos e fluidos tóxicos no sangue. A insulina corre pela corrente sanguínea para diminuir os níveis de glicose e manter o sangue saudável.

A liberação de insulina é uma reação necessária à glicose no sangue, mas, com o tempo, traz problemas. Se você ingere muito açúcar, seu corpo pode ter dificuldade para descobrir quanta insulina liberar. A oscilação dos níveis de insulina leva a alterações significativas na taxa de açúcar no sangue ao longo do tempo, o que pode deixá-lo com "fome" (quando os níveis de açúcar estão baixos) em um momento, e letárgico (quando os níveis de açúcar estão altos) logo em seguida.

Com o tempo, seu corpo desenvolve tolerância à insulina, demandando cada vez mais para ter o mesmo efeito. Esse é o começo da insensibilidade ou resistência à insulina e é um passo definitivo no caminho para o diabetes tipo 2. A insulina não apenas traz glicose para as células, como também instrui o crescimento das células adiposas: seu corpo supõe que há muita energia disponível e inteligentemente economiza a gordura para os tempos de vacas magras.

Quando está dentro da célula, a glicose fornece energia às células ou é armazenada para uso futuro (no fígado e nos músculos).

Seu corpo não armazena muita glicose, apenas calorias para cobrir cerca de um dia são armazenadas como *glicogênio* (a forma de armazenamento da glicose). Seu corpo, no entanto, transforma rapidamente o excesso de glicose em gordura, que é armazenada em suprimentos ilimitados, como sabem bem aqueles que lutam contra a perda de peso.

Dieta cetogênica

Quando você segue uma dieta cetogênica, não consome muitos carboidratos, portanto, os níveis de glicose no sangue não aumentam. Em vez disso, as gorduras que você ingere são decompostas em triglicerídeos e *ácidos graxos*, o principal componente da gordura. Esses componentes são então transportados para o fígado e decompostos em corpos cetônicos, que são usados para produzir energia nas células do corpo. Quase todos os órgãos do corpo (as exceções incluem fígado e glóbulos vermelhos) usam cetonas para obter a energia de que precisam.

A diferença entre dietas ricas em carboidratos e cetogênicas é que uma keto não causa picos de glicose no sangue. Durante a cetose, os altos níveis de glicose não prejudicam seu corpo, e os níveis de insulina não aumentam, portanto, você tende a não armazenar gordura. Na verdade, acontece o contrário: baixos níveis de glicose e insulina incentivam seu corpo a quebrar a gordura dos alimentos e as células adiposas para servir como a fonte de energia de que seu corpo precisa.

A dieta cetogênica combina os benefícios de baixos teores de carboidratos e insulina com os benefícios energéticos do uso de cetonas como fonte primária de combustível. Não há desvantagens.

Quando o corpo está em jejum

Em seguida, o que acontece depois que você come e absorve sua refeição e seu corpo precisa confiar nas reservas que fez? Você se surpreenderá ao descobrir que seu corpo age de maneira bastante diferente se o combustível for carboidratos, em vez de gorduras. Vamos dar uma olhada.

Dieta padrão rica em carboidratos

Todos jejuam, intencionalmente ou não, durante o sono. Não existe um padrão para o período necessário para afirmar que você "jejuou", mas estudos mostram que um jejum de pelo menos 12 horas (e melhor ainda, 16 ou 24 horas) é útil por várias razões, como auxiliar em uma vida longa e sem problemas crônicos de saúde, como câncer e diabetes. Esse benefício provavelmente está relacionado a um processo chamado *autofagia*, que ocorre quando você para de comer para "limpar" e reparar as células do corpo.

Durante esse período, o corpo ainda possui glicogênio armazenado, o suficiente para ser usado como reserva de combustível. **Lembre-se:** a maioria das pessoas que seguem uma dieta rica em carboidratos tem pelo menos um dia de glicogênio armazenado no fígado e nos músculos, uma fonte de glicose disponível para ser rapidamente usada quando necessário. As pessoas que jejuam da noite para o dia ou mesmo fazem jejum intermitente por dezesseis horas ou mais não entram em cetose, mesmo tendo os benefícios associados à autofagia. São necessários vários dias de jejum a partir de uma dieta rica em carboidratos para levá-lo à cetose.

Geralmente, para os adeptos de dietas ricas em carboidratos, o jejum leva a um ligeiro aumento nas cetonas, mas sequer chega perto do suficiente para fazer com que o corpo use as cetonas como fonte primária de energia. É por isso que os níveis mais altos de cetonas na urina tendem a ocorrer pela manhã.

Dieta cetogênica

Algumas pessoas que aderem à keto também jejuam intermitentemente, alimentando sua cetose ainda mais. Como alguém fazendo a dieta cetogênica está sempre em cetose, o jejum intermitente permitirá que se aprofunde mais ainda no processo e colha ainda mais benefícios do que quem faz uma dieta rica em carboidratos.

Quando você jejua em uma dieta cetogênica, seu corpo precisa usar os estoques de gordura para se alimentar, e não o que você acabou de comer, o que o ajudará a perder peso e gordura mais rápido do que quando você come três vezes ao dia na keto. Um estudo recente mostrou que a combinação de uma dieta pobre em carboidratos com jejum intermitente causou aumento da perda de peso e melhoria dos níveis de insulina, em comparação à restrição calórica. A dieta cetogênica pode melhorar a autofagia, que não é promovida só pelo jejum, mas também por meio da restrição de carboidratos, sugerindo que os cetogênicos ganham mais benefícios com o jejum intermitente do que alguém que segue uma dieta rica em carboidratos.

DICA

Combinar a dieta keto e o jejum intermitente pode levá-lo ao próximo nível de sua jornada de perda de peso. Também mantém você mais saudável e aumenta sua expectativa de vida, combinando os benefícios das cetonas com a autofagia, a maneira inteligente de o corpo se curar.

Quando o corpo entra em inanição

Por fim, analisemos a inanição. Cetose não é a mesma coisa que inanição, de forma alguma, mas é útil entender que efeito ela exerce no corpo e como os seres humanos se adaptaram a partir de uma perspectiva evolutiva para

CAPÍTULO 3 **Efeitos da Cetose**   45

combater esses efeitos. Nesse caso, as dietas ricas em carboidratos e a cetogênica começam a se parecer.

Dieta padrão rica em carboidratos

Depois de alguns dias sem comida, até mesmo os adeptos de uma dieta rica em carboidratos entram em cetose, pois o corpo não recebe nenhuma nutrição, logo, passa a consumir as reservas de energia do corpo — a gordura. Os níveis de cetona aumentam, até atingir a cetose, à medida que se tornam a principal fonte de energia. A principal diferença entre inanição e cetose é que, na primeira, você não consome nenhum alimento, enquanto na segunda, continua a comer. Isso afeta seu metabolismo: quando você atinge a cetose e não come nada, os sinais hormonais desencadeiam uma desaceleração metabólica. Seu cérebro sabe que você não está se alimentando e conserva todas as calorias que puder, o que significa que fará todo o possível para evitar que você perca peso.

Quando está intencionalmente em cetose e continua se alimentando, no entanto, seu metabolismo continua funcionando na mesma proporção, porém, o corpo começa a queimar o excesso de gordura. Manter uma ingestão calórica consistente durante a dieta cetogênica é o que impede o corpo de entender a cetose como inanição.

A propósito, essa é a razão pela qual muitas pessoas que reduzem drasticamente a ingestão calórica costumam ver platôs na perda de peso. O corpo estão fazendo todo o possível para manter os recursos que possui, porque, nesse estado, ele pensa que está em inanição.

Após um longo período, ou se você esgotar as reservas de gordura do corpo, as proteínas se tornam a principal fonte de combustível. Como mencionado, isso não é o ideal, pois significa que seus músculos e, posteriormente, seus órgãos, serão danificados para mantê-lo vivo. Os principais processos do corpo são interrompidos com a inanição prolongada (geralmente cerca de duas semanas, embora a quantidade de tempo varie de uma pessoa para outra), a menos que você comece a comer de novo.

Dieta cetogênica

A inanição é bastante semelhante entre as dietas keto e as com alto teor de carboidratos. Uma das diferenças é a capacidade do corpo de se adaptar à inanição. Como a cetose imita a inanição com sua preferência pelas cetonas, o corpo não reage à privação como um choque no sistema. No entanto, o mesmo efeito final ocorre: o corpo é desligado quando os principais processos são interrompidos.

Prevendo Mudanças no Bem-estar

Se você está pensando seriamente em começar a jornada keto, é aconselhável se preparar para as mudanças que estão por vir. Isso significa desenvolvimento, havendo algumas dores de efeito ao longo do caminho. Como em qualquer aventura, no entanto, existem muitos benefícios em aderir à keto, ainda que haja alguns contratempos. Nesta seção, falamos sobre o que esperar da jornada.

Mudanças em curto prazo

A adaptação à dieta cetogênica é diferente para cada um. Cortar drasticamente o açúcar e os carboidratos pode causar um grande impacto no sistema, mas algumas pessoas não percebem mudanças em como se sentem ao longo da primeira semana de adoção de um estilo de vida keto.

No entanto, algumas percebem a temida gripe cetogênica, que acontece quando seu corpo tenta se adaptar a uma queda nos níveis de insulina e glicose. A gripe cetogênica pode levar à desidratação e a baixos níveis de potássio, se você não tomar cuidado.

Os sintomas mais comuns da gripe cetogênica incluem:

- » Tonturas e dores de cabeça.
- » Diarreia ou constipação.
- » Fadiga e fraqueza.
- » Sintomas de gripe.
- » Cãibras musculares.
- » Dor de estômago.
- » Desejo por doces.

Uma maneira simples de combater essas mudanças é beber mais água e adicionar sal e potássio à sua dieta. Um truque adicional é tomar magnésio. As baixas de potássio levam a cãibras musculares, que o magnésio ajuda a amenizar.

A gripe cetogênica dura menos de uma semana. Se você se hidrata e não perde eletrólitos essenciais, é provável que nem passe por ela.

Como mencionamos no Capítulo 2, o hálito cetogênico é outra mudança de curto prazo que às vezes acontece quando se adere a uma dieta cetogênica. Esse hálito de odor frutado é incômodo, mas apenas temporário. Para combatê-lo, seja mais cuidadoso com a higiene bucal e beba mais água até que ele desapareça.

Mudanças em longo prazo

Depois de fazer dieta por muito tempo, percebemos que, por mais que gostemos de viagens e feriados (a culinária típica é indispensável em qualquer lugar que visitamos e, na maioria das vezes, contém bastante carboidratos), desejamos voltar para casa e retomar nosso estilo de vida keto. Não há nada como ter níveis altos e consistentes de energia todos os dias, e nos lembrarmos de como a vida era diferente antes de aderir ao estilo keto quando viajamos.

Muitas pessoas se sentem como nós. Existem tantos benefícios na dieta cetogênica, como aumento de energia e uma mente clara e concentrada, que você pensará duas vezes em "trapacear". Em breve, perceberá facilmente quando não está em cetose e que não se sente no seu melhor. Além disso, se tiver algum peso a perder, conseguir isso rapidamente será uma forte motivação para continuar.

Com o tempo, não sentimos falta de pão ou macarrão, e, acredite se quiser, guloseimas doces como sorvete e bolo parecem demais para suportar. Seu paladar mudará com a dieta cetogênica, e você deixará de sentir muitos dos desejos alimentícios.

Algumas pessoas acham que ficam constipadas com a keto. A constipação não é específica da dieta cetogênica, mas ao descobrir o que pode ou não comer, involuntariamente você evita alimentos cetogênicos ricos em fibras (como nozes) ou que combatam a constipação (como os óleos MCT). Algumas pessoas optam por adicionar um suplemento de fibra de alta qualidade, mas você pode acompanhar suas necessidades de fibra apenas seguindo uma dieta equilibrada e mantendo-se hidratado.

Em uma dieta cetogênica, o nível de glicose no seu sangue não sofre picos. É aqui que os benefícios da keto ficam mais evidentes: ao controlar a resposta à insulina do corpo, você tem todo o controle sobre sua saúde e seu peso. É uma sensação incrivelmente libertadora não se perguntar a toda hora: "Quando será minha próxima refeição?"

DICA

O estilo keto de vida é um estilo de vida saudável em longo prazo. Com o tempo, você se sentirá ótimo e não sentirá falta dos carboidratos que antes pensava não poder viver sem.

Verificando Se Você Está em Cetose

Saber se você está em cetose o ajuda a entender se está se alimentando e fazendo as coisas corretamente. É uma ótima sensação saber que você está no caminho certo para perder peso, tornar-se mais saudável e colher todos os outros benefícios da dieta cetogênica.

A boa notícia é que você pode verificar se a cetose está ocorrendo no seu corpo apenas três dias após o início da dieta. Testes para cetose podem ser feitos com a ajuda de alguns produtos.

Exame de urina

As tiras de teste de urina para cetona ajudam a determinar rapidamente se você está em cetose, testando o excesso de corpos cetônicos na urina. As tiras têm uma pequena almofada, que é mergulhada em uma nova amostra de urina e muda de cor em poucos segundos.

Veja como realizar um teste de urina para cetona:

1. **Retire uma tira de teste do frasco e feche-o imediatamente.**

2. **Enquanto segura a extremidade da tira o mais distante possível da placa de teste, passe a placa pelo jato de urina.**

   Se preferir, você pode coletar a urina em um recipiente limpo e seco. Após a coleta, mergulhe rapidamente a placa de teste na urina. Passe a tira de teste na borda do recipiente para remover o excesso.

3. **Após quinze segundos, compare a tira de teste com a cartela de cores na etiqueta do frasco das tiras de teste.**

   Os blocos do gráfico de cores fornecem valores aproximados. As cores podem ser um pouco mais escuras ou claras do que a cor mostrada no resultado.

4. **Descarte a tira de teste usada.**

Dependendo dos níveis de corpos cetônicos na urina, a almofada mudará de cinza/bege (negativo) para roxo intenso (alto nível de corpos cetônicos). Qualquer tom de roxo indica que você está em cetose. Se estiver verificando seus corpos cetônicos diariamente, procure fazê-lo em uma hora específica do dia, de preferência pela manhã ou várias horas após sua última refeição, para obter a melhor comparação possível.

Você pode comprar as tiras de teste para cetona sem receita médica em uma farmácia e também online. Cada frasco geralmente contém de 100 a 200 tiras.

Embora as tiras sejam relativamente baratas (cerca de R$0,40 a unidade), também são muito menos precisas do que os testes sanguíneos.

Exame de sangue

Os testes sanguíneos de cetona são outra maneira de determinar se você está em cetose, medindo diretamente os níveis de cetona β-hidroxibutirato no sangue.

Veja como funciona um exame de sangue para testar cetona:

1. **Lave as mãos com sabão e seque-as.**

2. **Coloque uma agulha na lanceta, de acordo com as instruções.**

3. **Insira uma tira de teste no medidor.**

4. **Coloque a caneta lanceta na ponta do dedo e pressione o botão para tirar uma gotinha de sangue.**

5. **Toque a tira na gota de sangue até preencher a abertura.**

6. **Verifique o medidor para a leitura e compare-o com a legenda.**

   Resultados entre 0,5 e 3mmol/l indicam que você está em cetose nutricional.

7. **Descarte a tira e a lanceta de acordo com as instruções fornecidas.**

Você pode comprar medidores sanguíneos e tiras medidoras de cetona na maioria das farmácias, bem como online. As tiras de sangue geralmente custam cerca de R$4 por tira, mas demandam um medidor sanguíneo de cetona, que pode custar mais de R$100 (embora seja uma compra única). Os testes sanguíneos são muito mais confiáveis e precisos do que os de urina.

> **NESTE CAPÍTULO**
>
> » Escolhendo as gorduras certas para apoiar sua jornada keto
>
> » Reconhecendo que a keto é uma dieta moderada em proteínas
>
> » Abrindo mão dos carboidratos

Capítulo **4**

Conhecendo Seus Macros

A keto é rica em gorduras, moderada em proteínas e pobre em carboidratos. Existem diretrizes claras sobre quanto de cada macronutriente você deve ingerir para levar seu corpo ao estado de cetose, e familiarizar-se com esses três macros é crucial para aprender rapidamente como prosperar com a keto. Ao iniciar a dieta, você aprenderá a importância da leitura das tabelas nutricionais, não apenas analisando superficialmente as calorias gerais, mas calculando a soma total de macros em cada porção. Neste capítulo, damos a você um ponto de partida para se especializar na escolha do que comer.

Carregamento de Gorduras Saudáveis

Assim como "nem todas calorias são iguais", nem todas as gorduras são constituídas da mesma forma. Por exemplo, são quatro as gorduras que costumam aparecer nas tabelas nutricionais:

» Saturadas.

» Monoinsaturadas.

» Poli-insaturadas (como os da família ômega 3).

» Colesterol (que, tecnicamente, está mais para um primo da gordura. Vemos mais detalhes sobre isso mais adiante nesta seção).

Estudos apontam que o corpo humano usa esses quatro grupos de gorduras de maneira bastante diferente. O corpo precisa de todos eles para funcionar direito, mas algumas pessoas ingerem muito de um tipo e menos do que o suficiente de outros. Aqui estão os diferentes tipos de gorduras, bem como quais (e quanto) você deve consumir.

Gorduras saudáveis

Você precisa dos quatro tipos de gorduras para uma dieta cetogênica completa, mas há certas gorduras que se deve buscar continuamente. As duas gorduras que têm o melhor histórico são as monoinsaturadas e os ácidos graxos ômega 3 (que fazem parte da família poli-insaturada).

Ácidos graxos monoinsaturados

Você provavelmente já ouviu falar sobre a saúde do coração e da longevidade de vida da população dos países mediterrâneos. A dieta mediterrânea popularizou o azeite de oliva. Qualquer nutricionista confirmará que esse azeite deve ser o óleo principal em uma alimentação saudável. A chave para os benefícios ao coração que o azeite de oliva proporciona está em seu conteúdo de gordura — superior a 70% de ácidos graxos monoinsaturados (AGMs). Os AGMs não apenas diminuem o colesterol de lipoproteína de baixa densidade (LDL — o tipo ruim), como também aumentam o colesterol da lipoproteína de alta densidade (HDL — o tipo bom). Gorduras saturadas e carboidratos fazem o oposto.

Em suma, AGMs:

» Diminuem o risco de contrair diabetes.

» Melhoram o controle da pressão arterial.

» Diminuem a inflamação nas artérias, uma das principais causas de doenças cardiovasculares.

Sem dúvida, uma dieta rica em AGMs é melhor do que uma com baixo teor de gordura para pessoas com risco de doença cardiovascular. Ela ajuda a diminuir o risco de futuros ataques cardíacos e derrames. Alguns nutricionistas estão começando a perceber que os AGMs são tão bons para nosso coração,

52 PARTE 1 **Começando**

LEMBRE-SE

que estão descartando a ideia de que uma dieta pobre em gorduras e carboidratos é melhor para pessoas com diabetes, e pedindo que aumentem o consumo de AGMs.

Os AGMs também são abundantes em muitos alimentos de origem animal, como carne e laticínios. No entanto, vários estudos que analisaram pessoas que consomem AGMs principalmente de alimentos de origem animal não mostraram os mesmos benefícios obtidos pelas pessoas que consumiram AGMs do azeite de oliva. Resumo da história: a origem da gordura faz toda a diferença.

Apesar de todos os benefícios que os AGMs oferecem, a American Heart Association (AHA) diz aos norte-americanos que restrinjam o consumo de AGMs de 15% a 20%. Você consumirá essas gorduras saudáveis com mais frequência na keto.

DICA

Você sabia que o óleo de girassol possui ainda mais AGMs do que o azeite? Ele chega a 85,4% (comparado aos 73% do azeite de oliva). O óleo de girassol é uma boa opção para adicionar à sua despensa ao aderir à keto.

Ácidos graxos ômega 3

Outra gordura que oferece benefícios para a saúde do coração é a família dos ômega 3. Você provavelmente já passou por um corredor cheio de comprimidos de óleo de peixe e se perguntou se deveria começar a tomar essas pílulas diariamente. Há uma razão para a fama: os ômega 3 são excelentes anti-inflamatórios, diminuindo o risco de doenças cardiovasculares e possivelmente uma série de outras condições inflamatórias, como a doença de Alzheimer.

No entanto, eles não são todos constituídos da mesma forma. (Esperamos que você esteja entendendo o tema em questão aqui!) Os dois tipos bons para você são o ácido eicosapentaenoico (EPA) e o ácido docosa-hexaenoico (DHA), encontrados em peixes gordurosos, como salmão e anchova, além de algas marinhas.

O terceiro tipo de ômega 3 — o ácido alfalinolênico (ALA) — não é tão saudável para o coração. Isso ocorre porque o corpo precisa transformar o ALA em EPA ou DHA, e não é muito bom em concluir essa tarefa. É preciso comer cerca de seis vezes mais alimentos ricos em ALA para obter os mesmos benefícios de comer salmão, rico em EPA e DHA.

Felizmente, você não perderá seu tempo procurando ômega 3 em alimentos ricos em ALA na dieta cetogênica. Os ALAs são encontrados principalmente em óleos vegetais menos saudáveis e alimentos ricos em carboidratos, como grãos. Se você vir um óleo vegetal alegando que possui ômega 3, provavelmente é ALA e não vale a pena. Mesmo alimentos saudáveis e aprovados pela keto, como linhaça, semente de chia e nozes (que ainda são muito bons), não devem ser sua principal fonte de ômega 3, pois contêm principalmente ALA.

A quantidade recomendada de ômega 3 é entre 1 e 3 gramas por dia para manter o coração saudável.

DICA

Você sabia que pode consumir suplementos de óleo de algas como alternativa aos suplementos de óleo de peixe? Se for vegano, essa pode ser uma opção interessante. Ao escolher um suplemento, verifique se ele indica claramente quanto de EPA e DHA contém.

Gorduras menos saudáveis

Agora que você conhece o potencial das gorduras, vejamos aquelas das quais ainda pode desfrutar, mas não com tanta frequência. Você provavelmente consumirá essas gorduras todos os dias com a keto, mas não obtenha a maior parte de suas calorias delas.

Gorduras saturadas

Fala-se muito mal da gordura saturada. Ela foi demonizada pela maioria dos nutricionistas e cardiologistas, que a definiram como sendo terrível para o coração. A AHA recomenda que as pessoas obtenham apenas 10% de suas calorias da gordura saturada. A organização aponta níveis mais altos de doenças cardiovasculares, mais LDL e menos HDL, em pessoas que consomem gordura saturada em excesso.

No entanto, há pouco tempo houve uma reação a essas orientações. Pesquisas mais recentes mostram que a gordura saturada e as doenças cardiovasculares não estão tão intimamente ligadas. Populações com níveis médios de ingestão de gordura saturada acima do recomendado nem sempre são mais propensas a sofrer ataques cardíacos, derrames ou outros sinais de doenças cardiovasculares. Além disso, em comparação aos carboidratos que a maioria das pessoas consome (pão, batatas e massas), a gordura saturada pode melhorar a saúde do coração. Pesquisas mostram que dietas ricas em carboidratos refinados são mais propensas a causar doenças cardiovasculares do que as gorduras saturadas.

Outro fator que favoreceu a questão da gordura saturada foi a crescente popularidade do óleo de coco, que chega a ser 90% composto de gordura saturada. Esse é um exemplo um pouco diferente, pois é um dos casos raros de gordura saturada à base de plantas — a maior parte da gordura saturada consumida pelas pessoas provém da carne ou de laticínios. O óleo de coco também é composto de diferentes tipos de gorduras saturadas: é rico em triglicerídeos de cadeia média, que o corpo absorve rapidamente e queima como combustível (se comparado aos de cadeia longa encontrados em alimentos de origem animal). Os triglicerídeos de cadeia longa estão mais propensos a ser armazenados como gordura quando você come demais.

Ingerir muita gordura saturada em uma dieta rica em carboidratos — pense em um x-burger com batatas fritas — é uma combinação perigosa. Na keto, você provavelmente aumentará a quantidade de gordura saturada que ingere à medida que aumentar o consumo total de calorias. Mas consumir gordura saturada em uma dieta baseada em alimentos integrais, com uma ampla variedade de gorduras saudáveis e baixos teores de carboidratos ricos em fibras, dificilmente é a sentença de morte que alguns cardiologistas gostariam que você acreditasse.

DICA

A gordura saturada não é de todo ruim. Pesquisas recentes mostram que ingerir gordura saturada é melhor do que carboidratos em excesso.

Colesterol

O colesterol também é injustamente difamado pela sabedoria nutricional popular. Comer alimentos ricos em colesterol não se traduz em níveis elevados de colesterol da maneira como você imagina. O que você come faz toda a diferença, mas o corpo humano é mais complicado do que as pessoas pensam. O fígado é capaz de produzir todo o colesterol necessário, sem que você precise recorrer a alimentos ricos em colesterol. Além disso, você precisa de colesterol para sobreviver; é um componente vital no corpo, que atua como:

- » Componente essencial de diversos hormônios.
- » Parte integrante das membranas celulares.
- » Composto de vitaminas "lipossolúveis", como A, D, E e K.
- » Componente necessário à digestão dos alimentos.

O que você considera como "colesterol", na verdade, são lipoproteínas como LDL e HDL. Essas lipoproteínas são as moléculas que transportam o colesterol pelo sangue. Embora algumas sejam responsáveis por maiores taxas de doenças cardiovasculares, não se sabe ao certo quais.

Embora os médicos caracterizem o LDL como o colesterol "ruim", na verdade, não é assim tão simples. Existem vários tipos de LDL, e alguns não merecem o apelido de "ruim". O LDL de pequeno porte e denso é o elemento "ruim", que prejudica a saúde do coração, enquanto o LDL maior e mais macio é mais parecido com o HDL e pode ser classificado diferentemente de outros tipos de LDL.

O fator crucial é que as lipoproteínas são afetadas pelos tipos de alimentos que não possuem colesterol. O LDL aumenta quando você consome gorduras trans, carboidratos simples e gorduras saturadas em excesso, mas a quantidade de colesterol ingerida não o afeta significativamente. É importante verificar a gama de nutrientes ingeridos, em vez de cortar todo o colesterol.

CAPÍTULO 4 **Conhecendo Seus Macros** 55

De onde vem o colesterol é importante: existem alguns alimentos com altos níveis de colesterol que trazem uma série de benefícios, tornando-se opções saudáveis a uma dieta cetogênica. Por exemplo, gemas são ricas em colesterol, mas também são ricas em nutrientes essenciais, como colina, vitaminas A e D, zinco, cálcio, ferro, selênio e ômega 3, para citar alguns. Ovos são ricos em nutrientes que você não deve deixar de consumir.

A AHA mudou recentemente sua recomendação de que as pessoas consumam apenas 300 miligramas de colesterol por dia, ou seja, cerca de um ovo e meio. Isso se deve ao fato de que a pesquisa demonstra consistentemente que ingerir colesterol não aumenta seu nível. As diretrizes ainda sugerem que as pessoas devem "limitar" os alimentos ricos em colesterol (embora não especifiquem um limite), pois geralmente possuem alto teor de gordura saturada. A grande mudança de perspectiva em relação ao colesterol é um presságio de que é apenas uma questão de tempo até que as recomendações sobre gordura saturada sejam alteradas.

LEMBRE-SE

O colesterol não é o vilão que todos dizem ser. Seus níveis de "colesterol" têm muito pouco a ver com a quantidade de colesterol consumido e mais a ver com gorduras e carboidratos "ruins".

Ácidos graxos poli-insaturados

Os ácidos graxos poli-insaturados (AGPs), excluindo os ômega 3, que vimos anteriormente, estão no extremo oposto do espectro das saturadas. Da mesma forma que muitos médicos acreditam que as gorduras saturadas são completamente ruins, os cientistas achavam que os AGPs eram completamente bons, mas pesquisas mostram que podem ter algumas desvantagens ocultas. Esse outro grupo de AGPs é chamado ômega 6 (comparado aos ômega 3, saudáveis para o coração).

Atualmente, a AHA recomenda que de 5% a 10% das calorias inseridas sejam provenientes de gorduras ômega 6. No entanto, os AGPs são encontrados em uma ampla variedade de alimentos — desde óleos vegetais, como óleo de soja, a nozes e peixes gordurosos —, portanto, poucas pessoas não obtêm o suficiente. Por convenção, as pessoas foram ensinadas que os AGPs são mais saudáveis do que as gorduras saturadas e devem ser priorizados.

No entanto, não é tão simples assim. O ácido linoleico, um AGP ômega 6 comum encontrado em óleos vegetais, pode não ser tão bom. Ele não apresenta nenhum benefício em relação a doenças cardiovasculares e derrames, e um estudo que analisou pessoas que foram orientadas a optar pela gordura linoleica, em vez da saturada, descobriu que elas estavam mais propensas a morrer de doenças e ataques cardíacos. Como as pessoas costumam consumir essas gorduras de fontes duvidosas, como óleo de soja e milho, os óleos de cozinha mais comuns nas despensas, isso é bastante preocupante.

Porém, há uma luz no fim do túnel para os adeptos da keto. O ácido linoleico conjugado, comumente encontrado em carne bovina e laticínios orgânicos, faz bem para você. Estudos mostram que esse tipo de gordura ômega 6 ajuda a reduzir o risco de câncer, diabetes e doenças cardiovasculares. Aqui, a fonte dos alimentos é importante, e, no caso do ácido linoleico, os alimentos orgânicos de origem animal superam os alimentos vegetais processados.

Ainda assim, comparado ao ômega 3, as gorduras ômega 6 tendem a aumentar as inflamações, e esse aumento está associado aos problemas de saúde de longo prazo mais comuns em nossa sociedade: doenças cardiovasculares, câncer e doenças autoimunes. Quando você consome ômega 6 em demasia, na verdade, interrompe a capacidade do corpo de se beneficiar das vantagens anti-inflamatórias do ômega 3. Isso ocorre porque o corpo usa as mesmas vias metabólicas para todos os AGPs, independentemente de aumentar ou diminuir a inflamação. Ingerir ômega 6 demais não apenas aumenta as taxas de inflamação no corpo, como também bloqueia a capacidade do corpo de se reparar usando o EPA e o DHA. As pessoas consomem cerca de quinze vezes mais ômega 6 do que ômega 3, enquanto nossos ancestrais provavelmente consumiam uma quantidade igual de ambos. É uma grande mudança que aparece entre os problemas de saúde comuns contra os quais muitos de nós lutam.

A maioria das tabelas nutricionais não informa a proporção de ômega 3 nem de outros AGPs, portanto, talvez você precise pesquisar mais para descobrir os tipos de AGPs que está consumindo. Geralmente, óleos de cozinha como óleo de soja e de milho possuem muito mais ômega 6 do que as nozes ou os óleos de linhaça (que também possuem ALA).

Outra observação sobre os óleos AGP é que tendem a *oxidar* (estragar) rapidamente. Eles também não devem ser usados para cozinhar, pois têm um ponto de fumaça mais baixo e perdem todos os benefícios à saúde quando superaquecidos. Muitos óleos AGP precisam ser colocados na geladeira em um recipiente escuro e jogados fora imediatamente se começarem a cheirar diferente.

LEMBRE-SE

De onde vem os AGPs faz toda diferença. Embora os AGPs encontrados em óleos vegetais duvidosos aumentem a inflamação e as doenças crônicas, os AGPs de alta qualidade em carne bovina e laticínios orgânicos evitam esses riscos e o ajudam a prosperar no estilo de vida keto.

Gorduras não saudáveis

Agora que falamos sobre o que você *deveria* comer, falaremos sobre as gorduras que são completamente prejudiciais à saúde e não devem fazer parte de uma dieta cetogênica saudável: as gorduras trans. Apenas diga não a elas!

Há pequenas quantidades de gorduras trans naturais encontradas em carne de animais e laticínios que são boas. Além disso, no entanto, todos podem concordar que você deve ficar longe de gorduras trans sintéticas. Cientistas fabricaram esses óleos em laboratórios para fazer com que os alimentos durem por mais tempo (para serem transportados por milhares de quilômetros ou permanecerem em uma prateleira de supermercado por meses a fio). É por isso que essas gorduras são abundantes em produtos embalados, como os bolinhos industrializados.

Mais e mais clientes estão cientes dos problemas associados às gorduras trans — aumento do risco de doenças cardiovasculares — e ficam longe de qualquer alimento que liste gordura trans na tabela nutricional. No entanto, os fabricantes de alimentos são furtivos: eles podem rotular seus alimentos como "livres de gordura trans", mas adicionam até meio grama por porção, o que significa que, se você comer bastante esses alimentos "livres de gordura trans", terá uma boa quantidade de gorduras trans em sua dieta. Às vezes, as gorduras trans ocultas são rotuladas como óleos "parcialmente hidrogenados". Portanto, recuse qualquer alimento que tenha isso na lista de ingredientes. Felizmente, as gorduras trans estão na lista de proibidos da keto.

É um equívoco bastante comum pensar que o estilo de vida keto seja rico em proteínas. Vamos esclarecer: a keto não é rica em proteínas. A proteína é vital para o estilo de vida keto, mas você só deve consumir quantidades moderadas ou apenas o necessário. Geralmente, o ideal é 1,2g por quilo de peso corporal para uma pessoa moderadamente ativa, embora atletas de alto nível possam subir para até 1,5g por quilo e uma pessoa muito sedentária deva consumir um pouco menos de 0,7g por quilo de peso corporal.

Consumindo Quantidades Moderadas de Proteína

Consumir proteínas demais prejudica sua cetose. As proteínas causam picos nos níveis de insulina. Portanto, mesmo se não houver glicose em sua dieta, o excesso de proteína poderá ser usado pelo organismo para produzir glicose através do processo de gliconeogênese. Isso significa que, se você optar por ingerir mais proteína do que o necessário, poderá sair da cetose e voltar a ter picos e baixas de glicose e insulina.

LEMBRE-SE

Esteja ciente da variedade de proteínas disponíveis no estilo de vida keto e de quanto aproximadamente você precisa para preservar seus músculos, órgãos e processos essenciais do corpo, mantendo-se em cetose. Suas fontes de proteína são tão vitais quanto a origem delas. É preciso saber qual é o tamanho da porção e quais alimentos vegetarianos e de origem animais são fontes ideais de proteína.

Cortando o Excesso de Carboidratos

Além de um mínimo, os carboidratos não são necessários para sua sobrevivência, apesar do que a abordagem "Choose My Plate", do Departamento de Agricultura dos EUA (USDA), recomenda — que, ironicamente, não há lugar no seu prato para gordura! — ou amigos bem-intencionados dizem. Como explicamos no Capítulo 3, seu fígado é capaz de produzir toda a glicose de que seu corpo precisa, sem a ajuda da cesta de pães. O benefício de aderir à keto é que você cortará carboidratos encontrados em alimentos pré-embalados não saudáveis que os humanos só consomem há pouco tempo. É como voltar cem anos atrás, quando cereais, massas e pão inconvenientes e não saudáveis não eram comuns. Nossos avós e bisavós não tinham a opção de ir trabalhar comendo uma rosquinha ou uma barra de cereais, e, em vez disso, consumiam alimentos com mais gordura e menos carboidratos, e eram mais magros do que somos hoje.

A dieta cetogênica permite que você se liberte dos desejos que o mantiveram amarrado a alimentos ricos em carboidratos. Os carboidratos geralmente deixam você se sentindo lento e inchado quando cede à vontade de consumi-los, levando a um relacionamento de amor e ódio. Ao reduzir os carboidratos para apenas 5% do total de consumo, você se livra dos desconfortos associados a eles e se sente com mais energia ao longo do dia. Além disso, em um mundo cada vez mais favorável à keto, você encontrará outros alimentos altamente nutritivos para alimentar seu corpo. Reduzir o consumo de carboidratos abrirá sua dieta para vegetais que você pode ter esquecido. Alguns de nossos carboidratos favoritos na dieta cetogênica são:

» Abobrinha

» Couve-flor

» Couve-de-bruxelas

» Cogumelo

» Pimentão vermelho

Não apenas possuem baixo teor de carboidratos, como também uma série de minerais, vitaminas e antioxidantes que farão você se sentir bem. Com um pouco de conhecimento e algumas das receitas da Parte 5 deste livro, você comerá esses vegetais maravilhosos regularmente!

60   PARTE 1 **Começando**

Aderindo à Dieta Cetogênica

NESTA PARTE...

Encha sua cozinha de coisas boas.

Hidrate-se com a keto.

Siga o caminho low carb.

Tenha uma alimentação equilibrada.

Permaneça na keto ao comer fora.

> **NESTE CAPÍTULO**
>
> » Livrando sua cozinha de alimentos ricos em carboidratos
>
> » Adquirindo gorduras, proteínas e carboidratos saudáveis

Capítulo 5
Enchendo a Cozinha de Alimentos Keto

Neste capítulo, mostramos o que comer e do que ficar longe na dieta cetogênica. Você precisará mexer na geladeira, na despensa e na pequena gaveta de lanches do carro, escritório ou onde quer que ela esteja. Mostramos como se livrar dos alimentos ricos em carboidratos e substituí-los por itens saudáveis e integrais da keto que o saciarão pelas próximas horas.

A keto retoma o que seu corpo sabe: gordura faz bem e os carboidratos não são um nutriente necessário. Ao iniciar a jornada keto, você precisará fazer uma reforma completa da mente e da despensa. Ao deixar de lado as falsas constatações nutricionais que considerou ao longo dos anos, você livrará com mais facilidade os armários de todos os alimentos com baixo teor de gordura que considerava saudáveis e, em vez disso, passará a preenchê-los com alimentos deliciosos e sadios que nutrem seu corpo e sua mente.

LEMBRE-SE

Você não sacrifica o sabor para aderir à keto. Na verdade, uma das características dessa dieta é a oferta abundante para seu paladar. A gordura é o sabor da natureza, e você obtém acesso total a todo o seu espectro. Como o mundo ocidental é bastante voltado aos carboidratos e ao excesso de açúcar, pode levar algum tempo até que seu paladar se recupere da superestimulação à doçura a que foi submetido há anos, mas quando esse ajuste ocorrer, você encontrará uma experiência gastronômica inigualável.

Esquecendo Seu Ex

Se você é como a maioria das pessoas, as prateleiras de sua despensa estão cheias de alimentos ricos em carboidratos — farinha, pão, arroz, açúcar e outros itens que são ingredientes padrão em todas suas refeições, desde um almoço rápido até um belo jantar de aniversário completo. Esteja ciente de que esse "arroz com feijão" não tem lugar em uma cozinha keto ideal. Mas não se preocupe! Estamos aqui para mostrar como se livrar desses itens que o atrapalharão em sua jornada cetogênica.

DICA

Se você faz parte de uma família "mista" — em que alguns membros seguem a keto e outros não —, será um pouco mais complicado, pois não poderá eliminar todas as tentações, mas há etapas específicas que pode adotar para aumentar as chances de sucesso.

» **Reorganize gavetas, armários e prateleiras.** Identifique cada gaveta ou armário como "keto" ou "porcaria" (brincadeira — marque como "não keto") e divida os alimentos. Isso o ajudará ao sentir vontade de comer ou abrir uma porta e se deparar com todos os ingredientes necessários para fazer seu bolo favorito.

» **Coma antes de cozinhar para todos, principalmente se for cozinhar para quem está fazendo a dieta cetogênica e para quem não está.** Todos sabemos que não é uma boa ideia ir ao supermercado quando estamos com fome, e o mesmo princípio se aplica a preparar refeições não keto. Você deve comer primeiro, só então preparar as refeições convencionais, já saciado.

» **Apresente as refeições cetogênicas para sua família, seus amigos e colegas que não seguem a dieta keto.** Perceba se eles se interessam por alguma refeição keto e a incorpore à alimentação regular. Ainda que não convença as pessoas que vivem com você a seguir a keto, quanto mais comida você colocar na mesa que se alinhe aos macronutrientes determinados, menor será a tentação sempre que uma refeição for servida.

» **Se fizer jejum intermitente, pense na programação alimentar de sua família e em como seu horário de alimentação será compatível com ela.** Digamos, por exemplo, que você precise preparar o café da manhã para sua família e levar seus filhos para a escola, mas seu horário de alimentação é das 12h às 20h. Quando chega a hora do café, já faz algum tempo que você não comeu e ainda tem mais quatro horas pela frente — e, no momento, você está fazendo panquecas.

> Considere adaptar o horário de alimentação para um momento anterior. Sinta-se livre para fazer isso algumas vezes. Não há regras rígidas a respeito do jejum intermitente; são apenas diretrizes, e você pode ajustar todos os aspectos à situação específica. Como você pode tomar café e chá, considere beber uma xícara grande antes de começar a cozinhar, pois essas bebidas aliviam a fome.
>
> Se não gosta de tomar café da manhã, não há problema. No entanto, em algum momento, você encontrará situações em que o jejum intermitente não se alinhará bem com sua vida, e fazer esse exercício é muito proveitoso.

Nas seções a seguir, orientamos sobre o que eliminar de sua cozinha keto ideal (ou pelo menos a parte da cozinha em que você armazenará os alimentos adequados à dieta).

Libertando sua despensa do açúcar

O açúcar é a verdadeira razão pela qual você não perde aqueles quilos indesejados e o pneuzinho irritante. Como os açúcares que você consome aumentam seus níveis de insulina e direcionam seu corpo para armazenar excesso de gordura, você se coloca em uma batalha difícil para manter um peso saudável — ou entrar naquele jeans favorito dos tempos de escola. Cortar o excesso de açúcar é o primeiro passo para reverter esse problema.

O açúcar tem um índice glicêmico (IG) muito alto e causa picos de insulina. Essa substância causa um aumento drástico da resposta inflamatória e irritação do corpo, levando a névoa mental, dores de cabeça e uma série de outros problemas. Os altos níveis associados de insulina não aumentam apenas o armazenamento de gordura, como também o risco de outras doenças graves, como as cardiovasculares, pressão alta, doenças hepáticas e até problemas de fertilidade.

Você deve estar pensando: e os açúcares alternativos, como mel, açúcar de coco e tâmaras? Não são alternativas saudáveis com propriedades antioxidantes, micronutrientes, fibras e até antibacterianas? Sim, esses açúcares trazem benefícios que faltam no açúcar refinado branco, mas, independentemente desse benefício potencial, são todos, em sua essência, açúcar. O mel tem mais gramas de carboidratos por porção do que o açúcar de mesa. Todos esses adoçantes têm alto IG para alimentos, o que significa que todos contribuem para o risco de desenvolver diabetes, doenças cardiovasculares e uma série de outras condições. Apenas diga não a todos os açúcares.

Aqui estão os açúcares que você deve retirar de sua despensa (sendo eles os próprios açúcares ou o componente de alimentos embalados):

» **Açúcar mascavo, branco ou turbinado:** Todos esses produtos são derivados da cana-de-açúcar e ricos em calorias e carboidratos. As diferenças entre eles são minúsculas — o açúcar turbinado é ligeiramente menos processado do que o açúcar mascavo ou branco, mas todos são basicamente carboidratos vazios. Os açúcares turbinado e mascavo possuem pequenas quantidades da ingestão diária de ferro (a partir do conteúdo de melaço) e nada mais. O açúcar branco não é apenas processado, mas também branqueado, e pode ter resíduos químicos que prejudicam a saúde. São um desperdício de calorias, e há muitos adoçantes artificiais aprovados que você pode usar. Evite açúcar mascavo, branco e turbinado a todo custo.

» **Sucanat:** É uma das formas menos processadas da cana-de-açúcar. No entanto, não se engane em pensar que é saudável. O sucanat ainda é um alimento de alto IG, com quantidades mínimas de minerais e tantos carboidratos e calorias quanto o açúcar branco altamente processado. Ele o expulsará da cetose, como qualquer outro produto açucarado. Produtos similares são mascavado, khand (Índia), jagra (sul da Ásia) e rapadura (América Latina), dependendo da parte do mundo em que estiver.

» **Açúcar de coco:** Feito a partir do coqueiro, e não da cana, o açúcar de coco é apresentado como uma alternativa saudável por ter um IG ligeiramente mais baixo do que outros açúcares. Da mesma forma, embora tenha alguns nutrientes e até um pouco de fibra, ele tem tantas calorias vazias quanto o açúcar branco refinado e causará um pico de açúcar no sangue quando você o consumir. Esse adoçante não vale seu esforço.

» **Mel:** Feito do néctar da flor pela abelha, o mel tem alguns benefícios, como suas propriedades anti-inflamatórias e antioxidantes. No entanto, ele tem ainda mais calorias do que o açúcar e também causa picos de açúcar no sangue. Achamos que o melhor uso do mel é como máscara facial — você obtém todos os benefícios sem causar excesso de peso. *Lembre-se:* você pode obter os nutrientes do mel a partir de outros alimentos, sem os açúcares.

» **Melaço:** Esse produto da cana-de-açúcar é responsável pela cor do açúcar mascavo. É menos processado que o açúcar mascavo e fornece quase o mesmo valor nutricional de qualquer outro açúcar. Embora seja uma boa fonte de potássio e certos minerais, ainda é 75% açúcar (o resto é água e minerais), por isso não tem lugar na keto. Você pode obter facilmente mais minerais de alimentos que não levam o nível de açúcar do sangue lá ao Corcovado.

» **Agave:** Embora considerado uma alternativa "natural" ao açúcar, o agave é composto principalmente de frutose, a outra molécula de açúcar que pode causar efeitos piores no corpo quando combinada com a glicose. Por possuir uma mistura de açúcar semelhante ao xarope de milho com alto teor de frutose, deve ser usado com moderação. Altos níveis de frutose podem causar danos ao fígado e aumentar o ganho de peso, ainda mais do que os altos níveis de glicose. Essa opção pode ser pior para sua saúde, em longo prazo, do que o açúcar branco. Recomendamos que evite qualquer coisa que use isso como adoçante. Felizmente, você ainda pode desfrutar de tequila — embora também seja proveniente de agave, toda a frutose da planta foi destilada.

» **Tâmaras:** Outro açúcar "natural" e mais ideal, ainda é composto por cerca de 80% de açúcar. Apesar das fibras e algumas vitaminas, apenas três tâmaras possuem 50g de açúcar, o que o expulsaria da cetose só de olhar para uma delas. A tâmara é um excelente exemplo de fonte de açúcar completamente natural e orgânica que você ainda precisa evitar.

» **Xaropes:** Incluem o xarope de ácer, xarope de milho e variedades de arroz. São todos basicamente água açucarada.

DICA

Reserve algumas horas na cozinha algum dia e analise cada item na geladeira e no armário. Confira as tabelas nutricionais e divida tudo em duas pilhas: uma aprovada e outra não aprovada pela keto. Essa pode ser a atividade mais educativa que você já teve; garantimos que você ficará chocado com a presença de quantidades significativas de carboidratos em certos alimentos. Salsicha, molho, tipos de leite (de soja, arroz, amêndoa etc.) e até mesmo certos tipos de bacon carregados de açúcar. A leitura dos rótulos ajudará você a entender bem o quanto o açúcar está presente em todos os aspectos de nossas dietas.

LEMBRE-SE

As listas de ingredientes raramente afirmam algo tão simples quanto "açúcar". Fique atento, pois o açúcar possui diversos nomes alternativos. Investigue as tabelas nutricionais e livre-se de quaisquer alimentos com um destes:

» Maltodextrina
» Suco de frutas concentrado
» Açúcar de cana
» Dextrose
» Sacarose
» Xarope de milho rico em frutose
» Xarope de glicose ou frutose

CUIDADO

Desconfie da maioria dos adoçantes artificiais. Embora esses adoçantes se vangloriem de não ter calorias, devido à falta de carboidratos, seu corpo ainda pode ser levado a pensar que são açúcar e liberar insulina. Quando você come algo doce, artificial ou não, os receptores que detectam o gosto doce em sua língua podem desencadear uma série de reações que preparam seu corpo para uma carga de carboidratos. Embora os adoçantes artificiais sejam projetados para evitar o aumento dos níveis de açúcar no sangue, alguns estudos mostraram que certos adoçantes, como sucralose e acessulfame de potássio, podem desencadear picos de insulina, mesmo sem calorias ou carboidratos. Liberando insulina, eles podem causar problemas semelhantes de ganho de peso, diabetes e doenças cardiovasculares, causados por altos níveis de insulina no sangue.

Mesmo com o aumento dos níveis de insulina, esses "substitutos do açúcar", muitos dos quais são "embalados e processados", preservam o vício e o mantém escravo dos doces, mesmo que sejam "aceitos pela keto". **Lembre-se:** o objetivo é evitar que o nível de açúcar no sangue aumente e provoque um pico de insulina, que pode ser causado por alimentos considerados "bons".

Entre os adoçantes artificiais estão:

> » Aspartame
> » Sucralose
> » Sacarina
> » Acessulfame de potássio
> » Adoçantes artificiais mistos

Não há problema em comer uma sobremesa de vez em quando (mesmo na keto). Portanto, mais adiante neste capítulo, falamos sobre os açúcares de baixo IG que você pode consumir ocasionalmente na dieta keto.

Abandonando farinhas e grãos

Farinhas e grãos estão por toda parte, mas não têm vez na dieta keto. Embora não sejam tão "simples" quanto os açúcares mencionados na seção anterior, esses alimentos acabarão sendo decompostos em seus componentes de açúcar — e é assim que seu corpo os tratará. Embora os alimentos com farinha e grãos tenham valores de IG variados, por sua natureza, os carboidratos farão com que seus níveis de insulina aumentem, portanto, é melhor ficar longe deles.

Alguns desses alimentos, principalmente as variedades de grãos integrais, têm nutrientes proveitosos, mas existem muitos alimentos aceitos pela keto com os mesmos nutrientes; você não precisa obtê-los de fontes de carboidratos. É fácil cair na história de que grãos integrais são bons, mas sendo integrais ou não, seu corpo acabará tratando-os como açúcar. A verdade é que, se você compara alguns alimentos integrais a seus homólogos "brancos" ou refinados, não há muita diferença. Por exemplo, o IG do pão branco é 75, e o do pão integral é 74. De maneira similar, o IG do arroz branco é 73, enquanto o do integral é 68.

Quando você leva em conta a variedade de marcas, não há nenhuma diferença; todos esses alimentos possuem alto IG, e o rótulo "integral" não muda esse fato. As opções integrais podem parecer melhores, mas seu corpo não sabe a diferença e ainda precisará de doses nada saudáveis de insulina para digerir os alimentos integrais.

Além disso, cada vez mais pessoas manifestam alergia ou sensibilidade alimentar ao *glúten* (uma proteína encontrada em produtos à base de trigo, cevada e centeio) e outros grãos. O glúten é o culpado pelas condições inflamatórias do intestino, cada vez mais comuns. Você deve ter ouvido falar da *síndrome do intestino poroso*, uma condição na qual o revestimento intestinal cria "poros", e toxinas, bactérias e outras substâncias prejudiciais ignoram a digestão normal e são absorvidas por fendas intercelulares no intestino. Alguns estudos sugerem que o glúten incentiva rupturas no revestimento do intestino e leva a uma série de problemas, como doença celíaca, e condições autoimunes, como diabetes tipo 1. Se você comer muitos grãos com frequência, com taxas cada vez mais altas de glúten e açúcares inflamatórios, muitos dos quais alteram a flora intestinal e levam a problemas intestinais, continuará sofrendo de inchaço, névoa mental, fadiga e coisas piores.

Aqui estão as farinhas e grãos que devem ser descartados:

» Farinha de trigo branca ou integral (por exemplo: farinha comum, farinha para massas ou com fermento)

» Arroz (integral, branco ou selvagem)

» Quinoa

» Cuscuz

» Massas (como espaguete, macarrão ou similares)

» Cevada

» Painço

» Aveia em grãos ou refinada

» Amaranto

» Sorgo

» Tefe

» Triticale

CAPÍTULO 5 **Enchendo a Cozinha de Alimentos Keto** 69

CUIDADO

Não se iluda pensando que esses grãos "milenares" exóticos são uma opção saudável. Ainda que retornássemos aos tempos paleolíticos, é improvável que nossos ancestrais comessem esses grãos várias vezes ao dia, mesmo que os cozinhassem por tempo suficiente até ficarem mais palatáveis.

É possível que seus amigos e familiares se oponham a essa lista ao defender que os grãos são nutritivos — e eles estão certos. Não há necessidade de discutir isso. O que eles (ou pelo menos você) deveriam entender é que todos os nutrientes fornecidos por um dos grãos dessa lista podem ser encontrados em outros lugares, e ter uma dieta com muitos grãos ou carboidratos leva a uma série de possíveis problemas de saúde. Você não está dizendo a eles que grãos integrais não são nutritivos, está apenas dizendo que esses nutrientes podem ser encontrados em outros lugares e que você está substituindo a fonte.

Essa lista também inclui todos os alimentos compostos de farinhas e grãos, como pão em suas diversas formas, cereais, tortilhas, bolos, biscoitos, pretzels, batatas fritas, pita, tortilla chips e muito mais.

Eliminando os vegetais amiláceos

Os vegetais amiláceos são ricos em carboidratos. Embora os vegetais sejam uma das fontes nutricionais da dieta cetogênica, no caso dos vegetais amiláceos, os carboidratos superam os nutrientes de muitos deles, fazendo com que precisem ser descartados. Com frequência, esses vegetais ricos em amido, assim como outros alimentos ricos em carboidratos, fazem você se sentir inchado, desconfortável e desconcentrado. Como os mesmos nutrientes estão presentes em vegetais com baixo teor de carboidratos, vamos abandonar os que são ricos em amido.

Eis os vegetais que devem ser abandonados:

- » Tubérculos e raízes (como cenoura, batata, abóbora, batata-doce, pastinaga e inhame)
- » Grãos (incluindo produtos à base de grãos, como grão de bico e falafel)
- » Milho
- » Banana da terra
- » Ervilhas verdes
- » Abóbora moranga
- » Farinha de milho

Muitos desses vegetais, mesmo quando cozidos, são considerados alimentos com alto IG. Por exemplo, o IG da batata-doce, que é de 63, é bastante semelhante ao de um abacaxi bem doce, que tem IG de aproximadamente 59. Não se iluda pensando que todos os vegetais são boas opções para você. Abandone os vegetais ricos em carboidratos que aumentarão rapidamente seu nível de açúcar no sangue; independentemente de outros fatores compensatórios, a desvantagem de altos níveis de açúcar no sangue e insulina não vale a pena.

LEMBRE-SE

Outro benefício da keto é que seu paladar se adapta, e aquilo que costumava ter gosto suave parece mais doce. Você não percebe o quão doce são as cenouras, as batatas e o milho até que faça uma dieta pobre em carboidratos por um longo período. Um dos benefícios incríveis que ela gera é que, quando você quer comer algo doce, acaba preferindo cenoura ou milho, em vez de um donut, mesmo as vezes em que "pular a cerca" não o afetarão tanto, pois você fica mais satisfeito com frutas e vegetais do que com guloseimas ou sobremesas.

Dispensando frutas de alto IG

A maioria das frutas está proibida na keto, mas você pode consumir uma pequena quantidade de frutas aprovadas na dieta de vez em quando. Todas as frutas contêm açúcar. Mesmo que seja natural, o açúcar aumenta os níveis de glicose e insulina no sangue, gerando quilos a mais e uma série de outras condições.

Além disso, as frutas contêm um açúcar ligeiramente diferente, chamado frutose (em oposição à glicose, que é a fonte primária de energia, se você não estiver em cetose). A frutose pode ser ainda pior do que a glicose, pois está associada a níveis mais altos de açúcar no sangue e a um risco maior de contrair diabetes do que a glicose em longo prazo. A frutose não pode ser usada diretamente como fonte de energia e não aumenta seus níveis de insulina imediatamente. Primeiro, ela deve ser convertida em outra substância, como triglicerídeos (gordura). É por isso que o adoçante comumente adicionado a alimentos processados — xarope de milho com alto teor de frutose — faz tão mal a você.

Ninguém está sugerindo que uma maçã seja igual às enormes doses de xarope de milho com alto teor de frutose encontradas em uma lata de refrigerante, mas o alto conteúdo de frutose encontrado nas frutas (e sobretudo nos sucos de frutas sem a fibra que as frutas contêm) contribui para uma elevação nos níveis de açúcar no sangue e, consequentemente, para o acúmulo de gordura.

A keto usa o IG para separar as frutas em opções aceitáveis e não aceitáveis à dieta. Esse índice, que mencionamos brevemente no Capítulo 2, é um sistema que mede a capacidade de um carboidrato de aumentar os níveis de açúcar no sangue. A escala do IG é classificada de 0 a 100, com açúcares facilmente digeridos e de rápida absorção (como refrigerante) próximos a 100 e carboidratos digeridos lentamente próximos de 0. Embora o índice ultrapasse 100 pontos, nenhum carboidrato chega a 0 (apenas gorduras e proteínas o alcançam).

A importância do IG é que as pessoas que comem muitos alimentos com alto índice glicêmico têm um risco maior de ganhar peso e contrair doenças cardiovasculares, diabetes e sofrer derrames. Os termos *carboidrato complexo* e *açúcar simples* são frequentemente usados para categorizar os carboidratos, mas o IG é muito mais preciso e significativo.

Eis algumas frutas e seus respectivos IGs:

» **Maçã:** 40

» **Banana:** de 30 a 70 (quanto mais madura, maior o IG)

» **Kiwi:** 58

» **Manga:** 60

» **Laranja:** 48

» **Abacaxi:** 59

Muitas maçãs (ou muitos copos de suco de maçã) por dia podem, afinal, não o livrar de algumas consultas com o médico.

Expulsando toda comida processada

"Comida processada é saudável" é algo que ninguém nunca disse. Toda a praticidade que as pessoas buscam tem um preço alto, como pressão alta não diagnosticada, diabetes e doenças cardiovasculares. Esses alimentos são produzidos para perdurar nas prateleiras das lojas e viajar milhares de quilômetros. Para isso, recebem uma quantidade enorme de conservantes e outros produtos químicos que fazem mal ao seu corpo.

Como é dito, se tem muitas sílabas e soa esquisito, você provavelmente não deveria estar comendo. Ingredientes comuns em alimentos processados são:

» Xarope de milho rico em frutose.

» Óleos hidrogenados (ou parcialmente hidrogenados).

» Óleo de soja, milho, canola e palma.

» Glutamato monossódico.

» Sabores artificiais.

DICA

Uma das diretrizes gerais a serem usadas nas compras de supermercado é que 90% da comida deve vir "do entorno". Todos os alimentos frescos costumam ficar dispostos nas áreas em volta — as seções de vegetais, frios, alimentos refrigerados, carnes e laticínios. A maioria dos alimentos no centro da loja é embalada e processada. Pouca atenção precisa ser dada pelo gerente, pois as datas de vencimento são medidas em meses e, às vezes, anos. Mantenha as prateleiras de sua despensa livres desses alimentos embalados e processados, e não torne a comprá-los. Seu corpo agradece, em curto e longo prazos.

Por Dentro das Novidades

Após livrar a geladeira e as prateleiras da despensa dos alimentos embalados e dos carboidratos causadores do diabetes, é hora de reabastecê-la com coisas boas. Prepare-se para uma nova forma de se alimentar: gorduras deliciosas que o deixarão satisfeito, proteínas de alta qualidade que preservarão sua massa corporal magra e diversos vegetais low carb ricos em nutrientes.

O QUE SIGNIFICA *ORGÂNICO*

À medida que apresentarmos os alimentos keto, os orgânicos aparecerão, então vamos explorar o que exatamente *orgânico* significa — e não significa —, além de outros sistemas de classificação de alimentos.

Os alimentos orgânicos não possuem antibióticos, hormônios, organismos geneticamente modificados (OGM), inseticidas sintéticos ou herbicidas, e requerem práticas agrícolas sustentáveis. Perceba que os alimentos orgânicos podem usar herbicidas "naturais" que podem representar riscos aos seres humanos. Além disso, a rotulagem orgânica não diz nada sobre a condição de vida dos animais. Orgânico não se traduz em "criado no pasto", "criado ao ar livre" ou mesmo "alimentado com capim". Você deve procurar esses registros nos alimentos que consome para garantir que cumpram esses requisitos extras.

Alguns alimentos só serão orgânicos até certa porcentagem:

- "100% orgânico" significa completamente orgânico.

- "Alimentos orgânicos" devem ser produzidos com, no mínimo, 95% de ingredientes orgânicos, mas não precisam ser completamente orgânicos.

- "Produzido com ingredientes orgânicos" significa que pelo menos 70% dos ingredientes devem ser orgânicos.

Há também os alimentos "naturais". Essa classificação não é tão rigorosamente definida, mas em geral indica que os alimentos não têm ingredientes artificiais (como corantes ou sabores) e são processados "o mínimo possível".

(continua)

(continuação)

Sem dúvida, você já se deparou com o rótulo "livre de transgênicos", o que significa que o alimento não contém ingredientes geneticamente modificados. Os OGMs são onipresentes — cerca de 75% dos alimentos embalados contêm pelo menos um OGM, e a exigência do governo de rotulá-los varia de acordo com cada país. Felizmente, muitas empresas de alimentos preservam suas práticas de rotulagem, e outras informam, com letras microscópicas, que determinado alimento é "fabricado com ingrediente geneticamente modificado". Ainda assim, é quase certo que você esteja ingerindo OGMs se comprar um alimento embalado que não é orgânico ou não possui no rótulo "livre de transgênicos".

Por que você deveria se preocupar com alimentos orgânicos, OGMs e tudo mais? Há controvérsias, mas certos alimentos orgânicos — ou pelo menos alimentos não convencionais — são melhores para você. A carne criada organicamente possui mais ômega 3 e menos ácidos graxos poli-insaturados (AGPs) inflamatórios do que outras opções. A ausência de antibióticos e hormônios nocivos é tão importante quanto a presença de nutrientes de qualidade em seus alimentos. As vacas podem receber hormônios para aumentar sua produção de leite, e as galinhas geralmente recebem antibióticos para inibir doenças e melhorar o rendimento.

Infelizmente, hormônios e antibióticos são transferidos para nós quando ingerimos esses alimentos, causando mudanças inesperadas em nossos hormônios ou aumentando a disseminação de superbactérias que causam infecções para as quais a medicina moderna tem opções limitadas de tratamento. Entre os vegetais, sem dúvida o aspecto mais importante dos alimentos orgânicos é ser livres de pesticidas, que apresentam riscos à saúde e estão associados a cânceres e outras doenças em trabalhadores agrícolas e consumidores.

As culturas com OGMs mais comuns são milho, soja, algodão e canola, mas também existem peixes e nozes modificados para atingir a maturidade mais cedo. O termo *OGM* é ainda mais controverso do que *orgânico*. O Departamento de Agricultura dos Estados Unidos (USDA) afirma que não há diferenças significativas no conteúdo nutricional entre alimentos que contêm OGMs e os que não contêm, mas isso pode não ser preciso. Alguns defensores dizem que os OGMs ajudam a produzir alimentos para alimentar as bilhões de pessoas que chamam a Terra de casa e são uma tecnologia para ajudar a combater certas doenças (as bananas com OGMs produzem uma vacina contra a hepatite!)

No entanto, alguns desses alimentos causam resistência a antibióticos, e há muitos sobre os quais não conhecemos as consequências em longo prazo do consumo regular. Historicamente, algumas das pesquisas foram encobertas, levando a muita desconfiança por parte dos consumidores.

Nesta seção, explicamos quando vale a pena gastar mais dinheiro com alimentos orgânicos e quando podemos ficar com os alimentos convencionais.

Conhecendo as gorduras saudáveis

As gorduras são a base do estilo de vida keto, por isso, familiarize-se com elas. Ao consumir uma variedade de diferentes gorduras, você questiona por que alguém escolhe comer alguma coisa com pouca gordura! A gordura é cremosa, rica e saborosa. É um nutriente de qualidade e excelente combustível para sua vida.

Estocando ovos

O maravilhoso ovo comestível está de volta! Os ovos são de grande potencial nutritivo, com muitas gorduras, proteínas e micronutrientes saudáveis. Você nunca precisará comer apenas claras de ovo na keto, em vez disso, come também a gema e aproveita todo o alimento. Os ovos foram demonizados por causa do alto nível de colesterol que contêm (cerca de 150mg em um ovo médio), mas essa preocupação se dissipou quando os cientistas perceberam que o colesterol na dieta não causa altos níveis de colesterol no sangue, e estudos mostram que comer ovos diariamente não aumenta o risco de doença cardiovascular.

Os ovos são uma das principais fontes de colina, um nutriente essencial ao metabolismo e um fator no aumento da saúde cerebral. Ajudam a produzir acetilcolina, um neurotransmissor vital para o desenvolvimento do cérebro e regulação do humor que melhora o aprendizado geral e a função muscular. Os ovos também contêm uma série de vitaminas e minerais, como os anti-inflamatórios zinco e selênio.

Os ovos podem ser comidos de várias maneiras e usados em diversas refeições. Ovos cozidos são uma opção nutritiva prática, enquanto um omelete é uma maneira maravilhosa de aproveitar tudo de um ovo. Você encontrará mais algumas ótimas sugestões na Parte 5 deste livro.

LEMBRE-SE

Quando se tratam de ovos, a qualidade é muito importante. Investigue como as galinhas foram tratadas. Os fatores ambientais são cruciais, pois os ovos que ficam ao ar livre, expostos à luz solar, aumentam os níveis de vitamina D, e galinhas alimentadas com ração enriquecida com ômega 3 deixam os ovos mais ricos em gorduras com ômega 3. É sempre uma boa ideia comprar ovos direto do fornecedor, participar da Comunidade que Sustenta a Agricultura (CSA) ou até criar as próprias galinhas, porém, a maioria só consegue comprar ovos no supermercado. Ovos, como toda comida orgânica, devem ser de alta qualidade, sobretudo quando são uma opção prática, como costumam ser na dieta cetogênica.

DICA

Recomendamos que gaste um pouco a mais para comprar ovos orgânicos, caipiras, a menos que tenha a possibilidade de comprá-los de um fazendeiro local ou similar.

LENDO OS RÓTULOS NAS CAIXAS DE OVOS

Quando se trata de ovos, varejistas e produtores criaram alguns termos que precisam de explicação. Como você deve imaginar, eles foram escolhidos mais para impressionar do que para explicar.

- **Enriquecido com ômega 3:** Esse termo significa que as galinhas foram alimentadas com uma dieta rica em ômega 3, geralmente com linhaça. Teoricamente, isso é bom, mas é importante saber que a Food and Drug Administration (FDA) somente fiscaliza o uso desse termo quando há uma reclamação contra uma fazenda específica. Você provavelmente nunca submeteu os ovos à análise para saber quanto ômega 3 estava ingerindo, e é o mais normal que aconteça. Esse termo não diz muito, pois não há padrões que os produtores precisem cumprir para usá-lo.

- **Alimentação vegetariana:** Esse termo engana. Ele evoca imagens de galinhas felizes sendo alimentadas com uma dieta bem equilibrada, cheia de legumes frescos e fibra, mas não é esse o caso. Geralmente, as aves são alimentadas com uma mistura de milho e soja, que não são os grãos mais nutritivos.

- **Livre de gaiolas:** Outro termo enganador, faz você pensar em um mar de galinhas em um campo, livres para ir e vir como bem entenderem, que só ficam fechadas à noite para dormir. Infelizmente, a indústria considera essa questão de maneira muito literal: em vez de enclausurar dezenas de galinhas em uma gaiola, eles trancafiam centenas delas em uma sala que comporta bem menos animais. Tecnicamente, como não há gaiolas, eles alegam estar certos. Como você pode imaginar, porém, a realidade é muito decepcionante quando comparada a suas expectativas a respeito do que esse termo significa.

- **Fresco ou natural da fazenda:** Esses termos não têm definição formal nem padrões explícitos, e ninguém os regula. Em outras palavras, não significam nada, e os ovos que você vê rotulados dessa maneira podem ser iguais aos que custam a metade do preço.

- **Criadas no pasto:** Esse termo tem significado. As galinhas com esse rótulo podem circular pelo pasto e entrar e sair do galinheiro. Comem minhocas e pequenos insetos, são mais seletivas com suas escolhas alimentares e fazem mais exercícios — coisas boas para o ovo que você come! Esse é o principal rótulo que recomendamos que procure.

- **Caipira:** Essa etiqueta é um pouco melhor do que *livre de gaiolas* em seus padrões. As aves são mantidas em grandes galinheiros, têm liberdade e acesso ao exterior. No entanto, não há regulamentos sobre quanto tempo as aves têm permissão para ficar do lado de fora, que tipo de terreno podem explorar ou qualquer outro dentre vários fatores cruciais que afetam diretamente o desenvolvimento nutricional do ovo.

- **Certificado orgânico:** O valor desse rótulo é questionável, mas pelo menos é bem definido. O USDA exige que os ovos com esse rótulo sejam depositados por galinhas livres de antibióticos e pesticidas, alimentadas com uma dieta totalmente vegetariana e com acesso ao exterior. O período e o ambiente ao ar livre são indefinidos, e uma dieta vegetariana não é a melhor para galinhas — elas são onívoras, e uma fonte crucial de proteína para elas são vermes e insetos. No entanto, pelo menos você tem alguma ideia do que está adquirindo ao comprar uma caixa de ovos orgânicos.

Optando por cortes mais gordurosos

Diga não ao peito de frango sem gosto e sem pele, e a outras carnes magras e sem sabor. Na keto, você opta por cortes de carne com gordura. Não há problema em ter um pouco de gordura saturada na dieta — ela não está diretamente relacionada a doenças cardiovasculares e derrames, como sugerem algumas diretrizes nutricionais — para que você desfrute das melhores partes da carne. Você pode adicionar novamente os cortes mais gordurosos:

- Lombo e filé
- Filé de costela
- Bisteca
- Fraldinha
- Filé-mignon
- Skirt steak
- Contrafilé
- Costela
- Lombo de porco
- Costela suína e bovina

LEMBRE-SE

Quando comer essas carnes, opte pela qualidade. Carnes e aves são afetadas pelo ambiente; coma carne alimentada com capim e frango sem antibióticos.

DICA

Saia da zona de conforto e procure carnes selvagens, como bisões, faisões e patos, para um deleite ocasional. Esses animais costumam ser criados livres e têm maior probabilidade de ser orgânicos, para que você possa ter mais confiança em suas condições ambientais e qualidade nutricional. Carnes alimentadas com capim e criadas ao ar livre são mais caras, mas a qualidade fala por si.

Pense em adquirir quantidades mais substanciais de carne (como o frango inteiro, em vez de apenas as coxas), pois pode economizar dinheiro comprando o animal inteiro e guardando as sobras no freezer. Além disso, você ingere os nutrientes de todo o animal, incluindo a gelatina e os nutrientes dos ossos, que podem ser usados para fazer um bom caldo.

LEMBRE-SE

Atenha-se a carnes saudáveis, frescas e minimamente processadas ao fazer a transição para a keto. Um estudo que analisou quase meio milhão de pessoas em toda a Europa mostrou que comer carnes altamente processadas — como carne seca, curada ou fiambres— aumenta o risco de doenças cardiovasculares em 30% e também de morte por câncer. Carnes não processadas não o fazem correr esses riscos. A razão da diferença é que as carnes processadas geralmente contêm uma quantidade significativa de conservantes que prejudicam o corpo. A maioria contém quantidades excessivas de sal, mesmo para quem segue a keto, que tende a perder sal. Outros conservantes comuns em carnes processadas incluem a L-carnitina, que aumenta o risco de doenças cardiovasculares, e o ferro heme, que está associado a um aumento no diagnóstico de diabetes.

Indiscutivelmente, a coisa mais importante a considerar ao comprar um pedaço de carne é como você o preparará. A maioria das receitas tradicionais de churrasco é dispensada devido à grande quantidade de açúcar nos molhos, mas você pode ter mais sorte com temperos secos que enfatizam o sal, ao invés do açúcar. Em vez de se concentrar nas limitações, explore todas as oportunidades para experimentar novas maneiras de cozinhar, fritar, defumar e grelhar!

Peixes gordurosos

O peixe é uma ótima fonte de proteína gordurosa. A maioria das pessoas não consome as duas porções recomendadas de frutos do mar por semana. Na dieta keto, você reverte essa tendência. O peixe é a melhor fonte de ômega 3 e, além de delicioso, é uma excelente fonte de vitamina D. Muitas pessoas têm deficiência de vitamina D, o que causa fadiga, dores musculares e até maior risco de fraturas ósseas. A vitamina D não é apenas vital para a saúde óssea, como melhora a função imunológica e até mesmo a regulação do humor. Ingerir peixes gordurosos aumenta significativamente os níveis de vitamina D, principalmente se você vive em um clima frio e não pode ficar exposto ao sol durante os meses de um inverno rigoroso. É melhor adquirir peixes selvagens, que geralmente possuem mais ômega 3 e são melhores para o meio ambiente, mas os peixes criados em cativeiro são uma opção viável, se você não puder arcar com os custos dos selvagens.

Entre os peixes gordurosos estão:

- » Salmão
- » Cavalinha
- » Anchova
- » Sardinha
- » Bagre
- » Truta

CUIDADO

Tenha cuidado com o mercúrio, uma toxina problemática que é encontrada em alguns peixes oleosos, como cavala e atum. É mais nocivo a mulheres grávidas e crianças pequenas, mas todos devem estar cientes da toxina. Felizmente, salmão e bagre são menos propensos a conter mercúrio.

Gorduras no corredor de laticínios

Laticínios são uma boa opção na keto quando você fica longe de opções com pouca gordura. Evite laticínios com pouca ou sem gordura, principalmente os adoçados ou com frutas ou grãos adicionados. A lactose, o açúcar primário encontrado no leite, aumenta o total de carboidratos, mesmo quando você come laticínios sem sabor. Os laticínios integrais tendem a ter um pouco menos de lactose do que a variedade com baixo teor de gordura, mas você ainda precisa monitorar a quantidade de laticínios ingeridos, pois pode aumentar rapidamente.

Por outro lado, o queijo é uma excelente opção entre os laticínios keto, porque o soro do leite, que é a fonte da maior parte da lactose, é removido. Para contextualizar, um copo de leite integral tem 12,8 gramas de carboidratos, logo, você realmente não pode consumi-lo diariamente se quer ficar em cetose, enquanto a mesma quantidade de cheddar tem apenas 1,7 grama de carboidratos.

Os laticínios também são uma fonte bem conhecida de cálcio, logo, você também pode desfrutar de opções favoráveis à keto.

Exemplos de laticínios aprovados pela keto são:

- » Creme de leite
- » Queijo cheddar
- » Queijo suíço

CAPÍTULO 5 **Enchendo a Cozinha de Alimentos Keto** 79

>> Queijo parmesão

>> Iogurte gordo (sem adição de açúcar, amido, mel ou maltodextrina).

Queijos duros e envelhecidos tendem a ter menos lactose do que queijos mais macios. Sempre considere como padrão os queijos duros da keto. Lembre-se também de que muitos tipos de queijo disponíveis comercialmente são misturados com ingredientes artificiais. Portanto, escolha o cheddar envelhecido e forte (que vem em blocos), em vez de fatiado, que é apenas metade queijo e metade lixo processado.

Ao comprar manteiga, você não está restrito à salgada ou sem sal. No que diz respeito à keto, existem apenas duas coisas que diferenciam essas duas opções:

>> Se você usará para cozinhar.

>> Se está tentando substituir seus eletrólitos.

Para cozinhar, recomenda-se manteiga sem sal, para controlar a quantidade de sódio na receita usando quantidades específicas. Se precisar de um pouco mais (uma ocorrência comum na keto), a manteiga com sal é uma alternativa melhor. De qualquer forma, procure optar por uma marca cujas vacas foram alimentadas com capim. A qualidade nutricional é exponencialmente melhor.

Se sentir inchaço, flatulência ou uma dor de barriga desconfortável com a menor quantidade de laticínios, não tema. A keto é perfeita se você é intolerante à lactose, pois, de qualquer maneira, precisará limitar sua ingestão de leite. Abordamos várias das melhores substituições do leite no Capítulo 6.

Escolhendo os melhores óleos para cozinhar

Você refoga ou frita muitos de seus alimentos na keto, já que a gordura se torna o macronutriente mais importante da dieta. Estar ciente do tipo de óleo que usa é essencial. A maioria dos óleos vegetais de baixa qualidade é misturada com AGPs inflamatórios e foi altamente processada com produtos químicos, removendo todos os nutrientes que seus antecessores vegetais tinham.

Por outro lado, óleos minimamente processados e bem-vindos na keto são essenciais. Quando se deparar com óleos de alta qualidade, verá rótulos como "virgem", "extravirgem" e "expeller pressionado". Veja o que significam:

>> **Expeller pressionado:** A semente do vegetal é prensada a altas pressões, o que pode envolver altas temperaturas.

>> **Virgem e extravirgem:** O óleo é prensado mecanicamente (ou mais precisamente, centrifugado) a temperaturas mais baixas do que os métodos dos expeller pressionados. Os óleos extravirgens são os mais caros, porque

são "prensados" apenas uma vez e não produzem muito conteúdo. Os óleos virgens também são chamados de "prensados a frio".

Evite os óleos refinados, pois contêm produtos químicos e solventes usados para os extrair das sementes a baixo custo. Esses óleos são os mais processados, os menos nutritivos e tendem a ser os mais comuns (e baratos) disponíveis. Você geralmente encontra óleos refinados em itens de padaria embalados.

Os óleos virgens tendem a conter níveis mais altos de nutrientes, como antioxidantes. Os óleos virgens também têm mais sabor e aroma dos alimentos de que foram extraídos, portanto, um azeite de oliva extravirgem cheira a azeitona, enquanto um azeite refinado tem odor reduzido.

As melhores opções são:

» **Óleo de coco virgem:** Com mais de 90% de gordura saturada, o óleo de coco é perfeito para cozinhar, devido ao seu alto ponto de fumaça, e é improvável que fique rançoso, como os óleos ricos em AGPs. Além disso, metade de sua gordura vem de triglicerídeos de cadeia média (MTCs), que são uma maravilhosa gordura "queimadora de gordura", o que significa que pode ser um fator adicional na perda de peso. As pessoas que ingerem grandes quantidades de óleo de coco e MTCs também apresentam níveis mais altos de lipoproteína de alta densidade (HDL), que é o colesterol "bom".

» **Azeite de oliva extravirgem:** Derivado da poderosa azeitona, esse óleo mediterrâneo é conhecido por suas gorduras monoinsaturadas benéficas (AGMs). As pessoas que o usam tendem a ter pressão arterial normal, peso estável e menor risco cardiovascular. Além disso, é conhecido por seus altos níveis de fenóis, que são potências antioxidantes. Os fenóis conferem ao óleo seu sabor característico de azeitona, reduzem a inflamação e podem ser a razão pela qual a adição de azeite à sua dieta reduz o risco de desenvolver vários tipos de câncer. O azeite é versátil por possuir bom ponto de fumaça, o que é ótimo para fritar e uma excelente base para molhos de saladas e marinadas.

» **Óleo de canola expeller pressionado:** Embora o óleo de canola tenha recebido críticas, isso ocorre principalmente porque as pessoas consomem variedades de baixa qualidade. O óleo de canola refinado, que geralmente é vendido no supermercado, costuma conter OGMs e é altamente processado e até hidrogenado, levando a um aumento de gorduras trans artificiais (e não saudáveis). No entanto, as variedades prensadas pelo expeller têm altos níveis de AGMs bons para você que rivalizam com os do azeite. Além disso, ao contrário da maioria dos outros óleos vegetais, possui uma melhor proporção de ácidos graxos ômega 6 em comparação ao ômega 3.

» **Banha:** A gordura animal, como a banha de porco, tem uma má reputação por causa de preocupações em grande parte infundadas. De fato, a banha

CAPÍTULO 5 **Enchendo a Cozinha de Alimentos Keto** 81

tem menos gordura saturada do que a manteiga e quase o dobro da quantidade de AGMs saudáveis. A banha é uma excelente opção para cozinhar, devido ao seu alto ponto de fumaça.

Evite consumir a banha de porco que geralmente é encontrada na prateleira mais baixa do supermercado. Essas opções geralmente são altamente processadas e hidrogenadas, aumentando a quantidade de gorduras trans artificiais, que não são saudáveis. Em vez disso, procure banha de animais criados ao ar livre, e especificamente *banha de porco*, que é a gordura menos processada, que envolve os rins e a parte média do animal. Embora a banha de porco seja tecnicamente gordura de porco, outras gorduras animais, como sebo e gordura de pato, funcionam da mesma maneira.

DICA

Fique atento ao tipo de gordura sólida que você escolhe. Ela pode conter óleos vegetais parcialmente hidrogenados e gorduras trans artificiais. Nesses casos, não os escolha para cozinhar ou assar!

Vale a pena mencionar também o óleo de girassol rico em oleico. Essa variedade é criada a partir de uma semente que possui altos níveis de ácido oleico, um tipo de AGM que aumenta seu perfil anti-inflamatório. Na verdade, a maioria das variedades tem maior teor de AGM do que o azeite! Também possui um alto ponto de fumaça, sendo uma excelente opção para fritar em fogo alto. Estudos mostram que pessoas que consomem essas variedades de alto oleico têm uma melhora em seus níveis de colesterol. Esteja ciente de que opções naturais e OGM estão disponíveis.

Passando manteiga e maionese

Exclua a maionese sem gordura ou industrializada e definitivamente não coma margarina. A margarina tem uma associação mais alta com doenças cardio-vasculares do que a manteiga, porque muitas variedades ainda têm gorduras trans artificiais. A maionese sem gordura é preenchida com agentes amiláceos espessantes inaceitáveis que o expulsarão da cetose se você não tomar cuidado.

A maionese de verdade é uma mistura de óleo, gema de ovo e vinagre (ou suco de limão), logo, tenha certeza de que a maionese é feita com uma das melhores fontes de óleo e ovos de galinhas caipiras. Como produto lácteo, obtenha manteiga produzida a partir de vacas livres de hormônios e antibióticos. A manteiga inclui todas as vitaminas lipossolúveis, incluindo A e D, cruciais à saúde dos olhos e dos ossos.

DICA

Um excelente substituto para a manteiga é o *ghee*, uma manteiga clarificada (ou aquecida). O ghee tem benefícios adicionais — é rico em ácidos graxos de cadeias curta e média e gorduras saturadas que são benéficas à saúde do coração, contribuem para o aumento da perda de peso e melhoram a saúde intestinal.

Explorando outras fontes de gorduras saudáveis

Existem muitas outras gorduras excelentes na lista da keto. A melhor parte é que essas gorduras alternativas são alimentos integrais aceitos pela dieta, pois são pobres em carboidratos ou moderadas em proteínas. Abacates, nozes, sementes e proteínas à base de soja têm outros nutrientes que o manterão satisfeito e expandirão o sabor, as cores e os alimentos que você pode comer. Por exemplo, você sabia que o tofu tem apenas 2,3 gramas de carboidratos em meia xícara e é uma boa fonte de gordura e proteína? O tofu pode ser uma excelente opção para almoço ou jantar, ou você pode usá-lo para engrossar smoothies aceitos pela keto. Existem infinitas opções quando se trata de gordura na dieta.

Abordamos algumas dessas boas fontes de proteínas com baixo teor de carboidratos na próxima seção.

Descobrindo as proteínas saudáveis

Em uma dieta moderada em proteínas, você precisará ingerir uma grande variedade de fontes de proteínas animais e vegetais. Carne, peixe e laticínios são uma grande fonte de proteínas e gorduras, assim como nozes e sementes.

Além de peixes gordurosos, você também pode adicionar mariscos à dieta. Eles contêm ômega 3, ferro e zinco. Saiba que algumas dessas fontes de proteínas têm mais carboidratos do que os peixes. Algumas boas opções de baixo carboidrato são o grupo de crustáceos:

» Camarão

» Lagosta

» Caranguejos

» Lagostim

» Pitu

Os moluscos tendem a ter mais carboidratos do que os crustáceos, portanto, contabilize-os quando quiser comer. Como alguns peixes, os frutos do mar podem conter mercúrio, portanto, descubra a origem deles e mantenha seu consumo em cerca de 30 gramas por semana. Aqui estão algumas opções populares desse tipo de frutos do mar:

» Ostras

» Mexilhões

» Vieiras

Você também deve experimentar outras opções vegetarianas com pouco carboidrato, como tofu e tempeh. Ambos têm apenas 1 ou 2 gramas de carboidratos por porção e alguns grandes benefícios. Tanto o tofu quanto o tempeh são feitos de soja e são uma fonte completa de proteínas, pois contêm todos os aminoácidos essenciais. O tempeh é soja fermentada (que aumenta a proteína e a fibra), enquanto o tofu é feito de leite de soja. Tempeh e tofu são boas fontes de minerais como manganês e cálcio, e ambos absorvem os sabores ao redor, logo, você pode ser criativo com marinadas da keto e refogados.

Algumas pessoas ficam preocupadas com o fato de os produtos de soja não serem saudáveis, mas isso geralmente é um equívoco. Os produtos de soja contêm isoflavonas, que têm como alvo o mesmo receptor que o estrogênio, um hormônio crucial para o desenvolvimento e a capacidade de reprodução das mulheres. No entanto, as isoflavonas são, com frequência, mais fracas do que o estrogênio, produzindo efeitos semelhantes ao deste ou o efeito oposto. Estudos mostram que as isoflavonas são muito benéficas — diminuem o risco de cânceres como o de próstata, mama e câncer de cólon (os três tipos mais comuns) e estão associadas a menores taxas de diabetes e doenças cardiovasculares. No entanto, se você sofre de problemas de tireoide, soja pode não ser um bom produto, se consumido em excesso. Além disso, a soja geralmente é transgênica, portanto, se estiver preocupado com os riscos dos alimentos transgênicos para a saúde, procure marcas orgânicas.

Optando por carboidratos saudáveis

Nem todos os carboidratos são iguais. No Capítulo 8, discutimos com mais detalhes os carboidratos totais e líquidos, mas, por enquanto, saiba que o que você precisa contar são os carboidratos líquidos. Em uma tabela nutricional, há "carboidratos totais" e "fibras". Como o corpo não consegue digerir as fibras, elas passam sem aumentar o açúcar no sangue. Subtraia as fibras do total de carboidratos, e o que resta são os carboidratos líquidos.

Algumas frutas e legumes são tão ricos em açúcar, que nunca estarão na base da keto, mas tudo bem. Há outras opções deliciosas, nutritivas e interessantes.

Escolhendo vegetais low carb

Os vegetais são necessários para uma dieta cetogênica equilibrada. Como regra, convém selecionar vegetais "acima do solo" e ficar longe das raízes e dos tubérculos, que têm mais carboidratos. Vegetais com baixo teor de carboidratos são uma fonte vital de vitaminas, minerais e antioxidantes ricos em nutrientes na keto. Eles são inestimáveis para obter a quantidade recomendada de fibra. Portanto, não economize nessas grandes fontes nutricionais!

Você pode desfrutar de vegetais low carb com molhos aceitos pela keto, refogando-os em uma fritada ou sendo criativo e os transformando em "arroz" ou "macarrão", também aceitos pela keto.

Algumas boas opções incluem:

- Alcachofra
- Aspargo
- Folhas verde-escuro, como espinafre, couve, acelga e rúcula
- Pepino
- Couve-flor
- Abobrinha
- Brócolis
- Aipo
- Repolho
- Ruibarbo
- Cebola
- Alho
- Pimentão

Optando por frutas com baixo índice glicêmico

Carboidratos com baixo índice glicêmico são aqueles com menor probabilidade de aumentar seus níveis de açúcar no sangue e causar aumento da insulina. A maioria das frutas é cheia de açúcar (frutose), então você deve ter cuidado com as frutas que come e quanto come. Por exemplo, meia xícara de mirtilos tem cerca de 8 gramas de carboidratos, portanto, você precisará limitar os carboidratos extras nos dias em que comer essas frutas.

Ainda assim, há uma variedade de frutas que você pode comer em quantidade modesta enquanto está em cetose:

- Abacate
- Lima
- Limão
- Melancia
- Melão

» Frutas silvestres (mirtilo, morango, amora)

» Tomate

Sim, abacate e tomate são frutas. Como seu IG é muito baixo, você pode se encher dessas frutas saudáveis. Além disso, ambos são repletos de nutrientes — os abacates são ricos em fibras e potássio, enquanto os tomates são conhecidos pelo licopeno, saudável para o coração.

Ao escolher frutas e vegetais, é bom conhecer as listas Doze Piores e Quinze Melhores, do Environmental Working Group (EWG), que classificam os vegetais que você sempre deve comprar orgânicos e os que podem ser convencionais. A diferença é que os piores têm mais chances de ter pesticidas e resíduos de inseticidas que não são lavados adequadamente. Você sempre deve comprar esses alimentos orgânicos, enquanto economiza seu dinheiro no grupo Quinze Melhores.

Como você come apenas frutas e vegetais com baixo carboidrato e baixo IG, aqui estão os Seis Piores que *sempre* deve comprar orgânicos:

» Morango

» Espinafre

» Aipo

» Pimentão

» Pimenta

» Tomate

Por outro lado, não desperdice seu dinheiro comprando esses nove na seção orgânica:

» Aspargo

» Abacate

» Brócolis

» Repolho

» Couve-flor

- Berinjela
- Melão.
- Cebola

DICA

Gaste o dinheiro extra com as frutas e os vegetais orgânicos da lista Seis Piores.

Dispensando algumas sementes e nozes

Nozes e sementes são alimentos perfeitos para a keto — ricos em gordura e boa fonte de proteína. No entanto, esteja ciente de que sua quantidade de carboidratos varia e eles tendem a conter mais AGPs ômega 6. As nozes são versáteis como aperitivo, um alimento do bem para proteínas animais ou "farinhas" para pães, panquecas e sobremesas. As nozes que você pode comer à vontade (com o número de carboidratos por porção padrão de 30 gramas — algo como uma xícara de cafezinho cheia, um pequeno punhado) são:

- **Castanha-do-pará:** 3 gramas
- **Nozes-pecã:** 4 gramas
- **Macadâmia:** 4 gramas
- **Pinhões:** 5 gramas
- **Amêndoas:** 6 gramas

Castanha-de-caju e pistache tendem a ter entre 8 e 9 gramas de carboidratos por porção, logo, restrinja essas opções.

Uma variedade de sementes está disponível para adicionar à sua despensa keto — sementes de linhaça, chia, cânhamo[1] e gergelim são ótimas opções. Como as nozes, constituem excelentes aperitivos, como cobertura de salada ou até mesmo como uma mistura para um smoothie keto. Os óleos de nozes e sementes — como óleo de noz e óleo de gergelim — podem ser óleos saudáveis para saladas e condimentos. Esteja ciente de que esses óleos têm níveis mais altos de AGPs, com pontos de fumaça mais baixos, por isso geralmente não devem ser usados como óleo de cozinha e precisam ser refrigerados ou armazenados em um armário arejado e seco.

---

1 Até a data de publicação deste livro, o cânhamo, derivado da maconha, não havia sido liberado no Brasil. [N. E.]

Aderindo a adoçantes mais saudáveis

A dieta keto não é conhecida por sua doçura. O lado positivo é que você poderá desfrutar de gorduras e óleos. No entanto, de vez em quando, não há problema em comer algum doce, principalmente na fase de transição, em que é normal ter desejos por carboidratos. Com o passar do tempo, você provavelmente deixará de sentir falta do açúcar e ficará surpreso com a sensibilidade de seu paladar à doçura natural encontrada em alimentos integrais. Até esse momento, os adoçantes permitidos na dieta keto são:

» **Estévia:** Substituto natural do açúcar, a estévia é muito mais doce do que o açúcar, portanto, um pouco já é suficiente. Ela não contém calorias ou carboidratos e está disponível nas formas líquida e em pó. A estévia é muito saudável, e estudos mostram que, ao contrário da maioria dos outros adoçantes, não aumenta os níveis de insulina. Contudo, requer uma fase de adaptação, pois deixa um gosto amargo. Além disso, tenha cuidado com alguns produtos de estévia com adoçantes artificiais acrescentados.

» **Xilitol:** Um álcool de açúcar (como o eritritol), o xilitol é um carboidrato complexo que o corpo não consegue digerir bem. É parcialmente absorvido pelo intestino, por isso, não é totalmente isento de carboidratos e causa um aumento menor da insulina do que o açúcar. Álcoois de açúcar são complicados porque as pessoas reagem a eles de maneira diferente. Algumas pessoas não conseguem absorvê-los bem e tendem a ter mais desconforto estomacal — gases e inchaço — causado pelos álcoois de açúcar não absorvidos no intestino. O xilitol é tão doce quanto o açúcar, mas com apenas cerca de metade das calorias. É uma ótima opção para adoçar seu chá, café ou sobremesas. O xilitol também tem o benefício de ser ótimo para os dentes.

» **Eritritol:** Outro álcool de açúcar, o eritritol contém apenas 6% das calorias do açúcar, mas é cerca de 80% mais doce. Tende a ser um pouco arenoso, mas ainda é uma boa opção para cozinhar. Ao contrário dos outros álcoois de açúcar, no entanto, o eritritol não causa aumento dos níveis de insulina e é menos provável que cause gases ou inchaço.

» **Fruta-do-monge:** Um açúcar natural extraído da fruta-do-monge (cujo nome original é lo han guo), semelhante ao melão, encontrada na China, não contém calorias nem carboidratos, mas é de duzentas a quinhentas vezes mais doce que o açúcar. Sua doçura vem dos mogrosídeos, compostos antioxidantes que diminuem a inflamação e têm propriedades antibióticas. A fruta-do-monge tem sido usada pelos monges, que originalmente as cultivavam como remédio para tratar tosse e outros sintomas há séculos. Não aumenta os níveis de açúcar no sangue, mas seu efeito sobre os níveis de insulina é menos conhecido. Alguns estudos em animais mostram um efeito antidiabético, enquanto outros sugerem que aumenta os níveis de insulina. A alteração nos níveis de insulina depende de sua sensibilidade, portanto, as pessoas com risco de diabetes devem usar esse adoçante com cautela. Ele pode ser usado para adoçar bebidas, bem como para cozinhar.

DICA

Algumas pessoas optam por combinar esses adoçantes alternativos para reproduzir a consistência do açúcar ao cozinhar. É necessário testar, mas uma opção muito usada é combinar estévia e eritritol.

Produtos cetogênicos pré-fabricados

Os produtos cetogênicos pré-fabricados se enquadram nessas categorias:

- » Cetonas exógenas.
- » Refeições prontas.
- » Substitutos das refeições.
- » Suplementos.

Cetonas exógenas

Um dos melhores produtos para alcançar as demandas da dieta keto. *Exógeno* significa "produzido fora do corpo". As produzidas por seu corpo são chamadas *endógenas* (dentro do corpo). Cetonas exógenas são suplementos que inundam seu corpo com cetonas, levando você mais rapidamente à primeira cetose, ajudando a permanecer em cetose enquanto corta carboidratos e o colocando de volta na cetose depois de ter trapaceado. A teoria é a de que, como estar em cetose produz cetonas, inundar seu sistema com elas o fará alcançar esse estágio mais rápido do que esperar que seu corpo as produza.

A princípio, essa teoria faz sentido, mas quanto mais você a analisa, menos impressionante fica. Somos grandes defensores de basear nossas crenças na ciência, e uma das principais maneiras de fazer isso é conduzir estudos de revisão por pares em função de tudo o que descobrimos. Esse é o padrão na comunidade científica e médica — quando alguém cria uma teoria, realiza um estudo, publica um artigo e o disponibiliza à comunidade científica (e a seu campo específico) para ter feedback. Esse é um sistema bem estabelecido que ajuda a garantir que vários especialistas independentes atestem a ciência em que baseamos nossa vida.

Infelizmente, não houve um estudo sequer revisado por pares sobre a eficácia do uso de cetonas exógenas para qualquer um desses objetivos. Inúmeros estudos foram realizados com cetonas endógenas (as que você produz naturalmente) e *ésteres cetônicos* (um tipo diferente de cetona exógena; a grande maioria disponível no mercado são sais cetônicos, muito diferentes), mas nenhum com os suplementos cetogênicos essenciais disponíveis.

CAPÍTULO 5 **Enchendo a Cozinha de Alimentos Keto** 89

Você pode ter encontrado alguém da comunidade cetogênica que falou bem das cetonas exógenas e é muito provável que tenha tido uma experiência positiva. É possível que ele aborde um dos benefícios mais divulgados: o aumento dos níveis de energia. A maioria dos suplementos no mercado é à base de cafeína: uma opção que analisamos tem tanta cafeína quanto 500ml de café! Outros suplementos contêm ácido málico, conhecido por sua capacidade de aumentar a energia e a resistência física. Se o suplemento estiver repleto de outros ingredientes que explicam os benefícios que você percebe e sente, cabe questionar se está realmente se beneficiando dos suplementos exógenos de cetona.

Outro fator a considerar é a cetoacidose diabética, discutida no Capítulo 2. Essa condição ocorre quando altos níveis de insulina (desencadeados pela glicose no sangue) e de cetonas se misturam no sangue, causando uma espiral descendente rápida e perigosa em sua saúde. O corpo foi projetado para se proteger naturalmente contra isso, não produzindo cetonas até que seja a hora certa.

Ao iniciar a keto, você corta os carboidratos, e seu corpo consome rapidamente todos os estoques de glicose, e então os estoques de glicogênio. Depois que acabam, sua capacidade de usar a glicose para energia é praticamente eliminada, pois não há glicose para usar, e você não está repondo. Uma pequena quantidade de glicose é produzida pelo organismo através da gliconeogênese (abordada no Capítulo 3), mas não o suficiente para desencadear uma liberação significativa de insulina. Quando o corpo percebe que está sem glicose, sinaliza para o fígado começar a quebrar a gordura em cetonas e "trocar combustíveis" por energia.

Como o açúcar no sangue é eliminado antes de o corpo começar a produzir cetonas, é extremamente difícil desencadear a cetoacidose em alguém que não tem diabetes tipo 1. No entanto, se alguém inundasse seu corpo com cetonas antes de eliminar a glicose do sistema, estaria trabalhando contra os processos naturais do corpo e entrando em uma situação perigosa.

Por fim, lembre-se de que o benefício da cetose não é ter cetonas em seu sistema — essa é apenas uma condição temporária. A principal vantagem da cetose, para a maioria das pessoas, é produzir cetonas (a gordura é decomposta em cetonas, queimando o pneuzinho que você está combatendo). Existe uma possibilidade de se consumir muita gordura na keto, satisfazendo todas as necessidades calóricas com o que você come, em vez de usar a gordura que está tentando queimar. Da mesma forma, se você inundar seu sistema com cetonas exógenas, o corpo não terá motivos para produzir um número grande dessas bolinhas de energia, o que significa que não queimará a gordura que você quer perder.

Há também uma quantidade significativa de desvantagens ou possíveis desvantagens desses suplementos. A primeira é a despesa total: os suplementos de cetona mais sofisticados chegam a custar R$300 o frasco. Como a ciência por trás dos suplementos é imprecisa ou inexistente, a maioria das empresas

90   PARTE 2 **Aderindo à Dieta Cetogênica**

esconde as proporções dos ingredientes atrás de rótulos como "mistura paten-teada". Só que você não tem ideia do quanto está atrapalhando as cetonas, e esse é um baita problema.

Muito raramente na vida existem atalhos eficazes, e esse parece ser um daque-les casos em que o caminho lento e constante leva à vitória.

Refeições prontas

Inúmeras empresas oferecem opções de refeições voltadas à keto, e algumas até oferecem personalização dos macros. Se você vive ocupado e simples-mente não tem tempo ou disposição para cozinhar, essa é uma boa opção. Uma das tentações daqueles que seguem a dieta cetogênica é alternar as mesmas refeições. Além de ficar muito repetitivo, levando ao desânimo e a uma maior chance de abandonar a dieta, você pode desenvolver deficiências nutricionais, se não tiver uma dieta equilibrada com várias refeições diferentes. A maioria das empresas que oferecem opções keto usa ingredientes frescos em todos os alimentos, para que você não consuma nada processado.

Os serviços de preparo de refeições fornecem essa variação, apresentando até pratos que você nunca experimentou. Com todas as vantagens, há algu-mas desvantagens, e a principal delas é o custo. Encomendar refeições de uma empresa pode ser caro. É preciso manter o controle do ciclo de pedidos, porque muitas empresas de preparo entregam alimentos frescos, que são refrigerados ou congelados rapidamente e requerem atenção imediata, além de um reabas-tecimento a cada poucos dias ou toda semana. Se a empresa não permitir fazer pedidos automáticos, é outra coisa a acompanhar; se você se esquecer de fazer seu pedido, poderá ficar sem comida e sem ingredientes para o preparo.

Em suma, é um estilo de vida. Se está tudo bem para você lidar com os custos e o planejamento, não há motivos para não pedir refeições prontas.

Substitutos das refeições

Nesta seção, apresentamos todo tipo de refeição keto embalada que você pode obter na seção de alimentos congelados do supermercado. Pode até ser que tenham uma seleção melhor de macros, mas essas refeições congeladas geral-mente são muito processadas e ainda têm todas as desvantagens das refeições congeladas regulares.

Muitos ingredientes são altamente processados e contêm vários aditivos. Como os alimentos frescos são a base da dieta keto, não é muito bom consumir regularmente itens processados, ainda que os macros estejam alinhados. Por falar em macros, precisamos definir *keto*, pois assim chamamos também as refeições prontas.

CAPÍTULO 5 **Enchendo a Cozinha de Alimentos Keto** 91

Não há uma. Esse pode ser um problema, pois a etiqueta *low carb* pode significar simplesmente "menos carboidratos do que as opções comuns". Às vezes, uma única refeição "low carb" tem a quantidade diária de carboidratos que deve ser consumida. Ela está tecnicamente dentro das suas macros do dia e tem menos carboidratos do que o exigido pela dieta padrão, mas isso não significa que é adequada para você.

Outro problema das refeições congeladas processadas é algo chamado *disponibilidade calórica*. A digestão pode ser dividida em dois processos: mecânico (os dentes mastigando a comida) e químico (os ácidos do estômago decompondo a comida mastigada). A quebra em partes menores de ingredientes frescos exige bastante esforço, e isso faz com que o corpo trabalhe duro para os digerir. Trabalhar duro significa queimar calorias, e quanto mais seu sistema digestivo trabalha, mais gordura você queima.

Os alimentos processados tendem a ser muito mais macios, o que significa que são pré-digeridos, em sua maioria. Seu corpo não precisa se esforçar tanto para os decompor, ou seja, você queima menos calorias. Comer alimentos embalados significa ter de diminuir sua ingestão calórica, pois você reterá mais calorias do que consome.

Embora os macros desses alimentos não sejam necessariamente "ruins", são muitas as desvantagens em contar com alimentos congelados ou embalados. Use-os como exceção, não como regra, e procure cozinhar com ingredientes frescos o máximo que puder.

Várias empresas passaram a comercializar shakes substitutos de refeições projetados especificamente para a keto. Pense neles como um frasco de Slim-Fast (uma das empresas que vende shakes keto); embora não devam embasar sua dieta, podem ser úteis de vez em quando. Contanto que você permaneça dentro dos macros e atinja sua meta de calorias, não há nada de errado em beber um desses na correria de uma semana movimentada.

Ironicamente, a desvantagem potencial desses shakes é que, muitas vezes, é difícil parar com apenas um ou não comer mais nada depois, pois você não se sente satisfeito. Embora o aspecto mais importante da keto seja *o que* você consome, *o quanto* consome também é determinante. Mais uma vez, você pode estar definitivamente em cetose: as tiras dos testes de urina confirmam, os exames de sangue confirmam, você se sente ótimo, mas não perde um quilinho. Se você comer o suficiente para que seu corpo tenha todas as necessidades de combustível atendidas pela gordura consumida, ele nunca queimará as reservas. Manter um deficit calórico (comer um pouco menos do que seu corpo precisa) ainda é fundamental para a perda de peso.

Suplementos

Abordamos os suplementos em detalhes no Capítulo 13, mas vale a pena mencioná-los aqui. A primeira coisa que você deve entender é que existem suplementos para *complementar* sua dieta, não a substituir. O ideal é que 100% de seus nutrientes venham da comida, e você nunca precisará compensar nada. Na prática, porém, nem sempre é o caso. As pessoas têm várias condições que as predispõem a várias deficiências, exigindo suplementação. Talvez alguém simplesmente não consiga se acostumar com o sabor de certos alimentos que são ricos em determinada vitamina ou mineral, levando a uma deficiência.

É importante mencionar isso, pois os suplementos escolhidos (se houver) devem ser orientados pelas necessidades nutricionais não atendidas de seu corpo. Além de um bom multivitamínico diário, não recomendamos passar rápido para um suplemento em particular. Algumas vitaminas, principalmente as lipossolúveis, podem se acumular no sistema ao longo do tempo e causar problemas.

Além do que foi dito, há certas deficiências que os cetogênicos têm mais chances de apresentar do que os demais. A primeira é a perda de eletrólitos: conforme seu corpo consome as reservas de glicose, dissipa até três vezes o peso da glicose na água. Isso geralmente leva eletrólitos vitais para fora do corpo. Se você não os substituir, acabará se sentindo lento, desconfortável, enjoado e provavelmente com cãibras. Manter-se hidratado e temperar sua comida com sal ajuda bastante, mas pode não resolver tudo. Os eletrólitos mais comuns para complementar a keto são cloreto de sódio (sal), potássio, magnésio, cálcio e fosfato.

No Capítulo 7, abordaremos como o corpo os usa, mas para este capítulo, apenas saiba que são elementos que você precisa substituir ativamente quando faz a keto — de preferência por meio da comida, mas talvez sejam necessários alguns suplementos.

NESTE CAPÍTULO

» Fazendo da água seu elixir

» Apreciando chá e café

» Bebendo leite sem lactose

» Descobrindo bebidas saborosas

» Consumindo álcool na keto

Capítulo **6**

Opções de Bebidas

Neste capítulo, abordamos as melhores — e as piores — bebidas da dieta cetogênica, quer você esteja viajando quer esteja se hidratando após um treino intenso. Muitas pessoas bebem seus carboidratos, além de comê-los. As bebidas açucaradas, os refrigerantes e o café adoçado resultam em acúmulo de gordura e um enorme risco de desenvolver diabetes.

Felizmente, a keto interrompe esse processo, incentivando bebidas que o deixarão brindando à sua boa saúde!

Fazendo da Água Seu Elixir

A água é parte essencial de qualquer plano de nutrição. O corpo é constituído de aproximadamente 60% de água, logo, você não sobrevive sem ela. Infelizmente, muitas pessoas não bebem água o suficiente. A ingestão de água é ainda mais crucial na dieta keto, pois a queima de gordura tende a deixá-lo um pouco mais desidratado do que a queima de açúcar. À medida que você perde água, sal e eletrólitos, é vital que substitua esses recursos valiosos ao longo do dia.

CAPÍTULO 6 **Opções de Bebidas** 95

Olha a água mineral!

Embora você provavelmente já tenha ouvido a regra dos dois litros por dia, a verdadeira quantidade necessária depende de vários fatores. Em geral, a maioria das pessoas deve consumir de dois a quatro litros de bebidas por dia, e a maioria deve ser água. Se você bebe apenas água (e nada mais), deve ingerir cerca de dois a três litros diariamente.

Geralmente, os homens devem ficar na extremidade superior desse espectro, e as mulheres, na inferior. Embora existam algumas diferenças fisiológicas entre os gêneros, a mais significativa é a massa corporal. Se você mede 1,60m e pesa 50kg, precisa de muito menos água do que alguém com 1,90m e 110kg.

DICA

A melhor maneira de lembrar isso é beber o equivalente a um terço dividido por dez do seu peso corporal em litros de água por dia. Por exemplo, se você pesa 90kg, deve beber três litros de água diariamente. É apenas uma média. Suas necessidades podem variar.

Se tomar um ou dois copos de uma das bebidas que não são água que mencionamos nas seções a seguir, você pode diminuir a quantidade diária de água. Obviamente, se você mora em uma área muito quente e seca ou pratica regularmente atletismo de resistência, como corrida de longa distância, precisa beber ainda mais. Além disso, pessoas que vivem em lugares muito acima do nível do mar podem precisar aumentar a ingestão de água. Em média, a cada uma hora de exercícios, adicione mais um copo e meio de água à sua ingestão diária.

Aromatizando a água com frutas e ervas

Algumas pessoas hesitam à ideia de beber água pura "sem sabor". Quando criança, beber água era quase uma tarefa árdua, enquanto havia escolhas muito mais emocionantes, como leite com chocolate ou sucos de frutas, esperando na geladeira. Muitas pessoas ainda se apegam à nostalgia, pensando que estão desperdiçando seu paladar ao consumirem a boa e velha água. Uma das perguntas mais comuns que ouvimos é: como posso gostar de água se é tão sem graça?

Mesmo que você goste de um copo de água gelada e refrescante, acrescentar um pouco de sabor é uma ótima maneira de melhorar a experiência. Uma fatia de limão ou lima já é clássico, mas você pode adicionar uma variedade de frutas, como melancia, frutas vermelhas ou mesmo pepinos, para refrescar as coisas. Corte sua fruta favorita em fatias ou adicione um punhado de frutas a uma jarra (ou um pote, para selar o sabor) e acrescente água.

ÁGUA INFUNDIDA: VALE A FAMA?

Muitos especialistas em saúde contemporâneos exaltam as virtudes da *água infundida*, que inclui frutas, legumes e ervas misturadas à água por um tempo para extrair o sabor. Por ser tão popular, vale a pena dedicar alguns minutos para analisar essas alegações de saúde e ver que tipo de benefícios você realmente colhe.

A *água detox* é água infundida que usa receitas supostamente projetadas para ajudá-lo a remover toxinas do corpo. A primeira coisa a entender é que a água detox não desintoxica nada: seus rins e seu fígado são responsáveis por filtrar as toxinas de seu corpo e geralmente fazem um excelente trabalho. A água infundida facilita que esses órgãos façam uma filtragem eficiente ao manter o equilíbrio do pH de maneira semelhante à que o corpo faz.

Normalmente, o pH do sangue fica em torno de 7 (neutro), e quanto mais perto desse nível suas bebidas o mantiverem, menos trabalho seu corpo terá para compensar. A água pura, é claro, tem pH 7, tornando-a perfeita para manter a saúde do corpo. A melhor coisa que você pode fazer para desintoxicar seu corpo é se manter hidratado.

Embora a água detox não seja um conceito legítimo, a água infundida de fato *possui* algumas qualidades interessantes. A primeira delas remete à primeira palavra do termo: fazer você beber mais água é o benefício mais importante desse tipo de bebida. A infusão simplesmente a torna saborosa.

Algumas pessoas afirmam que a água infundida é muito nutritiva, com até 20% dos nutrientes das frutas sendo lixiviados pela água. Mesmo que fosse verdade, fatiar cinco pepinos inteiros e adicioná-los à água faz muito menos sentido do que apenas comer um pepino. A menos que esteja consumindo os alimentos com os quais está infundindo a água, você simplesmente não obtém muitos dos benefícios que essas frutas e legumes oferecem.

Embora muitos dos benefícios da água infundida que as pessoas alegam sejam fictícios, outro fator a considerar é que não há realmente nenhuma desvantagem em beber água infundida. Se o sabor estiver bom, estiver alinhado com os macros e ajudar você a beber mais água, vá em frente! Experimente diferentes variações até encontrar a mais atraente ao seu paladar.

Você sabia que pode adicionar ervas à água? É melhor adicionar ervas frescas (em vez de secas) e cortar as folhas para potencializar o sabor. Ótimas opções incluem alecrim (use com moderação — é forte!), manjericão, hortelã ou tomilho.

Existem algumas combinações que você pode experimentar para estimular seu paladar. Aqui estão algumas:

CAPÍTULO 6 **Opções de Bebidas** 97

- Pepino, hortelã e tomilho.
- Melancia e manjericão.
- Morango e limão.

Para cada uma das misturas ou infusões, deixe o conteúdo na água por pelo menos quatro horas, para que o sabor se intensifique. Essas infusões adicionam um pouco de sabor à água, incentivando você a atender às necessidades diárias, sem adicionar açúcares indesejados. Lembre-se de deixar a casca das frutas cítricas orgânicas, para obter ainda mais sabor.

Intensificador de baixa caloria

Existem outras maneiras de melhorar o sabor da água sem usar frutas. Lembre-se de que o objetivo é ajudá-lo a beber mais água, e, desde que evite picos de açúcar no sangue ou o mantenha longe da cetose, você tem uma ampla variedade de opções. Algumas delas incluem:

- **Intensificador de água Everly:** É uma mistura natural de bebida adoçada com estévia e colorida com suco de vegetais. Há opções com e sem cafeína.
- **Intensificador de água Stur Liquid:** Esse estimulador de sabor é livre de organismos geneticamente modificados (OGMs), é adoçado com estévia e tem uma quantidade mínima de suco de frutas ou vegetais para dar sabor. No entanto, ainda consegue permanecer livre de carboidratos e calorias, e tem 100% de seus requisitos de vitamina C. Tem muitas opções de sabor.

LEMBRE-SE

Qualquer que seja o intensificador usado, verifique a lista de ingredientes. Ele deve ser de baixa ou nenhuma caloria, mas use um adoçante que esteja na lista aprovada pela keto. Lembre-se de que muitos dos adoçantes artificiais disponíveis acabam aumentando o açúcar no sangue, mesmo que tecnicamente não sejam calóricos.

Aqui estão alguns dos adoçantes mais benéficos (e naturais):

- **Estévia:** É um dos adoçantes naturais mais populares. É extraído das folhas da planta *Stevia rebaudiana*, nativa da América do Sul. A estévia é muito mais doce do que o açúcar, logo, você não precisa usar a mesma quantidade para obter efeitos iguais. Não tem calorias e tem vários micronutrientes benéficos, incluindo cromo, magnésio, potássio e zinco. A estévia ajuda a baixar a pressão arterial (até 14%, de acordo com um estudo), e usá-la como substituto do açúcar diminui os níveis de açúcar no sangue de pessoas com diabetes. Outros benefícios incluem a redução do colesterol das lipoproteínas de baixa densidade (LDL), a redução do acúmulo de placas nas artérias e a melhora da sensibilidade à insulina. Algumas pessoas podem ser sensíveis ao sabor quando usada em grandes quantidades, mas isso exige uma solução simples: usar menos!

» **Eritritol:** Esse álcool de açúcar popular ocorre naturalmente em algumas frutas e legumes. Não afeta significativamente os níveis de açúcar no sangue ou de insulina. Por ser um álcool de açúcar, o eritritol é fácil de usar como substituto do açúcar, principalmente ao cozinhar. Também carameliza como açúcar, por isso, se você tem uma receita que demanda esse efeito, escolha o eritritol como adoçante. A desvantagem dele é que, se usado em excesso, pode causar alguns problemas digestivos, portanto, comece com pouco e preste atenção aos efeitos que causa em seu corpo.

» **Fruta-do-monge:** Essa frutinha é encontrada exclusivamente no sudeste da Ásia e tem sido usada por monges locais há séculos (daí o nome) como adoçante e remédio. A fruta-do-monge é fascinante porque é a única no mundo que não obtém sua doçura pela frutose; em vez disso, utiliza naturalmente substâncias antibacterianas conhecidas como *mogrosídeos*. Eles dão um show quando se trata de doçura: com duzentas vezes a doçura do açúcar, um pouco já é mais do que suficiente. Por não conter açúcar, a fruta-do-monge não afeta os níveis de açúcar no sangue.

Entre os adoçantes menos comuns que são aprovados pela keto estão:

» **Xarope de yacón:** Esse adoçante é extraído da raiz de yacón e, semelhante à fruta-do-monge, usa algo diferente da frutose para obter sua doçura. Os frutooligossacarídeos são a fonte da doçura dessa raiz, e ela não aumenta os níveis de açúcar no sangue.

» **Raiz de chicória:** É usada há séculos e remonta à Roma antiga. Embora se acredite que apresente vários benefícios à saúde, não foi amplamente testada.

» **Tagatose:** Esse adoçante é comumente encontrado em produtos lácteos. Embora não tenha zero caloria, contém menos calorias do que o açúcar, mas não é tão doce.

Veja aqui os que devem ser evitados:

» **Aspartame:** Embora seja um dos adoçantes artificiais mais comumente usados, também é um dos mais controversos. Alguns estudos indicam que é seguro, enquanto outros mostraram vários efeitos colaterais adversos, incluindo dores de cabeça, tontura, depressão, ganho de peso, perda de memória, náusea, visão turva, mal súbito e até convulsões. Os efeitos colaterais mais graves são vistos apenas em concentrações mais altas ou após um período prolongado de utilização, mas os efeitos em longo prazo desse adoçante permanecem obscuros. Quando usado em bebidas

CAPÍTULO 6 **Opções de Bebidas** 99

armazenadas em altas temperaturas, pode se decompor rapidamente no metanol químico, o que não é bom para seu corpo. Como existem opções melhores e mais naturais, é recomendável evitar esse adoçante. Se você decidir usá-lo, evite cozinhar ou assar com ele, devido à sua tendência a se decompor sob altas temperaturas.

» **Sucralose:** No Brasil, é possível encontrar a sucralose pura. Já nos EUA, este adoçante é majoritariamente consumido como o Splenda, sucralose que tem dextrose e maltodextrina na fórmula, sendo que estes últimos componentes elevam os níveis de açúcar no sangue. A sucralose é fabricada alterando-se a estrutura química do açúcar refinado e é inacreditavelmente seiscentas vezes mais doce! As versões em pó da sucralose, seja o Splenda norte-americano ou as marcas brasileiras, têm maltodextrina e afetarão sua glicose, mas podem ser levadas ao fogo, para cozinhar. As versões líquidas são sucralose pura, não têm impacto nos níveis de açúcar no sangue, mas podem se tornar tóxicas quando levadas ao fogo. Infelizmente, pouquíssimos testes foram feitos com a sucralose para determinar seus efeitos na saúde em longo prazo, e alguns consumidores se queixam de dores de cabeça e problemas nas glândulas do timo após o uso.

CUIDADO

Embora seja preferível usar alimentos naturais, em vez dos processados, existem alguns adoçantes naturais que você deve usar com cautela. Eles contêm quantidades significativas de açúcar e afetam negativamente sua capacidade de permanecer em cetose. Caso os consuma, use-os com moderação:

» Mel
» Xarope ou néctar de agave
» Xarope de ácer (maple syrup)
» Melaço
» Tâmara ou xarope de tâmara
» Xarope de arroz
» Açúcar de coco

Aqui estão alguns adoçantes que você sempre deve evitar na keto. Vários deles são simplesmente açúcar com outro nome, mas os listamos aqui para que você tenha uma referência ao verificar as listas de ingredientes:

» Açúcar mascavo
» Açúcar cristalizado
» Açúcar de cana
» Caramelo

- Açúcar refinado
- Açúcar de confeiteiro
- Xarope de milho
- Torrões de xarope de milho
- Açúcar demerara
- Dextrose
- Galactose
- Glicose
- Xarope de milho rico em frutose
- Açúcar invertido
- Açúcar mascavado
- Açúcar bruto orgânico
- Sacarose
- Açúcar turbinado

Beber um pouco de caldo de carne ou vegetariano também é uma excelente maneira de acrescentar sabor sem carboidratos indesejados. Descobrimos que essa é uma excelente opção para se aquecer em uma manhã fria de inverno.

DICA

Evite intensificadores de água que contêm adoçantes artificiais como a sucralose. Eles acabarão aumentando seus níveis de insulina em longo prazo.

Acrescentando eletrólitos

A keto aumenta a perda de água e, com ela, de eletrólitos essenciais como sódio e potássio. Sua escolha de água eletrolítica deve conter sódio e potássio, bem como magnésio, cálcio e fosfato. Verifique o rótulo para garantir que ofereça uma variedade de eletrólitos. Examine as opções disponíveis no supermercado local ou na internet para ver qual tem todos os nutrientes necessários.

Aqui estão algumas boas opções:

- **Minerais do mar líquidos:** São eletrólitos concentrados provenientes da água salgada. Algumas opções populares incluem eletrólitos do Mar Morto ou do Grande Lago Salgado, nos Estados Unidos. A maioria tem mais minerais do que você imagina, mas você deve focar o magnésio e o potássio, pois são as carências mais comuns na dieta cetogênica. Basta adicionar algumas gotas de minerais do mar à sua água.

> **Tabletes de Nuun:** Esses comprimidos sem carboidratos fornecem até 700 miligramas de sódio para exercícios longos e de alta intensidade, e incluem potássio, cálcio, magnésio e vitaminas C e B2, com apenas 10 calorias e de 3 a 4 gramas de carboidratos. Basta diluí-los em sua garrafa d'água e beber. Disponíveis em vários sabores.

Lembre-se de que você não deve usá-los todas as vez que beber água. Mesmo com 3 gramas de carboidratos por porção, se você beber 8 copos, terá consumido uma grande parte dos carboidratos do dia, sem contar os dos alimentos! Use essas bebidas para complementar sua rotina de treinamento, mas selecione algumas das opções mencionadas anteriormente se quiser um sabor adicional.

Adicionar eletrólitos à sua água é simples. Seja como for que opte por fazer isso, é uma maneira sem estresse de recuperar quaisquer minerais e eletrólitos, absorvendo-os enquanto se hidrata. Simples e prático.

Apreciando Chá e Café

Café e chá são escolhas perfeitas para a keto. Como novos cafés ou casas de chá são inaugurados regularmente, você encontra ótimas opções onde quer que esteja. Ambas as bebidas são naturalmente livres de carboidratos, o que significa que você pode desfrutar da grande variedade de cafés e chás enquanto escolhe aditivos adequados para melhorar o sabor.

Embora o café e o chá sejam favoráveis à keto em relação aos carboidratos, eles o desidratam. Se você consegue se manter hidratado, tem um pouco mais de autonomia para decidir o quanto dessas delícias beber. No entanto, se está se acostumando a beber água regularmente, limitar essas bebidas deve ser seu primeiro passo. Manter-se hidratado é crucial para uma perda de peso efetiva, e se você não atingir seus objetivos tão rapidamente quanto gostaria, forneça ao seu corpo tudo o que é necessário para liberar os resíduos que você produz à medida que queima esses quilos!

E me beija com a boca de café

O café não é apenas a bebida preferida de muitas pessoas para começar o dia, como traz inúmeros benefícios à saúde, desde o aumento do metabolismo e o fornecimento de antioxidantes até a diminuição do risco de câncer de cólon e pulmão.

A cafeína encontrada no café (e em alguns chás também) ajuda a melhorar sua capacidade de entrar e permanecer em cetose. Um estudo canadense recente que analisou dez adultos saudáveis mostra que beber uma xícara de café pela manhã aumenta imediatamente a produção de cetonas. A cafeína também é conhecida por aumentar a quebra de ácidos graxos e desempenha um papel importante em longo prazo na manutenção da cetose.

O café, no entanto, também é diurético, o que significa que aumenta a perda de água (e sal) através da urina. Portanto, verifique sua ingestão geral de água ao tomar café com frequência.

Existem várias opções dessa bebida escura e saborosa:

» **Preto:** Algumas pessoas gostam de tomar café puro. Sem calorias, sem adoçantes, apenas uma dose de cafeína e sabor forte. Inúmeros estudos apontando os benefícios do café para a saúde foram publicados recentemente. Desde diminuir o risco de doenças neurodegenerativas, como Alzheimer e Parkinson, até reduzir as taxas de câncer de fígado e cólon, o café é bem mais saudável do que muitos imaginam.

» **Com creme:** Escolha bem a proporção de creme ao saborear seu *café au lait*. Outros produtos lácteos vêm com excesso de carboidratos que podem arrancá-lo da cetose.

» **Com manteiga, óleo de coco ou ghee:** Se você está procurando um repositor de energia para o café da manhã, encontrou. Misture bem e aproveite essa fonte de energia que renova o foco mental e fornece os antioxidantes do café junto dos nutrientes e gorduras essenciais da manteiga ou do óleo de coco. É uma excelente opção à cetose, pois os triglicerídeos de cadeia média (MCTs) do óleo de coco e do café trabalham juntos para produzir mais cetonas.

» **Com um adoçante sem calorias:** Essa é uma boa opção se você acha difícil tomar café sem adoçante. Use um dos aditivos aprovados pela keto. Com o tempo, à medida que seu paladar se desenvolver, você pode se acostumar com cada vez menos adoçante e até mesmo nenhum.

Morena, eu quero chá

Assim como o café, o chá é um baita antioxidante. Ele é fabricado e bebido há milhares de anos, e seus benefícios são cumulativos. A maioria das variedades (exceto ervas) vem da planta *Camellia sinensis*, que é a fonte dos *polifenóis* do chá (antioxidantes à base de plantas que também são encontrados no café) — precisamente catequinas e epicatequinas. Estudos mostram que os consumidores regulares de chá são menos propensos a ter diabetes e doenças cardiovasculares.

CAPÍTULO 6 **Opções de Bebidas** 103

Existem diversos tipos de chá:

» **Preto:** Esse tipo de chá é totalmente oxidado e tem os mais altos níveis de cafeína, que podem chegar a 80mg por xícara, embora geralmente sejam de cerca de 50mg, em comparação com a média de 110mg do café. O chá-preto é uma boa opção se você quer dar uma sacudida para começar o dia.

» **Verde:** O chá-verde não é oxidado. Em vez disso, é cozido no vapor ou frito, o que leva a níveis mais altos de polifenóis do que o chá-preto (e por isso o chá-verde é considerado o mais saudável). Tende a ser mais saboroso do que outras opções e tem cerca de um quarto da quantidade de cafeína do café.

» **Chá de ervas:** Há uma variedade de "chás de ervas" que pode não ter nenhum componente de *Camellia sinensis*, mas tende a ter ervas e especiarias saudáveis, como canela, flor-de-cone ou camomila, todas com benefícios à saúde — se você está resfriado ou apenas quer obter energia sem cafeína. Se gosta de doçura natural, sem adição de substitutos do açúcar, procure esses chás de ervas. Boas opções são os que incluem canela, casca de laranja ou variedades de rooibos. Você não sentirá falta do açúcar.

Assim como o café, você pode beber seu chá:

» **Com creme:** Como o café, faça um *latte* apenas com cremes de pouca lactose. Nunca escolha cremes não lácteos em pó — eles contêm excesso de carboidratos. Quando preparados corretamente, chás *latte* são uma excelente opção, adequada para saborear em qualquer lugar.

» **Com adoçante sem calorias:** Essa é, outra vez, uma alternativa se você sente falta da doçura e não gosta de chá comum. Escolha apenas os adoçantes aceitos pela keto que apresentamos no Capítulo 5.

Encontrando um Substituto do Leite

Os substitutos lácteos atendem a pessoas com intolerância à lactose, àquelas que desejam evitar laticínios por outros motivos de saúde (como hormônios e controvérsias sobre o aumento de inflamações) e veganos. Como existem muitas opções, procure uma que o satisfaça.

DICA

Sempre escolha as versões sem açúcar dos leites derivados de vegetais, pois a baunilha adoçada com açúcar, dentre outros tipos, aumentará rapidamente a ingestão de carboidratos.

A maioria dos substitutos do leite é enriquecida com cálcio para imitar o cálcio natural no leite. Aqui estão suas opções:

- » **Nata:** É densa, aceita pela dieta e com 48% de gordura, a nata é uma indulgência bem merecida quando você corta todos os açúcares da dieta padrão. É ótima para colocar no café, em ovos ou sobremesas da keto. Se você estiver empolgado, pode até usá-la para fazer o próprio queijo cetogênico de baixa lactose. Lembre-se de que a nata vem com um pouco de lactose — até 8 gramas por xícara —, então use-a com moderação em seus alimentos.

- » **Leite de amêndoa:** Uma alternativa muito popular. Embora as amêndoas sejam uma excelente fonte de proteína, o leite de amêndoa é principalmente composto de água e um pouco de amêndoas em purê, limitando a ingestão potencial de proteínas dessa bebida. As variedades sem açúcar geralmente contêm menos de 2g de carboidratos por copo, logo, não se preocupe. O leite de amêndoa é naturalmente rico em vitamina E e geralmente enriquecido com cálcio e vitamina D, fornecendo excelentes fontes desses nutrientes à medida que você diminui o consumo de leite. Esteja ciente dos aditivos colocados em marcas que geralmente contêm carragenina, um espessante à base de plantas que causa problemas gastrointestinais em pessoas suscetíveis.

DICA

O leite de amêndoa é muito fácil de fazer. Coloque uma xícara de amêndoas cruas em uma tigela e acrescente água suficiente para cobri-las. Deixe de molho por pelo menos 12 horas. Em seguida, escorra a água e coloque as amêndoas no liquidificador com 3 xícaras de água potável. Você usará o liquidificador em dois ciclos: no primeiro, ligue-o em potência baixa por cerca de dez segundos para quebrar as amêndoas. Após dez segundos, desligue-o para permitir que a mistura se estabilize. Em seguida, coloque o liquidificador em potência alta por um minuto inteiro. Depois coe a mistura em uma tigela. Se quiser adoçar, coloque-o de volta no liquidificador e adicione sua alternativa favorita de açúcar sem calorias (fruta-do-monge e/ou eritritol dão um resultado excelente!) e misture até ficar homogêneo!

- » **Leite de coco:** O leite de coco tem o maior teor de gordura dos leites derivados de vegetais, com 2g ou menos de carboidratos. O leite de coco é uma alternativa mais adequada e, como a nata, um ótimo complemento para sua culinária e sobremesas. Como o óleo de coco, ele contém MTCs que ajudam na cetose e na perda de peso. Esteja ciente de que os produtos comerciais geralmente contêm carragenina.

- » **Leite de castanha de caju:** Como outros leites de castanhas, o leite de castanha de caju é produzido a partir da polpa da castanha moída misturada à água. Também é pobre em proteínas (menos de 1g por porção) e tem baixo teor de gordura (2g por porção). Esse e outros leites à base de castanhas não são boas opções se você tem alergia a castanhas.

- » **Leite de linhaça:** Feito da linhaça prensada a frio, fornece a variedade de ácidos alfalinolênicos (ALAs) dos ácidos graxos ômega 3 (não tão eficazes quanto o ácido docosa-hexaenoico — DHA e o eicosapentaenoico — EPA), mas assim como o de amêndoa, o leite de linhaça não contém muita proteína. Tem baixo teor de carboidratos, portanto, ainda é uma opção aceitável.

» **Leite de cânhamo:**[1] Feito a partir de sementes de cânhamo de alta proteína, o leite de cânhamo tem uma quantidade moderada de proteína para um leite derivado de vegetais — cerca de 5g por copo. Ele também tem mais gordura (cerca de 7,5g) e pouco carboidrato. Isso o torna um rival mais próximo do leite de vaca (em relação a gordura e proteína) do que o leite de amêndoa, mais popular. É uma boa opção para quem quer uma alternativa de leite mais equilibrada. O leite de cânhamo tem notas de noz no sabor e é um pouco cremoso, por isso, é preciso tempo para se acostumar.

» **Leite de soja:** É uma boa opção com quantidade moderada de proteína para um leite vegetal. Uma xícara contém cerca de 7g de proteína, quase a mesma do leite de vaca. Tem mais carboidratos que outros leites vegetais, chegando a cerca de 4g por copo. Tem as mesmas isoflavonas que outros produtos de soja, o que beneficia a saúde em longo prazo. No entanto, é importante lembrar que a soja geralmente contém OGMs. Portanto, procure um leite de soja sem OGM, se for de sua preferência.

Alternativas aos Sucos e Refrigerantes

A água deve ser sua bebida preferida na dieta cetogênica, mas você pode se afastar dessa bebida tão importante algumas vezes. Sucos de frutas e refrigerantes são muito ricos em açúcar para consumir na keto, mas existem algumas alternativas mais doces para degustar de vez em quando.

LEMBRE-SE

A água deve ser a base de sua ingestão de líquidos. Para entender por que é tão importante, você precisa compreender o que acontece no nível celular. Quando o fluido entra em seu corpo e começa a interagir com as células, uma destas três coisas acontece com base no tipo de líquido que acabou de beber:

» **O líquido não adiciona água ao sistema (hidrata) nem a retira (desidrata).** Esses tipos de líquidos são conhecidos como *isotônicos*: têm aproximadamente o mesmo teor de sal das células. As bebidas esportivas (como Gatorade, Powerade e Vitamin Water) são projetadas para ser isotônicas. Desenvolva o hábito de consumir líquidos isotônicos apenas quando achar necessário repor algumas das vitaminas e minerais que fornecem, ou ao praticar exercícios extenuantes que o façam suar. Nesses casos, você está perdendo os nutrientes que as bebidas esportivas repõem.

---

[1] Até a data de publicação deste livro, o cânhamo, derivado da maconha, não havia sido liberado no Brasil. [N. E.]

» **O líquido retira água do sistema (desidrata).** São conhecidos como *hipertônicos*: contêm mais sal e açúcar que as células, portanto, retiram água delas para alcançar o equilíbrio no corpo. Sucos de frutas e bebidas energéticas são bons exemplos. Qualquer uma dessas opções é adequada (desde que não exceda a ingestão de carboidratos permitida!), mas você deve consumir com moderação, para evitar a desidratação crônica.

» **O líquido adiciona água ao sistema (hidrata).** São conhecidos como *hipotônicos*: como contêm menos sal e açúcar do que as células, adicionam água às células para alcançar o equilíbrio dentro do corpo. A água é o melhor exemplo de líquido hipotônico e deve ser sua bebida preferida. O corpo precisa de muitos líquidos para liberar resíduos. Além disso, níveis adequados de hidratação mantêm seu cólon movimentando tudo certinho, evitando a desagradável, constrangedora e dolorosa constipação.

Refrigerantes diet: Fuja deles!

Apenas diga não aos refrigerantes dietéticos causadores de doenças. Tecnicamente, não contêm calorias, mas pesquisas mostram que, assim como seus primos ricos em carboidratos, os refrigerantes dietéticos têm a mesma probabilidade de causar aumento de peso e problemas de saúde em longo prazo. Os adoçantes artificiais usados nos refrigerantes diet estimulam a produção de insulina — mesmo que não contenham glicose —, causando problemas como aumento de peso e resistência à insulina, mesmo que você não consuma açúcar. Além disso, os refrigerantes diet tendem a aumentar o consumo de calorias por aumentar sua fome ou justificar inconscientemente algumas calorias extras pois, afinal, o refrigerante era *diet*. Por último, esses refrigerantes costumam usar os piores adoçantes zero caloria, como o aspartame, que está associado a efeitos colaterais à saúde, como dores de cabeça e osteoporose (ossos fracos). Inclusive, esse adoçante não está longe de causar problemas como o câncer, pois está associado a um maior risco de leucemia em homens.

Dai-me forças: Energéticos na keto

Se busca uma bebida energética aceita pela keto, experimente estas:

» **Suco de frutas diluído:** Essa opção preserva parte da doçura sem (tantas) calorias. Ainda assim, cuidado com a quantidade de carboidratos ingerida ao diluir o suco: conte-os, pois somam muito mais do que você imagina. É melhor beber o suco diluído apenas por volta dos horários dos exercícios e optar pela água infundida com frutas nos outros momentos.

» **Powerade Zero:** Essa bebida fornece alguns eletrólitos (principalmente sal) sem os carboidratos do Powerade comum. Utiliza sucralose e acessulfame de potássio como adoçantes, que não aumentam os níveis de glicose.

No entanto, esses dois adoçantes podem aumentar os níveis de insulina, tornando-os uma péssima escolha para quem quer perder peso ou fica preocupado em desenvolver diabetes tipo 2. Além disso, como os dois são muito mais doces do que o açúcar, não abuse; por estar acostumado com a doçura, você pode sentir falta do sabor açucarado. Se você se exercita, as bebidas eletrolíticas não adoçadas são uma opção melhor. Além disso, o Powerade contém ingredientes OGMs, que estão associados a problemas de saúde.

» **Água vitaminada com zero caloria:** A versão adoçada com estévia e eritritol da Vitamin Water da Coca-Cola contém vitamina C e várias vitaminas do complexo B. Embora contenha potássio e cálcio, a quantidade é pequena. Ela fornece também 25% de sua RDA de zinco e tem cerca de 4g de carboidratos por garrafa.

» **Refrigerante orgânico:** Com 6g de carboidratos e pouco menos de 50mg de cafeína por lata de 350ml, essa dose de baixa caloria é uma boa opção para quem vai se exercitar. Você não deve beber regularmente, mas é uma boa opção se quiser algo doce e puder sacrificar alguns carboidratos por isso.

» **Água flavorizada com gás:** A água infundida de frutas, sem açúcar ou carboidratos, é uma excelente opção se você quer levar sua água para fora de casa. Há uma ampla variedade, tornando-se uma excelente oportunidade para explorar combinações de sabor interessantes.

Consumindo Álcool na Keto

Você pode beber na keto — com moderação. O álcool, assim como a gordura, os carboidratos e as proteínas, também é uma fonte de energia. Na verdade, o álcool fornece 7 calorias por grama, tornando-o mais denso em energia do que proteínas e carboidratos! No entanto, são carboidratos simples, e, embora forneçam uma explosão de energia que é rapidamente consumida, você não recebe nutrientes, vitaminas ou minerais. O corpo não considera o álcool um macronutriente essencial, logo, o fígado trata esse quarto "macro" de maneira um pouco diferente dos outros.

Como a maioria dos alimentos na keto, a importância do controle da quantidade de álcool não se resume apenas à contagem dos carboidratos. Como a dieta cetogênica é embasada pela ciência, quanto mais você entender como os processos biológicos do corpo funcionam, melhor. Há três efeitos principais que você deve considerar: o efeito do álcool na contagem de carboidratos, o efeito na hidratação e o efeito no metabolismo.

O mais fácil de calcular são os carboidratos: no rótulo da garrafa de sua bebida favorita você descobre facilmente quantos carboidratos consome com cada drink. Apesar de serem muitos, damos ótimas dicas para aproveitar esses carboidratos ao máximo.

108   PARTE 2 **Aderindo à Dieta Cetogênica**

COMO NÃO SER REFÉM DOS DESEJOS

Se você é como nós, fica com fome quando bebe. Assim como na alimentação low carb, saber lidar com suas vontades ajuda bastante. Como sabe que há uma boa probabilidade de querer beliscar alguma coisa, prepare alguns alimentos que combinem com as bebidas.

Entre as opções salgadas estão as seguintes:

- **Homus com pele de porco, aipo ou pimentão.**
- **Queijo lua cheia (folhados crocantes e sequinhos).**
- **Charque.**
- **Bacon.**
- **Nozes.**
- **Bolinhos de pimenta jalapeño fritos.**
- **Guacamole com pele de porco.**

Entre as opções doces, sugerimos:

- **Pudim de chocolate com abacate.**
- **Bolo de lava keto.**
- **Frutas silvestres congeladas.**
- **Lascas de chocolate amargo.**
- **Sorvete keto.**

Existem muitas possibilidades aprovadas pela keto para ajudar a garantir que você tenha uma noite divertida sem precisar abrir mão de comer e beber o que gosta. Planeje, decida o que comerá e beberá, e divirta-se!

O segundo aspecto mais fácil de entender do álcool é como ele afeta seus níveis de hidratação. O álcool desidrata você, simples assim. Consuma pelo menos o dobro da quantidade de água em relação à quantidade de bebidas alcoólicas para ficar hidratado.

Por fim, é fundamental entender, no nível biológico, como o álcool afeta a perda de peso. Embora seja tóxico apenas em quantidades extremamente altas, o corpo o enxerga como um macronutriente tóxico e interrompe todos os outros processos digestivos, para metabolizar o álcool e tirá-lo de seu sistema. É uma boa notícia até certo ponto, porque metabolizar o álcool é o que lhe dá a sensação de "estar na onda". Quando você adere a uma dieta rica em carboidratos, grande parte das reservas de glicogênio no corpo fica armazenada no fígado, onde são metabolizadas com o álcool consumido. Como muita coisa está acontecendo, você metaboliza o álcool mais lentamente e não percebe os efeitos tão rápido. No entanto, quando está em cetose, elimina esses obstáculos e começa a sentir os efeitos do álcool muito mais rapidamente.

Essa não é uma boa notícia, no entanto, se você quer perder uma quantidade significativa de peso e está acostumado a beber à noite. Como o corpo interrompe todo o resto das atividades para metabolizar o álcool, a cada 24 horas você interrompe as habilidades de queima de gordura do corpo, não apenas interrompendo o processo naquele momento, como também reduzindo seu potencial em situações futuras. Isso retarda seriamente seus esforços para perder peso.

Outro fator a considerar é como o álcool afeta seus processos mentais. Sabemos que o álcool reduz as inibições e prejudica o controle, aumentando muito a probabilidade de você ultrapassar seus carboidratos sem ser intencional. Estudos também mostram algo que provavelmente não o surpreenderá: quando embriagado, você deseja alimentos ricos em carboidratos e "calorias vazias", em vez dos saudáveis — não é de se admirar que redes de fast-food fiquem abertas até altas horas, mas poucos bares de salada o fazem.

Beber com moderação é a chave. Compreender o que cada bebida "custa" em termos de contagem de carboidratos, hidratação e como isso afeta seu metabolismo ajuda você a tomar decisões conscientes e o mantém no caminho certo para alcançar seus objetivos de perda de peso.

Aderindo às opções low carb

Existe uma ampla variedade de bebidas com baixo teor de carboidratos ou sem carboidratos. Estas são as melhores apostas para ficar em cetose:

» **Destilados:** Alguns exemplos são tequila, rum, vodca, gim e uísque, todos sem carboidratos. Destilados são excelentes opções na keto. Você pode adicionar misturas com pouco carboidrato, como água com gás ou mesmo refrigerante orgânico.

» **Vinhos secos:** Os vinhos secos tinto e branco contêm cerca de 3g a 4g de carboidratos em uma taça de 150ml. Felizmente, você pode brindar com uma ou duas dessas opções aceitas pela keto quando surgir a ocasião. Algumas das melhores opções de vinho tinto são Cabernet Sauvignon, Pinot Noir e Merlot. Harmonize essas opções com um bife e você certamente aproveitará sua noite! Os vinhos brancos aceitos incluem Pinot Grigio, Sauvignon Blanc, Chardonnay, Riesling e Champagne.

» **Cervejas light:** Geralmente têm cerca de 3g de carboidratos por garrafa ou lata de 350ml. São leves em carboidratos e sabor, o que é ótimo se você quer um sabor suave. Embora as cervejas light tenham sido introduzidas no mercado décadas atrás (e, acredite, as primeiras tentativas eram realmente horríveis), os fabricantes fizeram progressos incríveis na preservação do sabor e do corpo da bebida. Algumas das opções mais populares que encontramos são: Bud light, Michelob Ultra, Miller lite, Don't Worry (nacional), Cerveja Baixa Gastronomia Brüder (nacional), Noi Low Carb (nacional), Wienbier 55 Sem Gluten (nacional).

Evitando as opções ricas em carbo

As pessoas esquecem a quantidade de açúcar que muitos drinques têm, o que pode minar o estilo de vida keto. Não deixe que uma noitada estrague um excelente começo em sua jornada keto.

Bebidas que contêm refrigerantes, sucos e outros açúcares, incluindo as seguintes, devem ser evitadas:

» Vinhos doces como Moscato, do porto, xerez, vinhos licorosos, sangrias e Zinfandel.

» Misturas açucaradas, como triple sec, whiskey sour mix, curaçao azul, granadina, misturas de margarita e xaropes comuns.

» Bebidas com sabor como rum de coco, schnapps de pêssego ou hortelã com pimenta, ou licor irlandês de creme.

» Sucos como amora, laranja, abacaxi, tomate, maçã, clamato, mirtilo e toranja.

» Energéticos como Red Bull.

» Refrigerantes que podem aumentar seu índice glicêmico mesmo se você escolher opções diet de poucas calorias.

» Licores como amaretto, Kahlúa, sambuca, Campari, Cointreau e Frangelico.

» Misturas de frutas como cerejas, fatias de laranja, abacaxi e várias outras frutas silvestres.

» Bebidas com misturas de vinho e sucos de fruta.

» Cervejas comuns.

Escolhendo um chaser

Poucas pessoas são casca grossa o suficiente para desfrutar de bebidas alcoólicas puras, portanto, além dos drinques misturados mencionados, é comum usar um chaser — uma bebida leve, tomada após uma bebida forte. Muitos dos chasers mais populares, como refrigerante ou cerveja, têm uma grande quantidade de carboidratos.

Algumas opções aprovadas pela keto são:

» Água gaseificada.

» Água gaseificada com sabor.

» Água tônica diet.

» Água Bubly diet com sabor.

» Estévia ou eritritol (se estiver bebendo em casa; o barman rirá se você pedir isso).

» Bebidas sem açúcar, como Red Bull sem açúcar, Bai5 adoçado com eritritol, refrigerantes diet e Monsters sem açúcar.

» Intensificador de água Mio.

A RESSACA DO DIA SEGUINTE

Dependendo do quanto você bebeu, a manhã seguinte pode ser um desastre ou um obstáculo significativo. Lidar com uma ressaca e continuar em cetose é relativamente simples: beba água. Quando melhorar, beba mais água. Depois que a ressaca passar por completo, continue bebendo água.

Tomar aspirina não fará mal, por isso, se houver um exército de anões martelando dentro de seu crânio, não hesite em tomar algumas. Enquanto isso, continue bebendo água!

Lembre-se: Não é preciso abandonar o álcool para aderir à keto. Você pode ter os dois, se for inteligente. Escolha bem os drinks, para não causar empecilhos à sua jornada cetogênica.

> **NESTE CAPÍTULO**
>
> » **Definindo seus objetivos keto**
>
> » **Mantendo seus macro-objetivos**
>
> » **Preparando refeições**
>
> » **Beliscando com inteligência**
>
> » **Permanecendo hidratado**

Capítulo **7**

Cetose Passo a Passo

Neste capítulo, orientamos você quanto à definição de seus objetivos com a dieta cetogênica, um passo de cada vez. Aqui, você toma medidas para esclarecer suas intenções pessoais em relação à keto, além de planejar um roteiro para alcançar seus objetivos. Um motivo comum que atrapalha no alcance dos objetivos é a falta de planejamento. Você pode estar empolgado em pular de cabeça na keto, mas é crucial que comece a jornada com um plano claro, para não perder o ânimo, e o caminho, à medida que as semanas avançam.

Outra parte importante ao começar a keto é garantir que você não caia na mesmice. Quando uma pessoa adere a uma vida low carb, é comum comer os mesmos dois ou três itens todos os dias. Ao abordar a keto dessa maneira, você facilmente ficará entediado e desperdiçará várias opções saborosas. Neste capítulo, incluímos dicas para ajudá-lo a manter-se satisfeito, preservando os limites de calorias e macros, além de explicar como fazer com que o estilo de vida funcione diariamente, preparando refeições que o manterão em um êxtase cetogênico.

Se gosta de petiscar, vai adorar as opções saborosas e práticas que oferecemos e que não ultrapassam o limite de carboidratos. Se você gosta de salgado, doce ou condimentado, a keto oferece várias opções deliciosas.

Personalizando Seus Objetivos Keto

Antes de refazer sua despensa ou comprar um monte de abacates e óleo de coco, você deve se fazer a pergunta mais importante em sua jornada cetogênica: "O que espero ganhar com a keto?"

A resposta de cada um será ligeiramente diferente, logo, você precisa determinar seus motivos pessoais para realizar uma mudança de estilo de vida tão brusca. Se você vê a keto apenas como outra dieta para tentar ou a escolheu porque parece ser uma tendência divertida, será muito mais difícil se comprometer com o estilo de vida. No Capítulo 1, mencionamos alguns dos obstáculos que você pode encontrar na keto, e os detalhamos na Parte 3. Você terá muito mais chances de superar esses desafios se tiver um bom motivo para permanecer na dieta. Acreditamos que você precisa se comprometer se planeja buscar a keto em longo prazo.

Pergunte a si mesmo se algum desses cenários se encaixa em seu desejo de aderir à dieta cetogênica:

- » Você deseja perder peso e não conseguiu, não importa quantos exercícios ou dietas tenha feito?
- » Tentou outras dietas e não obteve sucesso?
- » Você se esforça muito para aumentar os músculos ou ficar sarado, ainda que não tenha peso a perder?
- » Você quer tratar uma condição que já tem, como colesterol alto?
- » Está ansioso para evitar futuras doenças a que tem uma predisposição, como diabetes ou obesidade?

DICA

Reserve alguns momentos para esclarecer suas metas com a keto. Achamos realmente proveitoso anotar nossas esperanças pessoais que nos levaram a aderir a essa dieta. Situar-se quanto à sua evolução na dieta simplifica tudo. Além disso, ajuda-o a se reconectar com o "motivo" durante as partes difíceis da transição para a keto.

Seja qual for seu motivo para aderir à dieta, é provável que essa mudança de estilo de vida o ajude a alcançar seus objetivos. Vamos analisar e ver como a keto pode se encaixar em seu estilo de vida e levá-lo aonde você quer chegar.

Definindo metas de peso

Feche os olhos e imagine sair em um belo dia de verão com seus jeans perfeitamente ajustados e a confiança de saber que você não apenas tem uma boa aparência, mas também se sente incrível. Faça a si mesmo as seguintes perguntas:

» Você tem o sonho de chegar a um determinado peso (ou faixa de peso) que vem tentando alcançar há algum tempo?

» Ele é realista?

» Quanto você pesa hoje e o quão longe está de seu sonho?

» Em quanto tempo pretende alcançar esse sonho?

Se seu objetivo estiver em uma faixa saudável que seu corpo possa atender, a keto pode ajudá-lo a alcançar esse sonho. Uma maneira rápida de verificar isso é determinar seu índice de massa corporal (IMC), que analisa seu peso e sua altura para definir uma faixa normal de peso corporal para você. O IMC normal contempla uma gama ampla — geralmente mais de 15kg —, logo, você deve encontrar o peso em que se sente com mais energia e saudável. O IMC não é tão preciso (seu IMC pode apontar "excesso de peso" se você for extremamente musculoso, por exemplo), mas ainda é uma ferramenta útil.

DICA

Acesse www.nhlbi.nih.gov/health/educational/lose_wt/BMI/bmicalc.htm para calcular seu peso. O site também tem tabelas de IMC (www.nhlbi.nih.gov/health/educational/lose_wt/BMI/bmi_tbl.htm), que o ajudam a descobrir se o peso dos seus sonhos se encaixa em uma faixa saudável. [Uma opção de site em português é: https://www.programasaudefacil.com.br/calculadora-de-imc.]

A cetose o coloca em um estado no qual seu corpo usa os alimentos que você come, além das reservas extras de gordura corporal, para obter energia. Ao longo do caminho, você atingirá seu peso corporal ideal. Como vimos no Capítulo 3, a cetose faz com que seu corpo se torne uma máquina de queimar gordura. Logo, em vez de armazenar a gordura da barriga, o que não é saudável, você queima a gordura como combustível, gerando uma versão mais enxuta e esculpida de você. A keto também o faz perder peso mais rapidamente do que as dietas tradicionais com baixo teor de gordura, motivando-o a preservar as mudanças saudáveis. O bônus: você perde peso enquanto come alimentos gordurosos e deliciosos que o mantêm satisfeito!

Um fato menos conhecido é que a keto também é uma opção válida para manter ou até ganhar peso. Como a cetose ajuda você a atingir seu peso ideal, se estiver abaixo do peso, poderá engordar os quilos necessários. Se você não tem peso a perder, não corte calorias. Qualquer que seja a dieta escolhida, se você perde calorias drasticamente ou de maneira insegura, corre o risco de sofrer efeitos colaterais, como perda de cabelo, pele não saudável e danos ao fígado, rim e outros órgãos.

Se deseja ganhar músculos, opte pela keto direcionada. Você até pode ganhar peso com a dieta cetogênica padrão (veja o Capítulo 1), mas a maioria dos estudos mostra que é improvável que desenvolva — embora seja possível manter — músculos na versão padrão da dieta.

DICA

Qualquer que seja o tipo de dieta keto que você escolhe, o importante é se concentrar em obter nutrientes de alta qualidade em todas as refeições. Isso é fácil de fazer na keto, pois suas calorias extras virão de alimentos integrais extremamente nutritivos. Acrescentar fatias de abacate extras, regar a comida com azeite ou triturar um punhado de nozes na salada fornecerá as calorias necessárias para atingir o peso ideal. Os benefícios não param por aí: seguir uma dieta cheia de gorduras saudáveis também proporciona antioxidantes, vitaminas e minerais que deixarão seu cabelo, sua pele e suas unhas brilhando, ao mesmo tempo em que nutre seu cérebro, fígado e outros órgãos.

LEMBRE-SE

Quaisquer que sejam suas metas de peso, reserve um tempo para fazer exercícios em sua rotina. O exercício, além de um estilo de vida keto bem equilibrado, garante que atinja seus objetivos. Os exercícios não apenas melhoram a saúde do coração, o humor (com poderosas endorfinas) e a qualidade do sono, como também são fundamentais para moldar e tonificar o corpo. Se você deseja perder peso, o treinamento aeróbico e de resistência de alta intensidade é vital. Por outro lado, se quer ganhar mais músculos, considere incorporar mais treinamento de resistência e aumentar o tempo destinado ao levantamento de peso.

Outro conceito importante que você deve considerar é a frequência com que se alimenta. Recomendamos um breve jejum no início de sua dieta keto, pois ajuda a começar a jornada usando todas as reservas de glicose do corpo e preparando para uma rápida queima de gordura. O jejum intermitente (que abordamos no Capítulo 12) também é uma excelente opção para ajudá-lo a acelerar sua perda de peso com a keto e apresenta vários benefícios à saúde.

A maioria das pessoas concebe o jejum intermitente como uma ferramenta para perder peso, mas se você for inteligente em relação às alternativas, poderá jejuar intermitentemente e ainda ganhar músculos, pois existem várias maneiras de jejuar. Se o jejum não é para você, comer com mais frequência, em um intervalo específico ou durante o dia, também o ajuda a ganhar peso.

Esse é o momento de esclarecer suas metas e pensar de maneira realista sobre como, ou se, você deseja orientar a keto em função de seu peso. Não se precipite ao estabelecer o prazo para atingir suas metas de peso. É crucial lembrar que a keto é um estilo de vida, não apenas uma dieta da moda, e é melhor considerar a visão de longo prazo para sua jornada de peso.

Ainda assim, é melhor calcular o número de calorias necessárias para atingir suas metas de peso e comparar com o consumo atual. Descobrir a diferença entre os dois o ajuda a desenvolver um plano de ação para alinhar os números de forma que funcione no seu caso. Incorporar exercícios e jejuar o ajudará a atingir esses objetivos de maneira mais dinâmica e adequada a seu estilo de vida.

Quando pegar o jeito da keto, é quase certo que perceba seu corpo se movendo naturalmente em direção a um peso saudável sem muito esforço.

A keto é uma excelente ferramenta para ajudá-lo a alcançar o peso ideal dos seus sonhos. Você precisa esclarecer quanto peso deseja ganhar ou perder e elaborar um plano realista que considere suas calorias, seus macros, seu nível de exercício e a frequência das refeições para alcançar seu objetivo.

Objetivando condições específicas

A keto oferece uma série de benefícios à saúde, que são grandes motivações para a escolha de um estilo de vida keto. A razão mais comum pela qual as pessoas preferem essa dieta, além de melhorar seu peso, é pelos benefícios quanto à regulagem do açúcar no sangue. Se você tem diabetes tipo 2 ou pré-diabetes e foi instruído a "monitorar os níveis de açúcar", a keto é uma excelente opção para normalizar o nível de açúcar no sangue.

O diabetes tipo 2 acontece devido à exposição do corpo a altos níveis de glicose e insulina por períodos tão longos, que a insulina para de fazer seu trabalho. Essa condição é conhecida como *resistência à insulina* ou *insensibilidade à insulina*. Nesse caso, o açúcar no sangue continua a aumentar mesmo quando os níveis de insulina estão altos. Mais de 20 milhões de norte-americanos foram diagnosticados com diabetes tipo 2 e muitos milhões têm a condição, mas ainda não sabem. Atualmente, centenas de milhares de crianças desenvolveram a doença, causada principalmente pela ingestão de açúcares e toneladas de carboidratos.

Muitos nutricionistas e médicos estão percebendo os benefícios de um estilo de vida keto para pessoas com diabetes tipo 2. As antigas recomendações de alimentos com pouca gordura e alto teor de carboidratos não conseguiram reverter os efeitos da doença. Muitas pessoas com diabetes conseguiram reduzir ou mesmo eliminar todos os medicamentos e têm níveis de açúcar no sangue normais depois de aderirem à keto.

Se você já toma remédio para baixar o açúcar no sangue, converse com seu médico antes de cortar os carboidratos, pois a keto funciona *tão* bem, que a medicação para diabetes pode causar uma queda perigosa no nível de açúcar no sangue.

No Capítulo 2, mencionamos as muitas outras doenças que a keto ajuda a tratar:

- » Níveis anormais de colesterol.
- » Insônia e outros problemas do sono.
- » Acne.
- » Síndrome do ovário policístico.
- » Enxaqueca e/ou cefaleia.
- » Fibromialgia.
- » Convulsões.
- » Doenças neurodegenerativas, como Alzheimer e Parkinson.

Se está cansado de estar cansado, desejar certos alimentos, ter névoas mentais e se sentir mal, a keto o ajuda a superar esse mal, fornecendo mais energia, menos restrições alimentares e mais clareza mental. Ela também é benéfica para pessoas que sofrem de inflamação crônica, como cicatrizes de acne, dor crônica ou até doença cardiovascular. Ao aproveitar as propriedades anti-inflamatórias dessa dieta, você está se preparando para uma vida inteira de saúde que inibe muitas das causas mais comuns de morte e doença nos Estados Unidos. A keto deve sempre ser uma opção se você tiver um desafio à saúde que deseja superar.

CUIDADO

Dito isso, se tiver uma condição de saúde grave ou um dos seguintes problemas, é melhor conversar com seu médico antes de prosseguir. Se alguma das seguintes condições for o seu caso, poderá prosperar com a dieta cetogênica, mas tenha cuidado antes de começar:

- » **Gravidez ou amamentação:** Algumas mulheres seguem o estilo de vida keto durante a gravidez, mas esse não é o melhor momento para começar. A gravidez leva a uma série de alterações no corpo da mulher, e mais uma pode levar a consequências indesejadas para a mãe e o bebê.

    A maioria dos estudos sobre a keto foi realizada com animais — portanto, seus resultados não são diretamente aplicáveis aos seres humanos —, mas os resultados foram variados, com alguns estudos indicando saúde fenomenal para mãe e bebê, e excelentes taxas de crescimento para a criança. Outros estudos indicam que as cetonas podem afetar negativamente o desenvolvimento fetal.

    Além disso, a gravidez e a amamentação são dois dos raros momentos em que a cetoacidose pode ocorrer em uma pessoa sem diabetes. Os pesquisadores acham que isso acontece devido ao corpo da mãe estar tão metabolicamente ativo no cuidado com o bebê, que a cetose pode se aproximar muito mais da subnutrição, desencadeando a cetoacidose.

» **Doenças renais:** Há controvérsias nesse caso. Pesquisas mais recentes mostram claramente que a insuficiência renal, uma complicação comum em longo prazo nas pessoas com diabetes, pode ser retardada pela dieta cetogênica. No entanto, outros estudos mostram que a keto pode causar um aumento de cálculos renais dolorosos, que prejudicam a função renal. O aumento provavelmente está relacionado à desidratação comumente associada à cetose, bem como a um aumento relativo na carga de proteínas. Ambos os problemas são mais difíceis de combater se você tem rins com mau funcionamento. Se você tem um histórico de pedras nos rins, convém ser mais cauteloso se sentir dores nas costas ou na barriga que sugiram uma pedra iminente, e não deixe de aumentar a ingestão de líquidos (e limão).

Cuidado com quem diz que a dieta cetogênica é uma má escolha para a saúde dos rins por ser rica em proteínas. É um equívoco, e não afeta as pessoas que consomem níveis moderados de proteínas em sua jornada keto, justamente o que a dieta indica. Pessoas com insuficiência renal não devem consumir muita proteína, pois isso aumenta a carga de trabalho dos rins. Obviamente, significa que você não deve escolher a versão da dieta cetogênica rica em proteínas se tiver problemas renais. Estudos apontam danos aos rins com mau funcionamento quando a ingestão de proteínas é superior a 35% da ingestão calórica.

» **Doença hepática:** Também há controvérsias, com estudos apontando resultados variados. O fígado é a força motriz da dieta cetogênica, pois processa as gorduras ingeridas e ajuda a produzir as cetonas de que seu corpo precisa.

Alguns estudos mostram que a keto causa muito estresse no fígado e pode levar ao acúmulo de gordura e sinais de inflamação no órgão. Essa condição é chamada de doença hepática gordurosa não alcoólica (DHGNA) e é uma das causas mais comuns de problemas hepáticos em longo prazo. No entanto, outras pesquisas mostram que a DHGNA, que tende a ser mais comum em pessoas que consomem muitos alimentos com alto teor de carboidratos, pode ser tratada com a keto por remover o problema: os carboidratos.

A DHGNA é considerada a versão do fígado da resistência à insulina, portanto, faz sentido que uma dieta cetogênica, que combate esse problema, ajude a tratar a DHGNA. Vários estudos indicam que, se você tiver essa doença hepática, aderir à keto durante seis meses ou mais pode reverter o problema. Desnecessário salientar que, como esses resultados não foram comprovados, é melhor ter cuidado.

» **Doenças pancreáticas (incluindo diabetes tipo 1):** O diabetes tipo 2 é a garota propaganda da dieta cetogênica, mas as pessoas com diabetes tipo 1 devem ser um pouco mais cautelosas. Se você tem diabetes tipo 1 ou qualquer doença pancreática que afeta a capacidade do corpo de produzir insulina, seguir a keto pode fazer com que seus níveis de açúcar no sangue caiam drasticamente, levando a cetoacidose e outros problemas.

> Existem também casos raros em que a dieta cetogênica desencadeou inflamações graves no pâncreas. É mais provável que isso aconteça se você tem certas predisposições genéticas. Embora essas condições sejam raras, algumas pessoas são assintomáticas e podem não saber que têm a doença.
>
> Definitivamente, é melhor conversar com seu médico se você tiver um histórico familiar ou pessoal de doença pancreática, principalmente pancreatite. E mais, como uma dieta rica em gordura pode estimular os cálculos biliares (que abordamos no Capítulo 10), se você já os tem, deve ser cauteloso, pois esses cálculos podem levar à pancreatite.

Além disso, se aderir à keto para tratar outras condições médicas graves, como epilepsia ou certos tipos de câncer, faça isso sob a orientação de seu médico. A keto pode levar a mudanças em seu metabolismo que afetam sua condição.

Prevenindo futuros problemas de saúde

Se você é saudável e não sofre de doenças crônicas, ótimo! Mas, se quer continuar assim pelos próximos cinco, dez, quinze anos ou mais, a dieta cetogênica é uma excelente opção, principalmente se muitos membros de sua família têm algum ou vários dos problemas médicos que vimos no Capítulo 2, como diabetes, pressão alta ou doenças cardiovasculares.

Como a keto mantém o açúcar no sangue em níveis normais, diminui a resposta inflamatória diária e previne doenças cardiovasculares, não há razão para não iniciá-la visando evitar certos alimentos. É importante ter em mente seus objetivos em longo prazo, e começar com essa perspectiva o encoraja a manter o estilo de vida, mesmo que já esteja com o peso desejado ou aparentemente não tenha nenhum problema de saúde.

DICA

A keto é uma ótima opção para evitar futuros problemas de saúde. Nunca é cedo demais para tomar a decisão de mudar sua saúde para melhor.

Necessidades Diárias de Macros

Ao iniciar sua jornada keto, é bom ter uma noção não apenas de quantas calorias você deve consumir, mas também quanto de cada macronutriente (gordura, proteína e carboidratos) você deve ingerir ao longo do dia. Muitos são péssimos em estimar o tamanho da porção ou o número de calorias em uma refeição comum. O tamanho das porções aumentou drasticamente nas últimas décadas: os bagels dobraram de tamanho, e os "copos" de refrigerante mais do que triplicaram! A iniciativa recente de rotular porções de calorias em restaurantes pode ajudar essa tendência, mas com frequência essas informações são ocultadas dos consumidores, para evitar que dispensem o baldão de pipoca durante o filme.

Se você subestima o número de calorias e carboidratos que consome, continuará se perguntando por que está com dificuldade em perder peso. Informar-se e aprender a calcular com precisão o número de calorias de suas refeições, assim como os lanches "inocentes" que às vezes esquece de contar, realmente ajudará a controlar a ingestão de alimentos.

Depois de ter uma boa noção de quantas calorias *realmente* consome, é hora de conhecer algumas das calculadoras disponíveis na internet (consulte o Capítulo 23), para descobrir quantas você *deveria* consumir.

Se está ansioso para descobrir, fornecemos ferramentas para ajudá-lo a "estimar" esses valores em uma base diária e orientá-lo no passo a passo.

Total de calorias diárias

O total de calorias diárias, ou ingestão calórica diária, é o número de calorias de que seu corpo precisa diariamente. Esse número também é chamado de *taxa metabólica basal* (TMB), e é basicamente a quantidade de energia necessária diariamente para desempenhar as funções essenciais da vida — construir e decompor os tecidos do corpo, respirar e descansar.

Sua TMB depende de vários fatores, como peso, massa magra, idade, nível de atividade, gênero e muito mais.

Se você já se perguntou por que um amigo pode comer o que quiser sem nunca ganhar um quilo, pode ser que ele tenha herdado um metabolismo mais rápido dos pais ou pode estar relacionado à hiperatividade da tireoide. A tireoide produz *tiroxina*, que é o hormônio que mais influencia a taxa metabólica. Muito dele pode levar à perda de peso, enquanto o *hipotireoidismo* — um problema mais comum — leva ao ganho de peso.

Por outro lado, se alguém ganha peso apenas olhando para um doce, pode ser devido a vários motivos. Pode ser devido à estatura (as pessoas mais altas tendem a ter necessidades calóricas mais altas), já estar acima do peso (a gordura é metabolicamente menos ativa do que o músculo) ou passar os dias em um ambiente de clima controlado (a exposição ao frio e ao calor pode acelerar a TMB, porque seu corpo precisa trabalhar para regular a temperatura interna, e não o termostato).

O que você come também afeta seu metabolismo. A digestão dos alimentos gasta energia e gera calor. Em contrapartida, dietas de jejum reduzem o metabolismo enquanto seu corpo tenta conservar a energia disponível. Você pode desacelerar seu metabolismo em até 30% se reduzir a ingestão de calorias muito rapidamente, dificultando a perda dos quilos extras que quer perder. Curiosamente, como mencionamos na Parte 1, ao otimizar o equilíbrio hormonal do corpo, a keto inviabiliza essa tendência de preservar o excesso de peso, mesmo que você reduza as calorias.

Existem duas maneiras principais de determinar sua TMB:

> **Calorimetria indireta:** É a maneira mais precisa de avaliar sua TMB, porém, é mais complicada e cara. É uma ferramenta muito útil se você deseja obter o plano nutricional mais eficaz para ajudá-lo a alcançar o peso ideal.
>
> A calorimetria indireta mede a quantidade de calor que você produz determinando a quantidade de gás (dióxido de carbono e nitrogênio) que você exala. Como esses gases são os produtos finais da maior parte do metabolismo, fornecem uma medição muito precisa da quantidade de energia usada em determinado período.
>
> Existem vários métodos para medir os gases expirados, mas todos exigem a compra de equipamentos caros ou a marcação de uma consulta com um personal trainer, nutricionista ou médico. Um dispositivo comumente usado, o BodyGem, é uma máquina portátil que, em cerca de dez minutos, determina com precisão sua TMB. Calorímetros indiretos mais antigos eram usados com máscaras faciais ou câmaras fechadas em um laboratório. A obtenção desse resultado custa cerca de R$200,00.

> **Calculadoras de TMB:** Essas calculadoras usam fórmulas complicadas que levam em consideração vários critérios para calcular a quantidade de calorias que você deve consumir diariamente. Existem várias calculadoras desse tipo disponíveis, mas sua precisão varia em cerca de 400 calorias por dia, quase o suficiente para causar uma mudança de peso de um quilo por semana! As várias calculadoras de TMB têm maior probabilidade de ser imprecisas com pessoas com excesso de peso. Isso acontece porque a maioria das fórmulas usa seu peso atual em uma parte significativa do cálculo. O excesso de peso geralmente é de massa gorda, que é menos metabolicamente ativa do que o músculo, e, portanto, superestima de quantas calorias você realmente precisa se está acima do peso.

As calculadoras de TMB não são tão precisas quanto a calorimetria indireta. Portanto, se você realmente deseja um resultado preciso ou está seriamente preocupado com o sobrepeso, é melhor realizar a calorimetria indireta para obter os melhores resultados.

PAPO DE ESPECIALISTA

Se não se opõe a trabalhar com resultados aproximados, o cálculo de TMB testado e comprovado que muitos dietistas e nutricionistas usam há anos é por meio da equação de Mifflin-St. Jeor. É a calculadora mais precisa, com uma diferença da calorimetria indireta de apenas 20 calorias, em média, para uma pessoa com um peso corporal saudável. Semelhante a outras calculadoras, esse número sobe entre pessoas com sobrepeso, apontando uma diferença de cerda de 150 calorias.

Lembre-se de que tanto a calorimetria indireta quanto as calculadoras de TMB fornecem apenas o número mínimo de calorias necessárias e não dizem respeito a mais atividades do que se você estivesse deitado na cama o dia todo assistindo Netflix. Atividade física é a melhor coisa que você pode fazer para aumentar sua ingestão calórica diária. Lembre-se de modificar sua ingestão calórica total com base na quantidade de atividade que faz rotineiramente.

Depois de calcular sua TMB, descubra seu *gasto energético diário* (GED). Esse número leva em consideração a quantidade de atividade que você pratica. Use um dos seguintes números, dependendo de seu nível de atividade diária:

» **1,2:** Você trabalha em um escritório e gasta pouco tempo em atividade física.

» **1,375:** Você é um pouco mais ativo. Geralmente, faz caminhadas ou serviço doméstico até três vezes por semana.

» **1,55:** Você pratica atividades físicas em níveis moderados. As pessoas dessa categoria pegam mais pesado entre três e cinco vezes por semana.

» **1,725:** Você é muito ativo. Pratica exercícios dinâmicos, como CrossFit, natação ou artes marciais, seis ou sete vezes por semana.

» **1,9:** Você é quase um atleta de nível olímpico. Use esse número caso seu trabalho seja muito braçal ou você pratique esportes de nível profissional.

Se você quer perder ou ganhar peso, obviamente, precisa ajustar esses números para refletir sua meta. Como regra geral, embora exista alguma variedade nesses resultados, é preciso cortar (ou adicionar) cerca de 250 calorias por dia para perder (ou ganhar) meio quilo por semana. Aumente para 500 calorias por dia se quiser mover a balança cerca de um quilo por semana. A matemática básica para a perda de peso correlaciona sua TMB, a quantidade de atividade física que você faz e o que come em função de suas necessidades. Se você estiver acima da margem, ganhará peso. Se estiver abaixo, perderá peso.

DICA

Aqui está o básico da equação de Mifflin-St. Jeor. Ela varia de acordo com o gênero:

» **Homens:** (10 × peso em quilogramas) + (6,25 × altura em centímetros) - (5 × idade em anos) + 5.

» **Mulheres:** (10 × peso em quilogramas) + (6,25 × altura em centímetros) - (5 × idade em anos) - 161.

Vejamos o exemplo de um homem com 30 anos, pesando 68,18kg e 172cm de altura. Suponha que ele queira manter seu peso e trabalhe com pouca atividade física. Veja como calcular sua ingestão calórica diária:

1. **Multiplique seu peso por 10.**

   68,18 × 10 = 681,8

2. **Multiplique sua altura por 6,25.**

   172 × 6,25 = 1.075

3. **Multiplique sua idade por 5.**

   30 × 5 = 150

4. **Some os números das Etapas 1 e 2, subtraia o resultado da Etapa 3 e some 5.**

   681,8 + 1.075 − 150 + 5 = 1.611,8 calorias. Essa é a sua TMB.

5. **Para obter o GED, multiplique a TMB por 1,2 — o nível de atividade.**

   1.611,8 × 1,2 = 1.934,16; ou, arredondando, 1.940 calorias por dia.

DICA

Se toda essa matemática parece insuportável, use uma calculadora online gratuita: `http://fitcal.me/tdee` [em inglês] ou `https://www.ficoumaisfacil.com.br/lazer/arquivos/gettmb.htm` [em português].

Total de gordura diária

Depois de descobrir o número de calorias diárias necessárias, é hora de analisar quantos gramas de cada tipo de macronutriente você deve consumir diariamente. Para descobrir, multiplique o total de calorias pela fração que o macro desempenha em sua dieta. Por exemplo, se você está consumindo duas mil calorias por dia e deseja consumir 75% de gordura, 20% de proteínas e 5% de carboidratos, faça os seguintes cálculos:

» 2.000 × 0,75 = 1.500 calorias de gordura por dia.

» 2.000 × 0,20 = 200 calorias de proteínas por dia.

» 2.000 × 0,05 = 100 calorias de carboidratos por dia.

Infelizmente, a maioria das tabelas nutricionais não apresenta as calorias de acordo com os macros, só fornecem o número total de calorias e, em seguida, a quantidade, em gramas, de cada nutriente. Isso significa que o próximo passo é descobrir quantos gramas de cada macro você pode consumir.

LEMBRE-SE

A porcentagem de gordura e proteína é ligeiramente diferente se você escolhe a dieta cetogênica padrão, em vez da dieta cetogênica proteica. Tanto a proteína quanto os carboidratos fornecem quatro calorias por grama, enquanto a gordura contém nove calorias, portanto, divida pelo número apropriado para obter resultados precisos.

Assim como a maior parte da ingestão calórica, a gordura deve constituir cerca de 75% da ingestão total na keto. Algumas pessoas chegam a 80% (configuração estrita a condições médicas, como epilepsia) ou caem para 65% (se estão na configuração proteica). Vamos continuar usando o exemplo anterior:

1.500 ÷ 9 = 167 gramas

Nesse exemplo, você precisa consumir cerca de 167g de gordura por dia. Ajuste de acordo com o tipo de dieta cetogênica que estiver seguindo. Divida por nove, pois existem nove calorias para cada grama de gordura, em comparação com quatro dos outros dois macros.

Total de proteína diária

Para calcular calorias em função da ingestão moderada de proteínas (para a manutenção e a perda de peso, não para ganhar músculos), a fórmula é:

200 ÷ 4 = 50 gramas

Esse exemplo, para a dieta cetogênica padrão, exige cerca de 50g de proteína. Se você quer ganhar músculos, a regra geral é ingerir 1g de proteína por quilo, embora possa diminuir se estiver com muito excesso de peso.

DICA

Se seu percentual de gordura corporal é de 30% ou mais (para as mulheres) ou 25% ou mais (para os homens), você deve se concentrar em perder o excesso de gordura antes de focar os músculos. Isso não quer dizer que não possa ir à academia antes de atingir um determinado percentual de gordura corporal — de maneira alguma! No entanto, desenvolver massa muscular requer maiores quantidades de proteína, o que significa aumentar sua ingestão calórica geral e diminuir a quantidade de gordura ingerida. Pode ser muito complicado equilibrar as calorias suficientes para desenvolver músculos e limitá-las para perder gordura. Você *pode* combinar esses dois esforços com sucesso, mas é difícil. Se está começando, concentre-se na perda de gordura *ou* no ganho muscular.

Total de carboidratos diários

O macro com a menor quantidade de calorias será o carboidrato e é calculado pela seguinte fórmula (novamente, usando o exemplo anterior):

100 ÷ 4 = 25 gramas

Geralmente, consumir cerca de 25g de carboidratos é um bom ponto de partida quando você decide aderir à keto. No entanto, cada um tem uma distribuição de carboidratos diferente. Algumas pessoas mantêm a cetose com pouco mais de 50g de carboidratos por dia, enquanto outras precisam realmente cortar os carboidratos para permanecer na cetose. Com o tempo, como você entende quando seu corpo está em cetose (ou com a ajuda de tiras de urina ou outros testes), pode modificar sua parcela de carboidratos. Além disso, se seguir a dieta cetogênica direcionada e adicionar alguns carboidratos extras durante o treino intenso, poderá aumentar esse número. Lembre-se de que, quanto mais tempo você estiver na keto, mais seu corpo usará o processo com eficiência e, geralmente, é possível adicionar mais carboidratos ao longo do tempo.

DICA

Parte importante do sucesso da keto é saber de quantas calorias você precisa, bem como de onde precisa obtê-las. Pegue sua calculadora empoeirada ou procure um bom contador de calorias para se manter no caminho certo.

Preparando Refeições

Na dieta keto, como em qualquer outro esquema de refeições, o planejamento é a chave do sucesso. Ocasionalmente, você vai querer variedade, mas sabemos muito bem como a vida é corrida. Você pode não ter uma hora ou mesmo cinco minutos para fazer a refeição perfeita. A menos que tenha um chef particular que prepare iguarias cetogênicas sob demanda, é melhor se organizar. Apresentamos algumas ótimas receitas neste livro, mas você já tem uma boa noção de qual proporção de macros deve estar em suas refeições.

Geralmente, uma porção de 80g a 120g de uma fonte de proteína como carne, frango ou peixe (cerca de 20g a 30g de proteína) é um bom começo, além de uma ou duas opções de gordura e um monte de vegetais low carb. Essa combinação pode mudar, dependendo da refeição, das suas preferências de sabor e de qual foi sua última refeição. Você pode dispensar a proteína ou os carboidratos para um lanche ou uma de suas refeições, mas precisa manter a gordura. Como ela é bastante densa (nove calorias por grama, em comparação a quatro das proteínas e carboidratos), nem sempre haverá grande volume de gordura no prato.

Eis alguns exemplos de refeições keto:

- » Iogurte grego e manteiga de amendoim.
- » Omelete com vegetais mistos, proteínas e nata.
- » Entrada de carne com molho de creme e legumes salteados.
- » Salada de verduras com nozes ou sementes, uma fonte de proteína como carne ou vegetariana, vinagrete à base de óleo e abacate.

> Arroz de couve-flor com fonte de proteína.

O preparo das refeições é uma excelente opção na keto. Você precisará reservar uma ou duas horas para ter tempo de selecionar e preparar suas proteínas, gorduras e vegetais. É prático para o cotidiano ter esses itens ou fazer um jantar simples com as refeições preparadas na semana. Muitas das receitas da Parte 5 podem ser feitas em larga escala e guardadas na geladeira ou no freezer durante a semana para ajudar na preparação das refeições. Se houver uma receita de que realmente goste, essa é uma ótima maneira de prepará-la e consumi-la sem dificuldades algumas vezes por semana.

Também é o momento de ter um conhecimento prático sobre as especiarias em sua despensa. Em uma aula de culinária, uma pesquisa na internet ou em nossa seção de receitas, convém ter uma variedade de especiarias que amplie as possibilidades de preparo de proteínas e vegetais. Entender como fazer um vinagrete ou marinada é essencial para preparar refeições keto deliciosas.

LEMBRE-SE

A preparação é a chave do sucesso. Tire a poeira do fogão e veja cada canto de sua despensa para ser criativo com refeições keto saudáveis que o satisfaçam.

Beliscando sem Sair da Dieta

Todos fazemos isso, mas os adeptos da keto fazem menos. Ao comer mais gordura e uma quantidade moderada de proteínas, você percebe que não sente tanta fome entre as refeições. Ao cortar carboidratos, também minamos o poder viciante que exercem, bem como os altos e os baixos da montanha-russa dos níveis de açúcar no sangue, e não sentimos o desejo "faminto" de beliscar tanto.

No entanto, não há problemas em fazer um lanche se você não aguenta esperar até a próxima refeição ou enquanto está migrando para a keto e ainda tem alguns desejos.

Moderação é tudo

Como mencionado, a keto não se baseia em lanches. Algumas pessoas comem a cada quatro ou mais horas, outras atrasam a comida por até seis horas, e aquelas que jejuam intermitentemente precisam fechar a boca dentro de janelas de seis ou oito horas e ignorar os desejos de comer durante esse tempo. De qualquer maneira, uma refeição satisfatória tende a ser melhor para a saúde intestinal, deixando o sistema digestivo descansar e se recuperar entre as refeições. Como seus músculos, o intestino precisa descansar para limpar a casa, assim, nas horas em que você não come, seu intestino está se limpando, se livrando de bactérias e fazendo os preparativos para a próxima refeição. Se comer constantemente, o sistema pode ficar entupido, causando problemas intestinais.

Se optar por fazer um lanche, faça-o porque está com fome, não por razões sociais e, definitivamente, não por tédio. A keto lhe permite perceber os sinais de fome de seu corpo e se atentar à alimentação. Como você não tem desejos irracionais por carboidratos (ou não terá após as primeiras semanas, se acabou de começar!), pode verificar se realmente está com fome. Se belisca por tédio, pare, redirecione-se e encontre outras formas de aliviá-lo e usar melhor seu tempo.

Afasta de mim esse cálice!

Há uma série de opções de lanches low carb na keto. Você não precisa correr para guloseimas açucaradas ou alimentos com alto teor de carboidratos. Em vez disso, escolha alimentos com alto teor de gordura e proteína moderada, que irão satisfazê-lo até chegar à sua próxima refeição. À medida que a dieta cetogênica foi se tornando mais popular, as opções de lanches embalados adequados começaram a aparecer, facilitando as coisas. No entanto, alimentos processados, cetogênicos ou não, têm uma tonelada de ingredientes que não são tão saudáveis.

Procure se concentrar em alimentos integrais minimamente processados, mesmo quando fizer um lanche, o que o poupará da lista de conservantes e açúcares artificiais encontrados nos "salgadinhos" embalados.

Entre as excelentes opções low carb e integrais aceitos pela keto estão:

- » Nozes e sementes.
- » Ovos.
- » Smoothies cetogênicos.
- » Legumes com manteiga de nozes.
- » Bombas de gordura (uma combinação de manteiga de noz/coco, óleo de coco e seu sabor preferido).

LEMBRE-SE

Muitos lanches aparentemente adequados podem ter carboidratos escondidos. Se você escolher um alimento embalado, verifique cuidadosamente a tabela nutricional.

Recuperando Fluidos e Eletrólitos

A glicose e o glicogênio (dos carboidratos) retêm água, e livrar-se deles costuma desidratar, se você não estiver bebendo um pouco a mais de água para compensar. Beber água ao longo do dia é essencial. À medida que seus níveis de insulina caem e o armazenamento de carboidratos diminui, você perde a água normalmente ligada às reservas de carboidratos do fígado e músculos. Substitua essa água perdida lembrando-se de beber vários copos ao dia. Você perde muita água respirando, urinando e suando, por isso é importante manter-se hidratado.

Água de beber

Em média, você perde cerca de 500ml de água pela respiração e de um a dois litros pela micção. Viver em um clima quente e úmido ou se exercitar aumenta os líquidos (e os eletrólitos) perdidos na transpiração. Você precisa substituir toda essa água preciosa para estar em sua melhor forma.

DICA

Eis alguns truques simples para manter um nível adequado de ingestão de água:

- » Pegue uma garrafa grande de água e marque linhas igualmente espaçadas com horários para se situar quanto à quantidade de água consumida durante o dia.
- » Defina um alarme para lembrá-lo de beber água a cada duas horas.
- » Deixe uma garrafa de água ao lado da cama e beba-a assim que acordar todas as manhãs.

Reabastecendo seus eletrólitos

Sempre que você perde água (sobretudo através do suor), perde também eletrólitos valiosos. Reabasteça esses minerais ao longo do dia. Os eletrólitos vêm dos alimentos, mas serão necessários minerais adicionais, principalmente durante a transição para a keto. Os adeptos da keto podem precisar de mais sal do que as pessoas comuns em uma dieta rica em carboidratos, porque estão mais propensos à perda excessiva de sódio. Uma maneira simples de combater isso é optar por caldos de ossos e vegetais, ser mais generoso com o saleiro e beber água com eletrólitos para atender às suas necessidades. Você percebe ter perdido muitos eletrólitos quando se sente fraco, tem dores de cabeça e tontura.

Aqui estão os principais eletrólitos que devem ser reabastecidos:

- » **Sal (cloreto de sódio):** Principal eletrólito do corpo, o sal flui com a água para garantir que se espalhe da maneira ideal. O sal também é vital para gradientes elétricos essenciais (sim, seu corpo é elétrico), que garante que suas células funcionem da melhor maneira possível. Níveis baixos de sal farão com que você se sinta tonto, cansado ou atordoado.

- » **Potássio:** O potássio é o segundo eletrólito mais comum no corpo. Tende a permanecer dentro das células (e não no exterior, como o sal), e também é fundamental para manter estável o gradiente elétrico do corpo. O potássio é vital para a contração muscular, tanto dos músculos esqueléticos grandes, que trabalham quando você faz um supino, quanto do coração, em constante movimento. Baixos níveis de potássio levam a fraqueza muscular, problemas estomacais e até ritmos cardíacos anormais.

- » **Magnésio:** Esse eletrólito é importantíssimo em muitas áreas do corpo. É necessário em mais de trezentos processos diferentes. O magnésio ajuda em muitas das reações enzimáticas necessárias que produzem energia em seu corpo. Ele desempenha um papel nas contrações musculares, bem como nas funções nervosas ideais e na manutenção de ossos fortes. Baixos níveis de magnésio levam a espasmos musculares, fraqueza, fadiga, náuseas e vômitos. É vital substituir esse eletrólito, especialmente se você estiver passando por uma gripe cetogênica.

- » **Cálcio:** Embora muitos lembrem do cálcio como o mineral que mantém os ossos saudáveis, também é um nutriente essencial às funções nervosas e musculares, além de ser necessário à coagulação sanguínea. Baixos níveis de cálcio estão associados principalmente a ossos e dentes fracos.

- » **Fosfato:** Esse mineral é essencial à produção de energia, bem como à função celular e à força óssea. É raro ter carência em fosfato, mas se acontecer, são comuns dores nos ossos e fraqueza muscular.

DICA

Tome medidas para se manter hidratado e lembrar de reabastecer os eletrólitos, vitais para a dieta, à medida que estiver se adaptando à keto. Isso fará uma grande diferença em seus níveis de energia.

NESTE CAPÍTULO

» **Entendendo que um carbo nem sempre é um carbo**

» **Reconhecendo que moderar nas proteínas é melhor**

» **Vendo a gordura como aliada**

» **Obtendo eletrólitos**

» **Suplementando com óleos**

Capítulo **8**

Nutrindo-se Bem

Ao começar a keto, você precisará rever seus conceitos de nutrição adequada. Muitos ainda pensam que dieta cetogênica significa bacon e queijo, ou hambúrgueres sem pão, mas a keto é mais do que apenas proteína e gordura. A dieta conta com ingredientes de alta qualidade e que são difíceis de encontrar no fast food local. Com frequência, esses estabelecimentos fazem uso de óleos pesados e com ômega 6, que a keto rejeita, e são pobres em vegetais nutritivos e com pouco carboidrato, que são a base da keto, junto de vitaminas, fibras e antioxidantes. Além disso, esse equívoco geralmente salienta demais o aspecto proteico da keto, confundindo-a com uma dieta rica em proteínas.

À medida que aprender mais sobre essa dieta, você perceberá a diferença entre a keto "bruta" e a keto "integral", baseada em alimentos integrais. A keto bruta considera apenas os macros, enfatizada principalmente a baixa quantidade de carboidratos, mas sem avaliar a fonte das calorias. Na keto integral, é importante garantir que os carboidratos ingeridos sejam ricos em fibras, enquanto as gorduras e as proteínas sejam ricas em antioxidantes, triglicerídeos de cadeia média (TCM) e ômega 3, para que você colha todos os benefícios de aderir à keto.

Contando os Carboidratos Líquidos

Como mencionamos no Capítulo 1, existem três tipos diferentes de carboidratos, e dois deles devem ser rejeitados:

» Carboidratos complexos (amido).
» Carboidratos simples (açúcar).

O terceiro tipo, carboidratos não digeríveis (ou fibras), é plenamente aceito.

Entre os exemplos clássicos de carboidratos estão massas integrais (amido), refrigerantes (açúcares) e cascas de psyllium, o principal ingrediente do Metamucil (fibra). Esperamos que você esteja ciente de que o amido e os açúcares estão proibidos, enquanto a fibra constitui uma parte importante da keto. Alimentos ricos em amido geralmente contêm fibras, mas existem muitas outras fontes de fibras que não são amiláceas, portanto, você não precisa sair da cetose para obter as quantidades recomendadas. Como o corpo não digere a fibra, ele não a absorve ou a usa como glicose, tornando-a perfeita para o estilo de vida keto.

O *total de carboidratos* é simplesmente a soma de todos os carboidratos que você consome, mas não é o total que deve contar na keto. Os *carboidratos líquidos* são o que você tem quando subtrai todos os carboidratos da fibra e outros carboidratos não digeríveis.

LEMBRE-SE

Sempre que analisar o total de carboidratos nas tabelas nutricionais, subtraia as fibras; elas não entram no cálculo diário de carboidratos e fazem bem à sua saúde!

DICA

Todas as receitas deste livro listam o carboidrato total e o líquido, e você *sabe* a diferença entre eles!

Restringindo as Proteínas

LEMBRE-SE

As proteínas se transformam em glicose se você exagera. Seu corpo, e particularmente seu cérebro, exige certa quantidade de glicose para funcionar, e, embora a maioria de suas necessidades energéticas seja atendida pelas cetonas, esse elemento fundamental não pode ser substituído por qualquer outra coisa.

Na dieta padrão, o cérebro usa cerca de 120g de glicose por dia. É energia pra burro! — embora o cérebro represente apenas 2% do peso corporal, ele consome aproximadamente 20% da energia que você gasta em um dia. As cetonas fornecem até 75% desse requisito nutricional, mas o restante vem da glicose. Se você segue uma dieta com pouco carboidrato ou mesmo nenhum, deve estar se perguntando como essas necessidades são atendidas. Alguns críticos usam isso como argumento para condenar a keto, mas essa conclusão está incorreta. Nosso corpo desenvolveu um processo chamado *gliconeogênese*, para que essas necessidades básicas sejam atendidas mesmo sem carboidratos.

PAPO DE ESPECIALISTA

Gliconeogênese é quando o corpo pega uma molécula de proteína ou gordura e a divide em três cadeias de ácidos graxos e uma molécula de glicerol. Os ácidos graxos são usados pelo corpo para satisfazer os outros 80% das necessidades energéticas, mas não ajudam o cérebro, pois não atravessam a barreira hematoencefálica. É aí que o glicerol entra: ele é convertido em glicose e usado pelo cérebro como combustível.

Todas são ótimas notícias, mas, como em qualquer processo, podemos exagerar. O consumo excessivo de proteínas leva ao excesso de gliconeogênese, o que significa que você pode causar excesso de glicose no corpo, mesmo se está evitando carboidratos. Os críticos da dieta cetogênica geralmente discutem questões causadas por dietas ricas em proteínas e caracterizam a keto como tal, mas não é esse o caso. A keto é uma dieta rica em gorduras, equilibrada em proteínas e pobre em carboidrato. Você não deve ter medo da proteína de forma alguma, apenas saiba que não deve exagerar no consumo.

A menos que esteja treinando para um evento olímpico ou esteja desnutrido, é melhor manter a proporção padrão de proteína e não ir muito além de 20% de sua ingestão calórica total. Conhecer a quantidade geral de proteína em cada um de seus alimentos é uma ótima maneira de começar. Se você olha para seu prato e não tem ideia da quantidade de macros, consulte o Capítulo 23 para ver dicas e guias de como descobrir os macros dos alimentos da keto. As listas darão uma boa noção do que contém e de quanta proteína você deve ingerir.

Para começar, aqui está a quantidade aproximada de proteína em alguns alimentos keto:

- » **Carne, peixe ou frango (85g):** 24 gramas.
- » **Tofu (85g):** 7 gramas.
- » **Tempeh (85g):** 15 gramas.
- » **Iogurte gordo sem adição de açúcar (copo):** 15 gramas.
- » **Um ovo:** 7 gramas.
- » **Queijo duro (30g):** 7 gramas.
- » **Nozes (30g):** de 5 a 7 gramas.

DICA

Quanto à carne, 85g equivalem ao tamanho de um baralho de cartas. A mesma quantidade de peixe é do tamanho de um talão de cheques. No que diz respeito ao queijo, 30g têm o tamanho de quatro dados, e uma xícara equivale a uma bola de tênis. Quanto às nozes, 30g equivalem a cerca de 22 unidades.

Queremos Gordura!

Detestamos ter de repetir, mas nunca, jamais opte pelo baixo teor de gordura. Menos gordura é "mais carboidrato", pois quando a gordura é removida, açúcares costumam substituí-la. Casos comuns são os de iogurtes com sabor de frutas e doces assados. Leia o rótulo e verifique o teor de açúcar. Se você não ficou chocado, é porque precisa de óculos!

Os alimentos precisam de sabor, e a gordura é a maneira como a natureza geralmente decide atender a essa necessidade. Infelizmente, durante a febre do corte de gordura na década de 1990, as pessoas se afastaram desse pensamento e começaram a substituir a gordura por açúcar. Ironicamente, embora tenha sido uma tentativa de alimentação mais saudável, as taxas de obesidade dispararam, o diabetes aumentou e as doenças cardiovasculares tornaram-se cada vez mais comuns. Com o passar do tempo, médicos e cientistas constataram os efeitos em longo prazo da troca de gordura por açúcar, e o veredicto ficou claro: excesso de açúcar é um problema e uma dieta rica em gordura é realmente bem melhor.

Mesmo no caso de produtos lácteos comuns (sem adição de açúcar), as opções gordurosas são as melhores. O USDA e outras organizações assumiram a missão de, por anos, promover produtos com baixo ou nenhum teor de gordura, incentivando as pessoas a ficarem longe das versões gordas e cremosas. No entanto, essas diretrizes nem sempre foram baseadas em informações científicas. Novas pesquisas mostram que laticínios integrais são benéficos: em um estudo que acompanhou quase 3 mil adultos com mais de 22 anos, os níveis sanguíneos de ácidos graxos encontrados em laticínios integrais não aumentaram o risco de doenças cardiovasculares e derrames. Um dos ácidos graxos, o ácido heptadecanoico, na verdade, diminuiu as chances de morte por doença cardiovascular. Além disso, laticínios integrais possuem MCT (como óleo de coco), que diminuem os níveis de triglicerídeos e aumentam o colesterol da lipoproteína de alta densidade (HDL, o tipo "bom"). Isso contraria décadas de conselhos para ficar longe dessas gorduras tão benéficas. Então, aproveite a dose extra de gordura!

LEMBRE-SE

Alimentos ricos em gordura têm benefícios que são eliminados nas variedades com baixo teor de gordura. Apesar das preocupações gerais sobre ganho de peso e doenças cardiovasculares, pesquisas mostram que as versões gordurosas ajudam a diminuir esses males. Escolha a opção gordurosa sempre que possível.

Repondo Seus Eletrólitos

Se você estiver se sentindo com pouca energia, cansado ou simplesmente desmotivado, o problema pode ser a perda de eletrólitos. Você perderá mais desses minerais valiosos na keto, portanto, deve estar preparado para reabastecê-los continuamente. Os eletrólitos mais importantes são o sódio, o potássio, o magnésio e o cálcio; eles também incluem sais simples, como cloreto de sódio.

Eletrólitos são substâncias fascinantes. Como o corpo é de natureza elétrica (chocante, de fato), produtos químicos como sódio e potássio formam partículas carregadas eletricamente, chamadas *íons*, nos fluidos corporais e garantem que os processos do corpo funcionem normalmente. Além dos sintomas mencionados, um dos mais comuns da perda de eletrólitos é a cãibra. Cãibras ocorrem quando um músculo falha, contraindo-se quando não deveria. Quando você sente falta desses íons, seu corpo começa a funcionar de maneira estranha e aleatória. Pense neles como se fossem óleo de motor para carro: não é exatamente o que faz o carro funcionar, mas sem ele, é definitivamente o que faz o carro parar.

Embora a maioria das pessoas pense em Gatorade, banana ou água de coco como ideal para substituir os eletrólitos, essas opções com alto teor de açúcar o expulsarão imediatamente da cetose. Além de eletrolíticos e bebidas sem açúcar (consulte o Capítulo 6), existem várias outras opções para manter seus níveis minerais elevados na keto. Aqui estão algumas delas:

» Legumes fermentados (como chucrute, kimchi ou picles).

» Abacate.

» Vegetais com baixo teor de carboidratos com manteiga de nozes (aipo é uma ótima opção).

Seja qual for sua escolha, considere esses nutrientes cruciais e verifique os rótulos (algumas marcas têm açúcares escondidos nos ingredientes). Atenção redobrada se você vive em um ambiente úmido ou se exercita vigorosamente, pois esses dois fatores induzem à transpiração, que é uma das principais maneiras pelas quais você perde eletrólitos de seu sistema.

Consumindo Óleos Saudáveis

Já mencionamos os amplos benefícios para a saúde de óleos e gorduras como azeite de oliva e óleo de coco. Com seus altos níveis de ácidos graxos monoinsaturados (AGMs) e MCT, respectivamente, esses óleos são saudáveis para o coração, diminuem o risco de diabetes e ajudam a perder peso. Desnecessário lembrar que devem ser presença obrigatória em sua despensa e que você provavelmente irá comê-los todos os dias na keto.

No entanto, se estiver procurando outros óleos para adicionar à sua despensa, aqui estão algumas excelentes opções para pratos frios:

» **Óleo de abacate:** Assim como o próprio abacate, é outra fonte de AGMs. Em comparação com a fruta, o óleo de abacate tem apenas parte da característica amanteigada, mas é uma boa opção para absorver qualquer um dos temperos que você adicionar.

» **Óleo de nozes:** Esse óleo é rico na variedade de ácidos alfalinolênicos (ALAs) das gorduras ômega 3, bem como em MCTs saudáveis ao coração. Tem função anti-inflamatória, sendo uma boa opção para diminuir o risco de resistência à insulina e melhorar a saúde intestinal. Mantenha-o refrigerado e fique de olho na data de validade, pois estraga rápido.

» **Óleo MCT:** Base do óleo de coco, os MCTs oferecem todos os benefícios do óleo de coco na forma concentrada (o óleo de coco é apenas 50% MCT). É uma ótima opção para pular de cabeça na cetose durante a transição inicial e apresenta vários outros benefícios, como melhorar a saúde do coração e os níveis de colesterol (lipoproteína de baixa densidade [LDL] e HDL).

DICA

É fácil usar óleos na keto. Aqui estão algumas de nossas maneiras favoritas:

» Faça uma marinada à base de óleo com suas ervas e especiarias favoritas — orégano, pimenta preta e páprica são ótimos temperos para experimentar.

» Faça seu próprio molho para salada à base de azeite.

» Adicione óleo de coco, ghee ou MCTs ao seu café ou chá para obter um latte.

» Refogue alguns legumes e proteínas no óleo de coco ou azeite para ter uma refeição prática e nutritiva.

» Faça uma "bomba de gordura" — uma mistura de óleo de coco, manteiga de nozes, temperos e especiarias de sua escolha.

Seja uma Pessoa de Fibra

A Academia Nacional de Medicina dos Estados Unidos recomenda que mulheres com menos de 50 anos consumam cerca de 25g de fibra e homens na mesma faixa etária consumam 38g. Se você tem mais de 50 anos, os números diminuem para 30g para homens e 21g para mulheres. Infelizmente, as pessoas em geral consomem apenas 15g de fibra, portanto, há muito espaço para melhorias.

Existem dois tipos de fibra:

» **Solúvel:** Dissolve-se em água, reduz os picos de açúcar no sangue e melhora os níveis de colesterol.

» **Insolúvel:** Não se dissolve na água e ajuda na digestão. Ajuda a melhorar a textura das fezes, facilitando as idas ao banheiro.

Embora você não consiga digerir a fibra solúvel, muitas bactérias amigáveis do intestino adoram se alimentar dos açúcares da fibra, o que faz maravilhas para sua saúde intestinal. Essas fibras solúveis são chamadas de *pré-bióticos*, porque nutrem os *probióticos* (bactérias) que vivem no intestino. Os pré-bióticos não são novidade — nossos antepassados pré-históricos comiam esses alimentos saudáveis há milênios. Pesquisas mostram que o homem paleolítico provavelmente consumia cerca de 135g de pré-bióticos por dia; muito mais do que a população consome.

A fibra solúvel pode se converter em glicose por meio de um processo conhecido como *gliconeogênese intestinal*, que ocorre quando a fibra fermenta no intestino. Como esse processo gera glicose, as pessoas acreditavam que a fibra solúvel deveria ser contada na distribuição diária de carboidratos. Mas vários estudos indicam algo completamente diferente: acontece que a glicose intestinal *reduz* os níveis de açúcar no sangue, aumentando a sensibilidade à insulina e ajudando o corpo a entrar em cetose.

Existem quatro benefícios principais de consumir fibras:

» **Retardam a taxa em que o açúcar é absorvido na corrente sanguínea.** Embora seja menos preocupante quando sua energia é fornecida por cetonas, faz uma diferença crucial se você, sem querer, abusa dos carboidratos. Diminuir a taxa em que a glicose chega à corrente sanguínea modera seus efeitos, aumentando suas chances de permanecer em cetose.

» **Movem-se pelo intestino mais rapidamente do que outros alimentos.** Os benefícios para regular os movimentos intestinais são óbvios, mas há outro benefício oculto nesse fato fascinante sobre as fibras. A grelina é um dos hormônios reguladores da fome, cruciais ao corpo, e é produzida no trato gastrointestinal quando você percebe que precisa comer. Quando o cérebro recebe esses sinais, provoca uma sensação de fome. A fibra corre até a fonte da produção de grelina, fazendo com que o corpo pare de produzi-la, pois sente que você está cheio. Coma devagar e mastigue bem. Iniciar sua refeição com fibras inibirá seu apetite, fazendo você se sentir mais cheio, mesmo quando estiver diminuindo sua ingestão calórica.

CAPÍTULO 8 **Nutrindo-se Bem** 137

» **Limpam o cólon.** Um dos desafios que os fabricantes de suplementos probióticos enfrentam, por exemplo, é que tanto material é digerido no estômago, que é difícil levar algo ao cólon em um estado relativamente intacto. Como a fibra insolúvel não pode ser digerida, ela lida com a viagem ao intestino muito melhor do que a maioria dos alimentos. Quando chega, esfrega os lados do intestino enquanto se move pelo sistema, limpando as bactérias antigas e qualquer acúmulo de resíduos no sistema. Isso não apenas equilibra o sistema, mas estudos demonstraram que é um fator importante para reduzir suas chances de desenvolver câncer de cólon.

» **Regulam as funções.** Mencionamos isso brevemente, mas vale a pena repetir. Um dos efeitos colaterais mais comentados da keto é a constipação (consulte o Capítulo 10 para ver mais detalhes), e a fibra é um componente importante no combate e na eliminação desse problema desagradável. Ao fazer a transição para uma dieta baseada em gordura e reduzir um pouco as calorias (não drasticamente), você faz com que seu corpo se alimente de suas reservas de gordura, o que significa que estará gerando menos resíduos sólidos. Você provavelmente descobrirá que seus movimentos intestinais são menores e menos frequentes, mas isso também significa que pode ter de se esforçar mais para que funcionem se você não permanecer hidratado e consumir uma quantidade adequada de fibras. Você perceberá que é mais fácil eliminar resíduos de tamanho razoável, e a fibra ajuda a garantir isso. Caso contrário, se já estiver com diarreia, as fibras ajudarão a unir as fezes e a eliminar a desidratação e o desconforto.

Várias preocupações comuns à saúde são tratadas pelo aumento da ingestão de fibras. A primeira é a hemorroida, geralmente desencadeada pelo excesso de resíduos eliminados ou pelo esforço demasiado em defecar. A fibra lubrifica tudo no trato gastrointestinal, permitindo que o conteúdo flua melhor, reduzindo seu tempo no trono.

Diverticulose é um termo abrangente para várias condições específicas que afetam o intestino grosso. Quando seu cólon não move o conteúdo do jeito como deveria, suas chances de passar por essa condição aumentam. Pequenas protuberâncias, ou *bolsas*, se formam nas paredes laterais do órgão e correm o risco de ser perfuradas ou rasgadas, o que pode levar a infecções desagradáveis, cirurgias e complicações graves. A melhor maneira de lidar com qualquer tipo de diverticulose é evitá-la, e o ponto de partida para a prevenção é o consumo regular de fibras.

Entre os vegetais ricos em fibras aprovados pela keto estão:

» Alcachofra

» Aspargo

» Pimentão

138   PARTE 2 **Aderindo à Dieta Cetogênica**

- » Brócolis
- » Couve-de-bruxelas
- » Repolho
- » Couve-flor
- » Pepino
- » Vagem
- » Rabanete
- » Espinafre
- » Abobrinha

Entre as frutas com alto teor de fibras, aprovadas pela keto, estão:

- » Abacate
- » Amora silvestre
- » Coco
- » Limão
- » Lima
- » Azeitona
- » Framboesa
- » Morango
- » Tomate

LEMBRE-SE

A fibra é o melhor "carboidrato" de todos!

A inulina é uma fibra pré-biótica saudável. Estudos mostram que ela melhora a capacidade de absorção de cálcio e magnésio, aumentando a saúde óssea, enquanto outros estudos sugerem que reduz os níveis de colesterol no sangue, aumentando a saúde do coração.

Alguns alimentos aceitos na keto que contêm boas quantidades de inulina são:

- » **Nozes:** Podem conter até 9g de fibra em uma porção de 1 xícara.
- » **Aspargos:** 85g fornecem quase 3g de fibra.
- » **Couve-flor:** Esse substituto cetogênico do purê de batatas ou borda de pizza fornece até 3g de fibra por xícara.

» **Alho:** 85g desse tempero delicioso fornecem cerca de 16g de fibra, compensando o bafo de alho.

» **Cebola:** Você pode obter até 3g de fibra por xícara.

» **Tempeh:** Esse alimento fermentado de soja fornece uma quantidade substancial de fibra: cerca de 7g a cada porção de meia xícara.

DICA

Muitas pessoas não consomem fibra suficiente diariamente, o que pode levar a problemas intestinais inconvenientes, tanto em curto quanto em longo prazo. Esses problemas podem dificultar a adaptação ao estilo de vida keto. Cuide de sua saúde intestinal incluindo alimentos ricos em fibras em sua dieta.

> **NESTE CAPÍTULO**
>
> » **Encontrando restaurantes low carb**
>
> » **Evitando carboidratos**
>
> » **Escolhendo os macros certos**
>
> » **Colocando tudo em cima**
>
> » **Entendendo como o alimento se decompõe**
>
> » **Certificando-se de não beber calorias excedentes**
>
> » **Adaptando-se ao convívio social**

Capítulo **9**

Comendo Fora e Amando!

Se você mal sabe fritar um ovo, um aspecto interessante do estilo de vida cetogênico é que ele o deixa mais confiante na cozinha! Ao aprender a marinar, grelhar e refogar, você ficará ansioso para preparar o próprio jantar. Saber que seu tempo e sua energia foram gastos no preparo de uma refeição também traz satisfação e prazer quando você a aprecia. Comer em casa oferece um controle de qualidade valioso: saber exatamente o que está colocando em seu corpo e de onde vem. Você nunca terá essa satisfação comendo fora, pois geralmente há "molhos secretos" ou práticas alimentares questionáveis.

No entanto, você pode dar uma noite de folga às suas habilidades culinárias, sem provocar ansiedade ao comer fora. Afinal, comer fora geralmente nos traz a perspectiva de um belo prato delicioso, e é nessa satisfação que a keto se fundamenta. Ainda assim, é essencial estar ciente de que muitos atribuem essa sensação ao alto teor de carboidratos, portanto, fique longe dessas práticas. Com direcionamento e orientação, você aproveitará seus jantares fora de casa.

Restaurantes com Opções Keto

Há uma série de restaurantes low carb com opções satisfatórias que você pode frequentar. Embora seja necessário dispensar um ou dois itens, muitos restaurantes estão bem preparados para os clientes que aderiram a um estilo de vida keto e se comprazem em trocar alimentos ricos em carboidratos por algo que se encaixe na dieta. Cada vez mais restaurantes exibem uma seção de "baixo teor de carboidratos" no menu, o que ajuda a fazer o pedido sem achismo.

DICA

Dedique alguns momentos verificando o menu online do restaurante para ter uma ideia da configuração dos alimentos do lugar. Assim, antes de ir ao local, já terá ideia do que escolher, bem como do que perguntar antes de fazer o pedido. Muitos restaurantes incluem uma lista discreta dos ingredientes das entradas para que você identifique se é adequado à sua alimentação. Ao analisar o menu, verá o quão cetogênico é o restaurante, além de características importantes, como preocupação com a dieta (como opções sem glúten) e a qualidade dos alimentos (como carne de vaca que foi alimentada só com pasto e alimentos orgânicos).

Há alguns itens que você deve evitar. Refrigerantes comuns formam combinações conhecidas com muitos pratos, mas contêm muito carboidrato. Um refrigerante comum contém 39g de açúcar, ou quase 10 colheres de chá por copo! Você deve conhecer a deliciosa bebida conhecida como chá gelado — infelizmente, ela contém tanto açúcar quanto uma Coca-Cola ou Pepsi. A água é uma opção segura, e você pode pedir ao garçom um copo com gelo e limão para dar sabor ou mesmo outras opções sem carboidratos, como refrigerante diet ou limonada sem açúcar.

Batatas são outro item popular preparado das mais diversas maneiras. Porém, elas estão fora do jogo. Muitos restaurantes, incluindo fast food, oferecem saladas, portanto, troque as batatas por alface!

Churrascarias e carnes

Esses restaurantes são o sonho de quem faz dieta cetogênica, pois há várias carnes gordurosas diferentes preparadas de inúmeras maneiras, além de opções como frutos do mar e frango. Esbalde-se com um bife de lombo acompanhado de manteiga extra ou molho cremoso com alguns legumes assados. Pode ser que você precise dispensar o molho de churrasco, pois geralmente tem açúcar adicionado (geralmente mel ou açúcar mascavo). Além disso, fique longe de todos os tipos de batatas fritas e sobremesas ricas em açúcar.

De modo geral, convém evitar os empanados, pois são grande fonte de carboidratos escondidos. Pedir uma salada Caesar como acompanhamento é uma boa opção, mas peça sem croûtons! A salada de repolho é outro acompanhamento popular nos pratos com churrasco geralmente aceitos pela keto, mas lembre-se de perguntar se foram adicionados ingredientes que ultrapassem o limite de macros.

Se você curte hambúrguer, sorte a sua! Essa cultura, tradicional nos Estados Unidos, tem uma base muito favorável à keto, mas você deve evitar pão, ketchup e qualquer tipo de molho barbecue. A maioria dos restaurantes costuma substituir o pão por um envoltório de alface, economizando carboidratos valiosos de seu consumo diário. Se você gosta de mostarda, apenas leia o rótulo da marca oferecida pelo restaurante, para observar se há açúcar ou amido adicionado. Outros alimentos que costumam acompanhar o hambúrguer, como alface, tomate, cebola e picles, também são ótimas opções à keto.

Self-service

É provável que você encontre muitas opções nos restaurantes self-service, pois são baseados na variedade. Você pode escolher entre carnes, aves grelhadas ou assadas, além de saladas e legumes no vapor ou grelhados. Escolha um vinagrete à base de óleos, em vez dos molhos para salada com baixo teor de gordura ou sabor frutado. Às vezes, é necessário solicitar essas opções, mas a maioria dos restaurantes as tem. Escolha pratos à base de ovos se for substituir o café da manhã e o almoço por apenas uma refeição. Fique longe das carnes fritas, pois costumam ter um revestimento de farinha, adicionando carboidratos indesejados à sua refeição.

Uma estratégia bem funcional é deixar um "espaço" no prato. Imite as porções que você comeria em casa, sabendo que sempre pode fazer uma segunda viagem, se quiser. Estudos têm mostrado que quanto mais comida colocamos no prato, mais comemos. Forçar-se a fazer várias viagens ajuda a diminuir essas calorias e fazer escolhas melhores. Comece com uma salada e faça uma segunda viagem para a entrada.

LEMBRE-SE

Um elemento crucial para controlar o tamanho da porção é a velocidade com que você come. Se come rápido, os hormônios não dão conta da ingestão, e você acaba comendo demais, sentindo-se cheio e infeliz. Como a comida não fugirá, não se apresse — desfrute da companhia de sua família ou amigos e da atmosfera, dedicando tanta energia à conversa quanto à mastigação!

Frutos do mar

Frutos do mar são uma excelente opção, pois fornecem ômega 3, com peixes saudáveis e gordurosos. Você pode escolher entre crustáceos, como camarão, lagosta e caranguejos, que geralmente têm menos carboidratos do que os moluscos. Não consuma opções à milanesa, como a lula. O salmão também é sempre uma ótima opção, pois é rico em proteínas e ômega 3, bons para o coração, além de uma série de vitaminas e minerais. Para acompanhar, escolha legumes sazonais grelhados ou cozidos no vapor. Peça manteiga extra ou um molho à base de creme para fazer dele um verdadeiro sonho cetogênico.

Como regra geral, qualquer peixe ou crustáceo é aprovado pela keto. Contudo, isso não se aplica quando são empanados. O ensopado de caranguejo na manteiga, por exemplo, é um prato fantástico que você não deve hesitar em comer. Os bolinhos de caranguejo, no entanto, são repletos de carboidratos e devem ficar na lista de proibições.

Os pratos anunciados como "frescos" ou "fritos sem óleo" são opções melhores do que qualquer fritura padrão. Ainda que você encontre algo frito que não foi encoberto de farinha, provavelmente foi preparado no mesmo óleo em que todos os outros pratos à milanesa foram feitos e pode ser uma fonte de muitos carboidratos escondidos.

Muitos restaurantes combinam frutos do mar com massas. Por mais apetitoso que pareça, tanto a massa quanto o molho que a acompanha costumam estar fora de cogitação para os adeptos da keto. Felizmente, qualquer lugar que ofereça macarrão geralmente enfatiza tanto as saladas quanto as ofertas italianas tradicionais, portanto, vire a página de massas do menu e aproveite!

Culinária do Mediterrâneo

A comida mediterrânea tem algumas das melhores opções para a saúde do coração, com itens para empanturrar de azeite de oliva extravirgem em praticamente todos os pratos. Esse também é um dos estilos mais amplos de culinária, por ter recebido influências grega, italiana, espanhola, argelina, líbia, marroquina, libanesa, síria, turca e israelense. Essas abordagens culinárias abrangentes têm algumas coisas em comum. Uma é a forte presença do azeite de oliva, que deve despertar o interesse de qualquer pessoa que faz a dieta cetogênica. Legumes frescos e muitos queijos saudáveis, duros e macios, também são frequentemente vistos nesse tipo de culinária. Um aspecto do jantar mediterrâneo é que, embora pães frescos e árabe sejam elementos básicos, raramente são combinados, como vemos na culinária norte-americana. Os carboidratos aqui geralmente são servidos independentemente, facilitando sua exclusão.

A maioria dos restaurantes mediterrâneos tem peixe e frutos do mar frescos disponíveis, além de opções como cordeiro ou frango. Você também desfruta de vegetais sazonais low carb, como pimentão, tomate, pepino e espinafre. Opte por salada ou legumes grelhados, em vez de opções com amido, como gyros ou empanados. Lembre-se de jogar suco de limão no peixe ou na salada e incluir as ervas usadas nas especiarias do Mediterrâneo, como hortelã, orégano e alho, para obter sabor e antioxidantes extras. Escolha a opção certa e terá gorduras saudáveis cheias de ácidos graxos monoinsaturados (AGMs) e ômega 3.

Um aspecto incrível da gastronomia mediterrânea são os benefícios à saúde proporcionados pelo vinagre, que é um item básico dessa culinária. O vinagre melhora a sensibilidade à insulina e auxilia nos esforços de perda de peso. Também suprime o apetite e atrasa a velocidade com que o açúcar entra na corrente sanguínea.

Culinária japonesa

A comida japonesa tende a ser rica em frutos do mar frescos, bem como em alimentos fermentados, como missô e salada de algas em conserva ou gengibre. São ótimas opções.

O arroz é um elemento muito presente na culinária japonesa, e ele é proibido na keto. Evite também o edamame, pois meia xícara dessa deliciosa soja contém cerca de 9g de carboidratos! Se você gosta de salada de algas, lembre-se de que, embora a base seja muito saudável, geralmente é aromatizada com uma variedade de agentes indutores de sabor que tendem a ter um alto teor de açúcar.

DICA

Concentre-se no sashimi, e não no menu de sushi, para evitar o arroz, ou pergunte se é possível servi-los apenas com algas (alguns lugares servem!). Se você preferir não comer alimentos crus, escolha o yakitori, que inclui carnes e vegetais grelhados. Fique longe de tempura (frito e empanado), bem como de molhos teriyaki, que tendem a ter muitos adoçantes. Em vez disso, peça sopa de missô ou molho de soja/tamari, para dar sabor. Se gosta de ramen, pode pedir sem macarrão e desfrutar de um caldo de carne de porco com toda a carne extra, ovo, cogumelo e cebola verde que desejar.

Se encontrar, o Konjac ramen é uma excelente escolha. Ao contrário do macarrão ramen tradicional, o Konjac é feito da raiz do inhame elefante e tem pouco carboidrato (geralmente 3g a cada 100g de macarrão).

No que diz respeito às opções de bebida, o chá verde é uma opção excelente e amplamente disponível. Se quiser uma bebida mais adulta, o saquê está na lista aprovada, mas a cerveja passa longe dela.

Culinária chinesa

A comida chinesa pode ser uma ótima opção, desde que você fique longe da maioria dos molhos adoçados com açúcar ou com agentes espessantes escondidos, como amido de batata, pois eles aumentam muito a ingestão de carboidratos sem que você perceba. Escolha opções de frango, carne ou tofu sem esses molhos, e opções cozidas no vapor ou assadas, além de cortes gordurosos de carnes, como a barriga de porco. As boas opções são ovo foo young, costelas de porco cozidas no vapor, pato assado e legumes cozidos no vapor, como acelga-chinesa e brócolis.

Muitos pratos chineses são fritos; evite-os, porque o mesmo óleo provavelmente foi usado para fazer os alimentos empanados, mesmo que o que você pediu seja (supostamente) livre de carboidratos. Por sorte, os alimentos cozidos no vapor são bem populares, apresentando alternativas muito mais saudáveis. Peixe, tofu e legumes no vapor não devem ser difíceis de encontrar.

Ao considerar sopas e molhos, escolha as opções mais ralas e claras, como sopa de ovo, em vez de líquidos espessos que quase certamente contêm açúcar e/ou amido de milho. Entre os molhos que você deve evitar estão o molho de pato, de ameixa, de ostras, agridoces e hoisin, pois contêm açúcar extra.

No entanto, pratos tradicionais chineses com aditivos salgados, em vez de açucarados, incluem frango com cogumelos, frango com curry, moo goo gai pan e camarão szechuan. Os pratos refogados costumam ter um pouco de amido de milho, mas não tanto quanto os que são fritos em óleo. Se você estiver jantando em um restaurante tradicional, e não em um self-service, pode perguntar se o chef pode servir o refogado sem amido. O frango com nozes é outro prato conhecido, tradicionalmente feito sem açúcar ou amido.

DICA

Se você comer em um restaurante chinês, basta dizer não a hoisin, ameixa, ostra ou a molhos de sabor adocicado ou azedo.

Controle Absoluto dos Carboidratos

Nesta seção, lembramos você dos alimentos que contêm grande quantidade de carboidratos. Alguns (como pão, batata e arroz) são óbvios, mas você pode se surpreender com a quantidade de condimentos de carboidratos acumulados na comida considerada adequada à dieta. Verifique com o garçom se algum destes pode ser removido ou substituído por alternativas compatíveis:

- » **Pão e similares:** Informe ao garçom que você não deseja a cesta de pães. É fácil saber a quantidade de carboidratos no pão, mas não deixe de perguntar como é preparado o prato. Você não quer se surpreender com um frango todo empanado. Muitos restaurantes oferecem alternativas, como a substituição por frango grelhado.
- » **Batata:** Dispense todo tipo de batata, inclusive assadas, cozidas ou fritas. Elas são rapidamente decompostas em açúcar no sangue. Infelizmente, isso inclui também batata-doce: embora seja mais nutritiva do que a batata-inglesa, a batata-doce (principalmente assada) tem um índice glicêmico extremamente alto — chegando a 94! —, caracterizando uma escolha que não é saudável. Ela é mais nutritiva, mas tem ainda mais carboidratos.
- » **Arroz:** Todos os tipos, incluindo integral, preto e selvagem. Todas as variedades de arroz têm quase exatamente o mesmo índice glicêmico e

causam picos indesejados de açúcar no sangue e resistência à insulina ao longo do tempo. Peça que seu prato principal seja colocado em uma base de verduras, em vez de arroz.

» **Massas:** Estão completamente fora de cogitação. Todas as variedades de massas, mesmo as que são isentas de glúten ou à base de ovos, têm muito carboidrato. Uma porção de 200g — que a maioria dos restaurantes costuma servir — tem cerca de 60g de carboidratos. Não escolha pratos à base de massa. *Lembre-se:* Não é tão "massa" quanto você pensava!

» **Molhos e condimentos doces e ricos em amido:** Todos esses condimentos contêm açúcares adicionados e costumam ser cheios de conservantes. Muitos também são engrossados com amido de milho, farinha ou outros agentes espessantes cheios de carboidratos, que contribuem ainda mais para o excesso.

» **Vinagre balsâmico:** Embora o vinagre ofereça inúmeros benefícios à saúde, esse tipo tem a maior quantidade de carboidratos do grupo. Seria melhor escolher uma variedade mais leve, como o vinagre de vinho branco.

» **Molho barbecue:** Um dos principais ingredientes desse molho é o açúcar mascavo ou o melaço. É um dos mais açucarados disponíveis. Definitivamente, não é uma boa opção para o estilo de vida keto. Você pode encontrar molho barbecue com baixo teor de açúcar, mas se acontecer, certamente estará bem identificado no rótulo.

» **Molho de feijão preto:** Esse molho contém amido de milho, o que aumenta a quantidade de carboidratos consumidos. Não escolha essa opção, pois exagerar pode afastá-lo da cetose.

» **Ketchup:** Surpreendentemente, a maioria dos ketchup contém xarope de milho com alto teor de frutose, mesmo que não seja doce. Ficamos surpresos ao descobrir que duas colheres de sopa contêm a mesma quantidade de carboidratos que um copo de leite. É melhor dispensar todo tipo de ketchup. Semelhante ao molho barbecue, você *encontra* opções de ketchup com pouco ou nenhum açúcar e que estarão bem identificadas como tal.

» **Sriracha:** Um componente básico desse molho de pimenta é o açúcar mascavo, logo, está longe de ser livre de carboidratos. Se você adora esse sabor picante, não tenha medo — os fabricantes de sriracha também produzem uma versão sem açúcar. Pergunte se essa opção está disponível. Ou melhor, peça na Amazon e carregue-o com você aonde quer que vá!

» **Teriyaki:** Esse molho é cheio de adoçantes — como mel e açúcar mascavo — e contém amido de milho como espessante. Não é uma boa ideia comer qualquer coisa que esteja coberta com esse molho.

» **Molhos doces para salada:** Fique longe dos molhos para salada com baixo teor de gordura e das variedades com sabor frutado. Esses condimentos são carregados de carboidratos provenientes dos adoçantes que contêm.

> **Sobremesas (a maioria):** Poucos restaurantes oferecem sobremesas aceitas pela keto, então pule essa seção do menu. Em vez disso, peça uma porção de queijo, dependendo do tipo de restaurante em que estiver, ou uma tigela de frutas (nem todos os tipos de frutas), se quiser consumir os carboidratos do dia de uma só vez.

DICA

Escolha condimentos sem açúcar, como maionese, molho de raiz-forte, mostarda (mas não mostarda com mel), molho quente, molho de soja e *pico de gallo*. Use vinagre de vinho tinto ou branco, em vez do balsâmico.

Aproveitando Gorduras e Proteínas

Gorduras e proteínas devem ser a base de suas refeições em restaurantes. Comer fora é um luxo, por isso, aproveite as opções com gordura disponíveis. Deixe claro para o garçom que você adora gordura. Procure essas excelentes opções:

> **Carnes:** Escolha os cortes mais gordurosos e não tenha medo da barriga de porco ou do pato, que são ainda mais ricos em gordura.
>
> **Frutos do mar:** Coma o peixe inteiro — a pele geralmente tem a maior quantidade de ômega 3 e ajuda a preservar os nutrientes quando cozidos. No entanto, a pele pode conter mais toxinas, como mercúrio, do que outras partes do peixe. Informe-se, pergunte ao garçom qual é a origem do peixe. Peixes criados em cativeiro também podem apresentar níveis elevados de toxinas, bactérias patógenas e antibióticos. Busque a opção selvagem se for possível.
>
> **Vegetais low carb:** Encha o prato com esses vegetais, fritos, cozidos no vapor, grelhados ou como acompanhamento de um prato keto. Verifique com o garçom — vegetais misturados, como cenoura e milho, podem conter altas quantidades de carboidratos. Alguns restaurantes terão prazer em servir vegetais com pouco carboidrato, se você pedir, mas esteja ciente de que outros oferecem apenas uma amostra de vegetais já misturados. Raramente vale a pena ficar catando os ingredientes que contêm carboidratos, em vez de aproveitar sua refeição.
>
> **Ovos:** São um dos principais componentes da keto. Existem inúmeras maneiras de comer ovos, então aproveite as diversas opções disponíveis.
>
> **Queijo:** Escolha queijos duros, como cheddar, gouda, parmesão e pecorino. Têm menos lactose, e carboidratos, do que as opções mais macias.
>
> **Molhos cremosos:** Molhos à base de creme de leite são imprescindíveis na keto. Despeje-os no seu bife, nos vegetais ou acrescente uma boa quantidade à sopa. Lembre-se, no entanto, de que alguns são engrossados

com farinha ou amido de milho. Pergunte ao garçom para ter certeza e dispense o molho caso ele confirme.

» **Manteiga e óleos:** Sempre peça um acompanhamento de manteiga ou óleo para sua carne e seus vegetais. A maioria dos restaurantes tem um estoque na cozinha e atenderá sua solicitação com satisfação.

Pedidos Especiais

Seja comunicativo quando comer fora. Não há problema em fazer pedidos, e a maioria dos restaurantes se esforçará para concretizar o seu. Pergunte, caso não tenha certeza dos ingredientes de um molho específico ou de como a comida é preparada. Não caia no comodismo de consumir carboidratos extras indesejados ou apenas beber água por não ter encontrado nada no menu.

DICA

Eis algumas dicas para fazer pedidos específicos em restaurantes:

» **Substituir amido por vegetais.** A maioria dos restaurantes substitui o arroz ou as batatas por uma salada ou até legumes grelhados. Basta pedir.

» **Substituir molhos por manteiga ou creme.** Molhos geralmente contêm farinha, açúcar ou agentes espessantes. Pergunte ao garçom se há mais opções compatíveis com a keto. Se não tiverem sugestões, peça apenas uma porção de manteiga ou creme de leite.

DICA

Também são boas opções para preservar a baixa a ingestão de carboidratos e, ao mesmo tempo, acrescentar gordura à sua refeição:

» **Maionese:** Óleo e gema de ovo são essenciais às necessidades de gordura da keto. Sinta-se à vontade para cobrir seus legumes ou peixe grelhado com maionese ou usá-la como molho para salada. As opções são quase infinitas, basta ficar atento aos rótulos, pois a maior parte das marcas brasileiras utiliza óleo de soja em sua composição. Prepare suas receitas em casa com azeite de oliva ou até abacate.

» **Guacamole:** À base de abacate, que é fundamental na keto, o guacamole adiciona um toque picante. Use como molho para ovos ou vegetais, ou coma puro, se for do seu gosto. Há muito o que aproveitar do guacamole!

» **Molho holandês:** Clássico dos ovos benedict, é um dos molhos mais deliciosos que alguém poderia imaginar, e é por isso que os franceses o fizeram. O molho é uma mistura de gemas, manteiga derretida e suco de limão, e deixa qualquer coisa mais gostosa. Portanto, fique à vontade para

CAPÍTULO 9 **Comendo Fora e Amando!** 149

encher seus legumes grelhados ou cozidos no vapor, cobrir a entrada ou apenas observá-lo com amor.

» **Molho béarnaise:** Uma variante do molho holandês, esse molho cremoso tem a mesma base, mas leva uma combinação de especiarias para ressaltar os sabores. Embora seja usado como molho para bife, vai bem com qualquer proteína e também é uma ótima opção para legumes grelhados.

» **Molho de búfalo:** É um molho excelente para quem faz dieta com pouco carboidrato. Tem menos de 1g de carboidrato por porção de 40g e nenhum açúcar escondido. Geralmente é feito com manteiga, por isso também tem uma boa quantidade de gordura. Sinta-se livre para encharcar suas asas de frango com esse molho!

Aqui estão algumas alternativas com as quais você deve se familiarizar:

» **Peça queijo azul ou vinagre e molho à base de óleo para salada.** O queijo azul é uma excelente opção para cobrir sua salada, acrescentando sabor e textura. Muitos restaurantes deixam à disposição um frasco de azeite de oliva. Além desse último, verifique se eles têm vinagre de vinho tinto ou branco, em vez do balsâmico, que tem mais carboidratos.

» **Troque o pão de seu sanduíche ou hambúrguer por alface.** Muitos restaurantes oferecem essa opção. É possível que você já até conheça os "menus secretos" que endossam opções de hambúrguer nesse estilo, que enfatiza as proteínas. Se estiver em um restaurante mais sofisticado, pode pedir ao garçom para colocar a carne em uma base de verduras e comê-la como um sanduíche aberto.

» **Dispense os acompanhamentos.** Diga ao garçom que você não quer consumir nenhum tipo de amido e pergunte quais opções de baixo teor de carboidratos estão disponíveis como alternativa. A maioria dos restaurantes troca as batatas por vegetais ou uma salada que você pode temperar com vinagre e azeite. Se não houver alternativas, dispense todos os acompanhamentos, tome nota e não retorne.

Montando Sua Refeição Keto

Se você estiver em um restaurante e sentir que não há opções cetogênicas, respire fundo e procure novamente. Geralmente há pequenas alterações que você pode fazer, dispensando os acompanhamentos e acrescentando manteiga ou azeite para deixar os alimentos insossos mais atraentes. Embora essa abordagem seja um verdadeiro desafio no início da dieta, há vários truques que cultivamos durante os últimos anos que variam de acordo com o momento do dia em que você se encontra e que o farão se sentir em outro restaurante.

150   PARTE 2 **Aderindo à Dieta Cetogênica**

Aqui estão algumas opções que devem funcionar, independentemente do estilo de restaurante onde você está:

Café da manhã

DICA

Você foi tomar café da manhã ou almoçar em um restaurante e não sabe ao certo o que pode comer? Escolha ovos: são a opção mais fácil e versátil, e quase todo restaurante tem ovos como opção durante a manhã. Com os ovos, você obtém colina, vitaminas lipossolúveis, proteínas e vários outros nutrientes. Fique longe de substitutos ou claras de ovo que não têm os nutrientes e a gordura encontrados na gema.

Entre as boas opções de ovos estão:

» **Ovos mexidos ou omelete com vegetais:** Escolha vegetais com baixo teor de carboidrato.

» **Frittata:** Semelhante a uma quiche sem massa, esse item geralmente é repleto de vários vegetais com baixo teor de carboidratos, carnes e queijos, fornecendo uma refeição bem equilibrada.

» **Ovos benedict:** Esse clássico contém várias fontes de gordura e proteína para começar bem o seu dia. O molho holandês acrescenta um toque de sabor à refeição. Dispense o muffin que costuma os acompanhar e peça para servi-los em uma base de espinafre.

Sinta-se à vontade para acrescentar um pouco de bacon, presunto ou bife (se estiver em uma churrascaria), e rejeite as batatas fritas.

Se está cansado de ovos, não há nada de errado em trocar o café da manhã pelo jantar, mas não faça o contrário.

Almoço

O almoço é um ótimo momento para escolher uma salada. As saladas são a refeição keto perfeita, porque são uma excelente maneira de misturar suas proteínas favoritas e vegetais com baixo teor de carboidratos com uma grande dose de gorduras saudáveis. Se prefere frango, peixe, bife ou mesmo tofu como fonte de proteína, não coloque croûtons, wontons, frutas secas e molhos para salada com pouca gordura. Em vez disso, coloque nozes, sementes, molho ranch rico em gordura ou substitutos do azeite e vinagre.

Outra boa opção é um sanduíche de alface. Escolha seu sanduíche preferido e peça para vir sem pão. Em vez do pão, escolha um envoltório de alface para segurar o conteúdo. A maioria dos restaurantes atende a essa solicitação. Você pode optar também por comer apenas o recheio do sanduíche (ou burrito) e deixar os carboidratos no prato, se estiver seguro de que não será tentado a comer um pedaço do pão.

Jantar

Escolha uma entrada com base em uma proteína de boa qualidade, como frango, carne, porco ou frutos do mar. Escolha qualquer opção grelhada, assada ou cozida no vapor. Se você quiser fazer uma extravagância, peça o peixe da estação, carne de vaca Kobe ou pato. Depois, coma alguns legumes grelhados ou cozidos no vapor para finalizar.

Se não encontrar uma opção cetogênica apetitosa, considere diversos aperitivos para sua refeição. Muitos aperitivos são boas fontes de proteína e gordura, portanto, escolher vários deles — e um acompanhamento de vegetais — é uma excelente opção para deixá-lo satisfeito.

Logo depois de começar a keto, tivemos de viajar a trabalho e comer fora quase todos os dias. Embora inicialmente parecesse que não prestaria, decidimos aproveitar a ocasião e encontrar maneiras divertidas de comer fora sem sair da dieta. O hotel em que ficamos hospedados tinha um restaurante no estilo italiano clássico, com saladas, massa e pizza. Depois de algumas noites à base de saladas, decidimos ser criativos e montar nossas refeições. Escolhemos um prato de legumes grelhados aceitos pela keto, carnes no estilo kebab e um antepasto. A mistura reuniu sabores ousados em um arranjo com baixo teor de carboidratos que repetimos várias vezes quando fomos lá.

Bebidas com Baixo Teor de Açúcar

A melhor aposta ao sair é beber água. Naturalmente sem carboidratos, é a melhor opção para ficar hidratado, satisfeito e resistir às sobremesas e aos carboidratos adoçados com açúcar, que são verdadeiras tentações na maioria dos restaurantes.

Veja algumas excelentes opções de bebidas aceitas pela keto ao comer fora:

» **Água normal ou gaseificada, com ou sem limão:** A escolha clássica. Você nunca se arrependerá de ter pedido esse líquido refrescante. Muitos restaurantes estão aderindo à tendência da água infundida e atendem à solicitação de água com sabor.

» **Café:** É uma opção válida como tira-gosto após o jantar ou na padaria. Beba puro ou acrescente um pouco de creme.

» **Chá:** Entre as boas opções, estão o chá de ervas, preto e verde. A maioria dos restaurantes tem diversas variedades e não se incomoda de encher sua xícara com mais água quente. Se escolher chá gelado, verifique se não é adoçado.

» **Vinhos secos:** Costumam ter cerca de 4g de carboidratos a cada 150ml e são uma boa opção se você quer uma bebida alcoólica durante a refeição ou se está comemorando com amigos e familiares.

» **Cerveja light:** Essa opção alcoólica pode ter ainda menos carboidratos do que um copo de vinho, dependendo da marca. É uma excelente opção para degustar, com baixo teor de carboidratos.

Jantando na Casa de Amigos ou Familiares

Socializar com amigos e família é fundamental, e você deve se sentir à vontade para apreciar esses momentos, independentemente de suas escolhas alimentares. Socializar geralmente acompanha comida, mas você não precisa comprometer a cetose. Procure ser o mais transparente possível em relação a suas escolhas alimentares e apresente algumas opções cetogênicas deliciosas, se não houver nada disponível para você comer.

Embora alguns amigos fiquem ofendidos caso você não coma o que prepararam com amor, se estabelecer limites claros e informar que a keto é importante, eles provavelmente entenderão. Apesar da preocupação, se a reunião for no estilo self-service ou mesmo um jantar servido à mesa, haverá algumas proteínas ou gorduras que você pode comer. Apenas evite os carboidratos que as cercam.

Essa foi uma das transições mais difíceis para nós. As casas de nossos pais costumam estar cheias de pratos à base de arroz, batatas e doces. Quando contamos que estávamos aderindo à keto, nos deparamos com olhares de estranhamento. Quando explicamos que isso significava cortar todos os alimentos feitos de farinha, eles nos olharam com horror abjeto. Devíamos ter mencionado também que estávamos nos juntando ao circo. Com o tempo, conforme explicamos o motivo de nossa escolha e mantivemos nossos argumentos, baseados em todas as informações que compartilhamos com você, nossos pais entenderam. Como também existem muitos pratos de carne e vegetais aceitos pela keto, nossos pais lembram de preparar porções extras.

LEMBRE-SE

Seja sincero com amigos e familiares sobre suas preferências alimentares. Quando entenderem a importância do estilo de vida keto para você, provavelmente lidarão bem com o fato de você recusar seus pães e batatas. Preparar e levar alimentos cetogênicos também é uma ótima maneira de ser gentil e garantir que suas necessidades alimentares sejam atendidas.

Comunicando suas preferências

Discuta suas preferências de forma clara e tranquila. Mencione casualmente que você está seguindo a dieta cetogênica e optando por manter os carboidratos ao mínimo. Não é preciso dar uma palestra de uma hora sobre o assunto, mas informe seus amigos e familiares que isso é importante para você e um compromisso com sua saúde que você leva a sério. Diga a eles que a partir de agora você dispensará o arroz e as batatas, e ficaria feliz com alguns vegetais e um pouco de manteiga.

Pergunte ao seu anfitrião como preparou a refeição, ou de onde veio, caso tenha sido contratado um serviço terceirizado. Você aprenderá muito sobre como a comida é feita e não precisará gastar seu tempo se preocupando com quantos carboidratos escondidos pode estar consumindo.

Algumas dicas práticas para comunicar com clareza e educação suas preferências:

» "Parece delicioso, mas assumi o compromisso de cortar alimentos ricos em carboidratos em função de minha saúde."

» "Não, obrigado. Não quero [e você diz qual é o alimento com alto teor de carboidratos], mas adoraria outra porção desses vegetais, daquela carne ou outro alimento com pouco carboidrato."

» "Parece ótimo, mas eu ficaria mais feliz com [diga um alimento com pouco carboidrato]."

À medida que permanecer firme e não comprometer suas preferências, amigos e familiares perceberão que está comprometido com a keto, serão mais compreensivos e honrarão suas escolhas. É raro ter um ente querido que realmente se oponha à keto, ainda que aponte muitos conceitos errados sobre a dieta. Seja paciente, e a maioria das pessoas respeitará seus hábitos alimentares.

Não tenha vergonha de comunicar suas preferências. É melhor ser sincero e contar a seus anfitriões por que você não está comendo, em vez de arriscar uma falha de comunicação e ser visto como esnobe ou coisa pior.

Leve sua bebida

A água é uma ótima opção que sempre deve estar disponível onde quer que você vá jantar. Sempre peça-a, mesmo se planeja beber outra coisa mais tarde. Passamos a carregar eletrólitos em comprimidos aonde quer que vamos — são fáceis de levar na bolsa ou no carro —, para acrescentar alguns nutrientes à água. Você pode levar isso para seu jantar. Com frequência, amigos e familiares querem experimentar também, pois buscam maneiras de aumentar o consumo de água. A água com eletrólitos é uma excelente opção se você está em um jantar e as únicas outras opções são sucos e refrigerantes.

Se você for a um evento em que haverá bebidas alcoólicas, leve sua garrafa favorita de vinho tinto ou branco seco aceito pela keto. Mesmo que seu anfitrião ofereça coquetéis, você pode pedir água com gás, ou levar sua própria garrafa, para ter uma opção mais favorável à keto. Costumamos levar uma lata ou duas de refrigerante orgânico para misturar, se queremos uma opção mais saborosa.

156   PARTE 2 **Aderindo à Dieta Cetogênica**

3 Encarando os Efeitos Colaterais

NESTA PARTE...

Lide com as desvantagens da cetose.

Apresente a keto às pessoas em sua vida.

NESTE CAPÍTULO

» **Prevenindo e combatendo a gripe cetogênica**

» **Entendendo a cetoacidose**

» **Lidando com questões específicas**

Capítulo **10**

Todo Carnaval Tem Seu Fim

Alguns sortudos passam pela transição da dieta padrão para a keto, mas muitas pessoas enfrentam um ou dois obstáculos. A gripe cetogênica e questões específicas, como fadiga, desidratação e constipação, são problemas comuns que acompanham essa grande transição na alimentação. O truque é se preparar para esses percalços, para que, se ocorrerem, você não seja pego de surpresa por intensa fadiga, erupção cutânea ou qualquer outro problema.

Manter o foco nos benefícios em longo prazo não é fácil, mas lembre-se de que os obstáculos que abordamos neste capítulo são temporários e significam que seu corpo está se adaptando às mudanças positivas que você está fazendo. Essas são as dores de crescimento que acabarão o levando ao outro lado da jornada keto. Neste capítulo, também mostramos quais mudanças sugerem que algo está errado em sua jornada da keto, para que possa corrigir o rumo e viver a melhor vida possível.

Toda Rosa Tem Espinhos

A gripe cetogênica é algo comum que, se acontecer, começará alguns dias após o início da jornada keto. É uma das consequências mais frequentes, mas pode ser superada facilmente se você estiver preparado com alguns truques na manga. Você saberá que está passando por ela se sentir:

- » Dores musculares e fraqueza.
- » Névoa mental e dificuldade de concentração.
- » Dores de cabeça.
- » Fadiga intensa.
- » Insônia.
- » Problemas intestinais, como indigestão, constipação e até diarreia.

LEMBRE-SE

Seu corpo está fazendo uma mudança significativa em seu modo básico de funcionamento, e a gripe cetogênica e outros sintomas são apenas sinais de que os problemas estão sendo resolvidos. À medida que as reservas de glicose caem e o corpo passa a usar gordura como fonte primária de energia, os vários genes, enzimas e proteínas necessárias para atingir esse objetivo saem da hibernação e aceleram o trabalho. Seu corpo precisa passar pelo período de transição para se acostumar a esses novos processos antes de se tornar eficiente na queima de gordura.

DICA

A primeira coisa de que precisa é paciência. Seu corpo está fazendo o possível para acompanhar suas boas intenções; lembre-se de ser gentil consigo mesmo e com seu corpo. Não faça a transição enquanto se prepara para uma grande prova, um prazo apertado de trabalho ou realiza uma série de atividades sociais. Se tiver uma folga no trabalho ou na escola, use esse tempo para iniciar a keto. Ou, se não puder arcar com esse luxo, pelo menos verifique se está em um momento de relativa calma em sua vida. É preciso remover o maior número possível de obstáculos para garantir sua permanência na keto; tentar mudar completamente seu estilo de alimentação enquanto passa por outras transições de vida ou períodos de estresse pode ser devastador.

Se não tem nenhum tempo livre para fazer a transição ou já a faz pela segunda ou terceira vez por causa de obstáculos do passado, uma boa sugestão é diminuir lentamente a ingestão de carboidratos, em vez de entrar de cabeça em uma dieta em que você, de repente, fica restrito a ingerir 25g de carboidratos por dia. Você ainda terá cetose se sua jornada demorar um pouco mais. Se segue a dieta padrão, consome de 150g a 200g de carboidratos por dia, nesse caso, durante algumas semanas, diminua lentamente para menos de

50g de carboidratos por dia. Isso diminuirá o risco de passar por uma gripe cetogênica severa.

Se tiver sintomas de gripe cetogênica, atenue a intensidade, ou elimine-a completamente, seguindo alguns passos simples. Em nenhuma ordem específica, aqui estão os cinco principais remédios para superá-la:

» **Use sais de Epsom.** Os sais de Epsom são cristais de sulfato de magnésio e são ótimos para relaxar os músculos doloridos e diminuir a dor. Recomendamos colocar uma ou duas xícaras de sais de Epsom em uma banheira com água quente (não pode estar pelando) e permanecer nela por pelo menos vinte minutos. Para um benefício adicional, junte lavanda ou adicione algumas gotas de óleo de lavanda à banheira. A lavanda também alivia a tensão muscular e adiciona relaxamento e tranquilidade à experiência.

» **Ingira minerais (sódio, potássio e magnésio).** Você pode perder rapidamente sal e potássio na keto, por isso, é vital que os reponha. Perder esses minerais essenciais pode causar os sintomas da gripe cetogênica; portanto, se os substituir antes que fiquem muito baixos, se poupará de alguns dias desafiadores. Além disso, o magnésio atenua sintomas como constipação e dores musculares. Para reabastecer esses minerais perdidos, beba líquidos ricos em eletrólitos, caldo de osso ou vegetal e coma alimentos ricos em potássio, como abacate. Outra boa opção é tomar um suplemento de potássio e magnésio durante a transição, e convoque o saleiro.

» **Hidrate-se.** A quantidade de água que você deve beber em mililitros precisa ser de um terço de seu peso, dividido por 10. Por exemplo, se você pesa 100 quilos, deve beber 3,3 litros de água, mas isso é apenas uma base.

» **Corte café e álcool.** Se é viciado em café, tente pelo menos diminuir a ingestão. Tanto a cafeína quanto o álcool são diuréticos, o que significa que o fazem urinar mais e agravam a desidratação que ocorre com frequência na transição para a keto (quando a glicose e o glicogênio deixam o corpo, carregam de três a quatro vezes o peso na água). Reduza a ingestão de ambas as bebidas, pois são contraproducentes — e você não chegará rapidamente a lugar algum se continuar com os expressos duplos ou coquetéis após o jantar durante a transição.

» **Não se envergonhe de adiar compromissos.** Se está com a gripe cetogênica, provavelmente não vai querer ir a lugar algum. Não tenha medo de informar amigos e familiares que precisará reagendar algo para outra hora. Relaxamento e descanso são muito importantes — não os subestime!

Quando começamos nossa jornada, estávamos prontos para o que desse e viesse. Jejuamos por dois dias, bebendo água com frequência e andando pelo parque local durante uma hora e meia por dia para queimar nossas reservas de glicogênio em excesso. Pensávamos: "Mais rápido é sempre melhor, certo?" Não é bem assim. Quando o dia três chegou, assim que começamos a ficar empolgados para nos munir com abacates e óleo de coco, a gripe cetogênica chegou, e foi forte. Dizer que nos sentimos como se tivéssemos sido atropelados por um caminhão é eufemismo. Era difícil sair da cama, não apenas pelo cansaço, mas também porque, assim que tentávamos, o quarto saía de foco. A náusea nos atingiu como uma tonelada de tijolos, e passamos muito tempo no banheiro. Os exames de sangue e urina mostraram que já estávamos totalmente em cetose, mas nosso trono não era assim tão celebrativo.

A moral da história é que, ao começar com tudo, a cetose é mais rápida, mas não é necessariamente o caminho mais saudável ou sustentável. Se planeja iniciar a cetose com um jejum intermitente e está fisicamente preparado e apto, faça-o. Mas aprenda com nossos erros: mantenha-se bem hidratado e adicione um pouco de água eletrolítica ou até um pouco de caldo de osso a seu regime de hidratação. Se começar a perceber sintomas ou se sentir mal, tenha um substituto de eletrólito por perto. Se tiver um caso desagradável de gripe cetogênica, ficará feliz por ter passado um tempo se preparando para o pior cenário.

De Olho na Cetoacidose

Já mencionamos a diferença entre cetoacidose e cetose. *Queremos* a cetose, não a cetoacidose. A cetoacidose leva a complicações com risco de vida — o excesso de cetonas torna o corpo ácido e interrompe a função normal.

Por sorte, é extremamente rara quando você faz a transição para a keto. Isso acontece sobretudo com pessoas com diabetes tipo 1, que tendem a ter altos níveis de glicose no sangue e de cetona. Como o processo biológico natural de transição para a cetose primeiro queima toda a sua glicose, isso quase nunca acontece com alguém que não tenha uma condição preexistente significativa.

Menos comumente, a cetoacidose é desencadeada por exercício excessivo, fome, abuso grave de álcool ou uma doença grave. Mesmo com esses eventos, essa condição ocorre mais em uma pessoa que já tem diabetes tipo 1. Além de diabéticos, pesquisas mostram que mulheres que começam a keto durante a gravidez ou enquanto amamentam também têm risco de entrar em cetoacidose.

CUIDADO

Aqui estão alguns sinais de cetoacidose, e não apenas de gripe cetogênica:

» Náuseas e vômitos excessivos, sem conseguir reter nada.
» Urinar com muito mais frequência ao longo do dia.
» Dificuldade em respirar ou incapacidade de recuperar o fôlego.

> Fadiga extrema (a ponto de não conseguir sair da cama).

> Desmaio ou "teto preto".

A cetoacidose geralmente ocorre muito de repente — dentro de um dia —, enquanto a gripe geralmente leva alguns dias para aparecer.

Você pode testar suas cetonas usando tiras de teste de urina ou verificando os níveis sanguíneos. No entanto, os níveis de cetona no sangue serão mais precisos que a urina durante a transição. Isso ocorre porque, quando seu corpo começa a produzir mais cetonas, pode não estar pronto para usá-las eficientemente, fazendo com que o excesso caia na urina, aumentando artificialmente a quantidade na sua urina, em comparação com a quantidade no sangue. À medida que se aprofunda na cetose nas primeiras semanas, os níveis de cetona na urina caem, conforme o corpo utiliza as cetonas disponíveis com mais eficiência. Além disso, a desidratação aumenta os níveis de cetona na urina, em comparação com a hidratação. No entanto, se seus níveis de cetona na urina estiverem elevados e você tiver sintomas graves, pode estar em cetoacidose.

CUIDADO

Se seus níveis de cetona estiverem na faixa de cetoacidose e você tiver sintomas significativos, procure tratamento médico imediatamente. A cetoacidose é rara na transição. Mas se seus sintomas forem extremos ou tiver chances maiores de ter cetoacidose devido a uma condição médica, não espere para obter ajuda.

Efeitos Colaterais Mais Específicos

A gripe cetogênica é a principal preocupação da maioria das pessoas ao passar para o estilo de vida keto, mas vários outros percalços podem ocorrer a qualquer momento da jornada. Muitos serão resolvidos com um pouco de percepção e consciência dos sinais de seu corpo. Nesta seção, detalhamos os problemas comuns que talvez você tenha, e como pode combatê-los.

Cãibras

As cãibras geralmente são resultado de desequilíbrio de minerais, mais comumente magnésio e potássio. Em cetose, você perde mais água e, com ela, eletrólitos. Reponha-os regularmente. As doses diárias recomendadas (DDRs) são:

> **Magnésio:** de 400mg a 420mg por dia para homens, e de 310mg a 320mg para mulheres.

> **Potássio:** 4,7g por dia para homens e mulheres.

É melhor obter minerais e eletrólitos de alimentos integrais, onde geralmente estão nas proporções certas para melhorar a absorção. Tanto 1g de amêndoas quanto meia xícara de espinafre fornecem cerca de 80mg de magnésio por porção. Por outro lado, uma xícara de abacate fornece 700mg de potássio, enquanto uma porção de 100g de frango, carne ou salmão fornece cerca de 300mg desse nutriente necessário. Você definitivamente não precisa de uma banana para atender a suas necessidades de potássio!

Outros grandes remédios para cãibras musculares incluem banhos de sal Epsom, uma massagem no corpo inteiro e terapia de calor.

Constipação

Se está lidando com a constipação na keto, saiba que não está sozinho. Muitas pessoas têm esse problema, mesmo não adeptos. Quase uma em cada cinco pessoas tem problemas relacionados à constipação, e as coisas só pioram à medida que envelhecemos.

Constipação significa coisas diferentes para pessoas diferentes:

» Dificuldade ou dor nos movimentos intestinais porque são duros ou secos.

» Evacuações que ocorrem menos de três vezes por semana.

Algumas pessoas podem ficar cinco dias ou mais sem evacuar — socorro!

Embora a constipação não seja exclusiva da keto, durante a transição, você perde muita água de seu corpo. Essa água estava anteriormente ligada às suas reservas de carboidratos e sai do corpo à medida que queima glicose durante a transição para a cetose. O segredo durante esse período é manter-se hidratado.

Além disso, muitas pessoas não estão familiarizadas com fontes de fibra compatíveis com a keto e provavelmente perderão alimentos ricos em fibras durante esse período. No entanto, existem muitas opções para diminuir a constipação durante a transição, como nozes cheias de fibras, alimentos fermentados e óleos de triglicerídeos de cadeia média (MCT). Seu objetivo deve ser comer de 25g a 30g de fibra (carboidratos livres) por dia.

DICA

Aqui estão nossas três principais dicas para ajudar a melhorar a constipação:

» **Beba água.** Verifique se não está desidratado. Esse é um dos motivos mais comuns para a constipação. A água lubrifica o intestino, permitindo que os alimentos se movam suavemente pelo sistema. Beber a quantidade recomendada de água o regulariza e deixa menos propenso a ter movimentos intestinais dolorosos. Se já faz alguns dias, beba água quente com o estômago vazio. Isso ajuda a impulsionar seu sistema digestivo.

» **Exercite-se.** Já percebeu como a vontade de ir ao banheiro às vezes ocorre exatamente quando se está no meio de um treino? Não é impressão: o exercício melhora o fluxo intestinal, tornando-o mais receptivo a movimentos intestinais. Use isso a seu favor se estiver com problemas!

» **Coloque MCT no café.** Os memes das canecas e camisetas não mentem: o café pode ser seu guia turístico até o banheiro. Embora não deva ser seu arrimo, funciona muito bem. A adição de MCT ajuda: não apenas leva você à cetose, como lubrifica o trato gastrointestinal (GI), permitindo que tudo flua suavemente. Use óleo de coco como opção.

Um fato ignorado é a posição para evacuar. A maioria das pessoas está acostumada ao vaso sanitário, mas a verdade é que ele pode piorar a constipação. Você pode ter ouvido falar do Squatty Potty (www.squattypotty.com) e se perguntou se era relevante. A ideia é que, se levantar as pernas e se inclinar para a frente, seu corpo terá em um ângulo melhor para facilitar o caminho. Vários estudos científicos confirmaram. Portanto, se a constipação é um problema, compre um Squatty Potty online ou simplesmente coloque um banquinho sob os pés e incline-se para a frente, em um ângulo de 45 graus. Bons trabalhos!

DICA

Há muitos medicamentos de venda livre para ativar seu sistema digestivo se tiver dificuldades, mas é melhor ter uma rotina que inclua hidratação, fibra e exercícios para mantê-lo regular e livre dos laxantes habituais.

Diarreia

Surpreendentemente, o extremo oposto do espectro, a diarreia, também pode aparecer durante a cetose. Ela pode dar o ar da graça no começo, como sempre que há uma mudança significativa nos hábitos alimentares. Em geral, se a diarreia ocorre durante a transição, ela faz parte da gripe cetogênica, que deve ser totalmente erradicada. Ela melhorará à medida que a gripe for embora.

A diarreia também pode ocorrer quando você está profundamente em cetose, sobretudo quando adiciona certos alimentos à dieta.

Duas maneiras de corrigir a diarreia decorrente da keto são:

» **Adoçantes de álcool de açúcar em excesso:** O eritritol, mais que o xilitol, pode levar a dores de estômago e diarreia. Isso é altamente variável, pois algumas pessoas são mais sensíveis aos álcoois de açúcar do que outras. Se notar mais diarreia após comer doces keto, considere mudar seu adoçante para estévia ou reduzir a quantidade de doces keto que consome.

» **Óleos MCT:** Na seção anterior, mencionamos que os óleos MCT ajudam com a constipação, por isso não é nenhuma surpresa descobrir que podem desencadear diarreia. Algumas pessoas que tomam suplementos de óleos MCT para entrar (e permanecer) em cetose mais rapidamente podem notar

> esse sintoma. Se acontecer com você, reduza a ingestão de óleos MCT (e óleo de coco) por um tempo e adicione-os lentamente conforme o corpo for tolerando níveis mais altos.

Outro motivo para a ocorrência de diarreia é o aumento significativo de gorduras ingeridas. Se você faz uma dieta com pouca gordura, seu corpo não está acostumado a receber e digerir a nova quantidade de gordura. Leva tempo para seu corpo acelerar e lidar com todas as enzimas de queima de gordura necessárias para digerir uma dieta baseada em 75% de gordura. Seja paciente e dê tempo ao corpo para enfrentar esse desafio.

Se você é uma das quase 300 mil pessoas (só nos EUA!) que tiveram a vesícula biliar removida, a diarreia com a dieta keto pode ser um problema ainda maior. Sua vesícula biliar armazena grande parte das enzimas de queima de gordura como bile (veja "Cálculos biliares", mais adiante no capítulo). Algumas pessoas, com ou sem vesícula biliar, podem não ter enzimas suficientes para digerir e absorver os alimentos que consomem, levando à diarreia. Tomar uma enzima digestiva é útil nesses casos. Além disso, muitas pessoas têm baixos níveis de ácido estomacal, o que as impede de digerir alimentos com a mesma eficiência. O ácido é uma das primeiras ferramentas usadas para digerir os alimentos e sinaliza ao pâncreas para produzir enzimas digestivas, o que facilita o processo. Se você tem muitos problemas com azia, pode ter baixos níveis de ácido no estômago.

Para combater esses problemas, convém escolher uma enzima que tenha *lipase* (a principal enzima da digestão de gordura). Adicione um suplemento de ácido clorídrico para aumentar os níveis de ácido no estômago também. Esteja ciente de que os medicamentos que tratam a azia diminuem o ácido no estômago; podem fornecer alívio temporário da azia, mas também reduzem sua capacidade de digerir alimentos em longo prazo.

DICA

Embora a constipação seja mais comum, a keto pode causar diarreia. Os culpados comuns são os álcoois de açúcar, os óleos MCT e o aumento de gordura ingerida.

Palpitações cardíacas

Palpitações cardíacas, ou a sensação de que seu coração está batendo muito forte ou rápido, podem acontecer, especialmente durante a transição. Às vezes você sente que seu coração pula uma batida ou está emplumado. Embora essa sensação provoque ansiedade, faça o possível para manter a calma, porque a ansiedade só piora os sintomas.

As palpitações cardíacas durante esse período podem resultar de:

» Níveis baixos de açúcar no sangue.

- » Desidratação.
- » Anormalidades eletrolíticas.

DICA

Se perceber palpitações durante a transição, sente-se e descanse. Beba água com eletrólito ou algum caldo para ver se ajuda. Se está preocupado com o fato de seus níveis de açúcar no sangue estarem muito baixos, este é um dos raros momentos em que não haverá problemas se você comer uma pequena quantidade de carboidratos simples. As opções incluem uma colher de chá de mel, xarope de ácer ou uma colher de sopa de suco de frutas.

Hálito cetogênico

Se um amigo mencionar que seu hálito está fedendo, entenda como um elogio — pode significar que você está em cetose! O hálito cetogênico é descrito como "frutado", mas nossa experiência foi mais com um gosto engraçado, quase metálico, na boca e uma sensação confusa na língua.

Seja como for, o culpado é uma das três cetonas que você encontrará em sua jornada: a acetona. Se você ou outra pessoa perceber essa alteração em seu hálito, significa que está produzindo acetona mais do que provavelmente as outras duas cetonas. O mau hálito geralmente não é motivo de comemoração, mas saiba que você está mudando para cetose e seu trabalho duro está valendo a pena. A boa notícia é que o hálito cetogênico é transitório e não dura muito.

DICA

Não desanime, essa situação deve durar cerca de uma semana. Aqui estão nossas quatro principais maneiras de minimizá-lo:

- » Beba muita água mesmo, como se morasse no deserto.
- » Masque folhas de hortelã.
- » Masque chiclete sem açúcar (xilitol).
- » Masque casca de canela.

CUIDADO

Se o hálito cetogênico durar mais de uma semana, você pode estar comendo muita proteína. Lembre-se de que a keto é uma dieta proteica "moderada". Se seus macros estão desativados, o excesso vira amônia, outra substância com um cheiro que faz seus entes queridos implorarem para você mascar um chiclete.

Redução de força ou resistência

A transição para a cetose é um período difícil, que esgota toda sua energia e o faz se sentir tão fraco quanto um recém-nascido. O motivo é simples: seu corpo não está acostumado à cetose e ainda está tentando ficar sem glicólise, mas você parou de alimentá-lo com carboidratos. Depois que entrar no clima, seu corpo tirará rapidamente todas as necessidades energéticas da gordura, e você experimentará um estado de energia mais estável e consistente do que nunca.

Enquanto isso, no entanto, fique calmo e descanse. Se isso significa dormir nove ou mais horas por alguns dias, faça-o — seu corpo está lhe dizendo do que precisa.

A recompensa será mais energia, foco mental e vitalidade. A maioria das pessoas sente melhora na resistência, além de um desejo crescente de se exercitar. Como mencionamos, vários estudos mostram que os atletas que adotam um estilo de vida keto aumentaram a resistência e o desempenho, em comparação aos atletas que comem mais carboidratos. A keto também aguça o aprendizado e a memória das pessoas com doença de Alzheimer e outras formas de demência. A dieta tem um histórico de melhora do desempenho em várias áreas em longo prazo.

Se já passaram mais de algumas semanas desde que você fez a transição e se sente cansado e fraco, é hora de resolver o problema. Veja alguns motivos comuns para a letargia contínua durante a cetose:

» **Desidratação:** Lembre-se de que na keto você perde mais água do que em uma dieta rica em carboidratos. Se está sempre cansado, beba mais líquido.

» **Desequilíbrio de eletrólitos:** Quando perde água, você perde sal. Reponha seus eletrólitos e verá uma melhora na energia.

» **Deficit nutricional:** Talvez você esteja repetindo sempre as mesmas duas ou três refeições que sabe que são favoráveis à keto. Infelizmente, embora possam se encaixar nos macros, podem negligenciar micronutrientes vitais. Se você tem uma deficiência de vitamina, muitas vezes sente fadiga generalizada, difícil de tratar. Seja criativo e experimente novos alimentos ricos em vitaminas e minerais. Se tudo mais falhar, tome um bom multivitamínico.

» **Baixa calórica:** Pode ser difícil ingerir as calorias de que precisa na keto, porque não sentirá tanta fome. Além disso, como sua comida é muito densa em nutrientes, você comerá muito menos do que antes. Se está tentando perder peso depressa, não reduza as calorias muito rapidamente. Na keto, seus desejos por carboidratos tendem a desaparecer, por isso é surpreendentemente fácil reduzir o total de calorias diárias. Qualquer que seja o estilo de vida alimentar seguido, se ingere poucas calorias com base no seu nível de atividade, acaba se sentindo fraco e apático.

Queda de cabelo

Por si só, a keto não deve causar queda de cabelo. Se perceber de repente mais cabelos entupindo a pia após a transição para a keto, é provável que ocorra um período de transição à medida que você altera substancialmente o estilo de vida. A keto é muito benéfica para sua saúde, mas qualquer mudança repentina e drástica em sua rotina pode afetar o crescimento do cabelo.

Aqui estão quatro razões comuns para a queda repentina de cabelo:

» Ingerir poucas calorias por dia.

» Deficiência nutricional (não receber vitaminas e minerais suficientes).

» Não atender aos seus requisitos de proteína.

» Altos níveis de estresse.

Alguns desses gatilhos são semelhantes aos que levam à fadiga extrema. Seu corpo é muito prático. Se não obtiver o nível certo de nutrientes de que precisa, usará toda a energia disponível para nutrir órgãos vitais (como o coração), e áreas secundárias (como cabelos e unhas) sofrerão as consequências. Como não há muita energia disponível, se comer muito pouco, você se sentirá cansado, portanto, não vá ao CrossFit para piorar o deficit.

Se estiver comendo poucas calorias, a causa da queda de cabelo pode ser essa. Mesmo se quiser perder peso, não deve cortar mais de 500 calorias por dia. Use a equação de Mifflin–St. Jeor (veja o Capítulo 7) para determinar quantas calorias deve ingerir. Adicione um abacate extra ou um pouco de óleo de coco à refeição para conseguir mais calorias densas em nutrientes rapidamente.

Além disso, verifique a ingestão de proteínas e esteja certo de que é moderada. Sua meta deve ser de cerca de 20% da ingestão total ou de 0,7g a 0,9g de proteína por quilo de peso (ou mais, se for muito ativo). Adicionar algumas nozes à dieta ou comer um ovo cozido é uma maneira rápida, fácil e keto de aumentar a proteína.

Se ainda estiver perdendo cabelo, inclua em sua dieta diária estes nutrientes que engrossam o cabelo:

» **Biotina:** A biotina, uma das vitaminas do complexo B, é importante para o metabolismo energético e geralmente é um componente dos multivitamínicos para cabelos e unhas, pois os fortalece e engrossa. Alguns estudos sugerem que dietas low carb estão associadas a uma deficiência de biotina. Suplemente com alimentos ricos em biotina, como gemas, abacates e salmão. Ingira pelo menos 30mg de biotina por dia.

CAPÍTULO 10 **Todo Carnaval Tem Seu Fim**

> **Metilsulfonilmetano (MSM):** É um nutriente que mantém a estrutura do corpo, incluindo pele, unhas e cabelos. Também é um componente comum de suplementos para a saúde das articulações, pois diminui as inflamações. Você encontra MSM naturalmente em muitos alimentos de origem animal, como leite, além de vegetais como verduras e tomates. Escolha versões cruas para obter o máximo de MSM; o calor diminui a quantidade de nutrientes.

> **Zinco:** Esse mineral essencial é vital para uma série de processos corporais, incluindo funções saudáveis da pele e da tireoide. Se você tem baixos níveis de zinco, corre o risco de sofrer de doenças da tireoide, que é uma causa predominante de perda de cabelo. Você também agrava qualquer condição de pele que já tenha. Para combater isso, existem várias fontes de zinco amigáveis à keto, como carne de vacas alimentadas com capim, frango e cacau em pó.

> **Colágeno:** Você provavelmente já viu uma combinação de colágeno e suplementos de MSM para articulações saudáveis. O colágeno é um componente importante das células, que estimula o crescimento do cabelo, evita danos aos folículos capilares e até reduz o envelhecimento. Tendemos a parar de produzir colágeno à medida que envelhecemos, por isso é importante suplementar esse nutriente ao longo do tempo. Uma ótima maneira de adicionar colágeno à dieta é saborear caldo de osso. Você também pode optar por adicionar um pouco de vitamina C à dieta, o que aumenta a produção natural de colágeno. Algumas fontes de vitamina C amigáveis à keto incluem couve-de-bruxelas e pimentão.

Uma observação sobre o estresse: À medida que uma mudança significativa na vida é feita, é provável que o estresse ocorra. Se você está parando de comer suas comidas favoritas com alto teor de carboidratos, conversando com colegas de quarto ou amigos sobre sua decisão ou pagando o preço da gripe cetogênica, o estresse pode resultar em queda de cabelo. Quando está estressado, seu corpo acelera o ciclo de vida de cada fio, o que naturalmente culmina na queda. Obviamente, isso diminui quando os níveis de estresse caem. Para muitas pessoas que fazem a keto, esse ciclo capilar dura alguns meses, mas a causa é o estresse, não a cetose.

CUIDADO

Raramente a queda de cabelo é sinal de doença subjacente mais profunda. O estresse causado pela keto pode desmascarar uma condição de saúde subjacente, como doença da tireoide ou anemia, que também a causa. Se estiver tendo outros sintomas, que indiquem que algo mais profundo está em jogo, converse com seu médico para descobrir o que está acontecendo.

Colesterol alto

Muitas pessoas sugerem que a keto não é saudável, não apenas pelo teor de gordura, mas pela quantidade de colesterol que você ingerirá naturalmente. Desmentimos totalmente esse mito mostrando não apenas que a gordura não engorda, como o colesterol (ingerido) não resulta em níveis ruins de colesterol. É mais provável que doces e bolos com baixo teor de gordura estejam piorando seus níveis de colesterol do que ovos e carne de boi alimentado com capim. Isso pode ser difícil para muitas pessoas, mas cada vez mais evidências científicas mostram que é verdade.

Como mencionamos no Capítulo 4, os níveis de colesterol são tipicamente divididos em lipoproteína de alta densidade (HDL, do tipo "bom") e lipoproteína de baixa densidade (LDL, do tipo "ruim"), mas a história é um pouco mais complexa. Todos concordam que o HDL está associado a um menor risco de doença cardiovascular, mas novas informações sobre o LDL têm complicado a visão reducionista.

É essencial entender que o LDL não é universalmente "ruim". Ele tem várias formas:

» O LDL pequeno e denso é o verdadeiro cara mau. É o colesterol associado a doenças cardiovasculares, obesidade e derrame.

» O LDL grande e dinâmico é muito menos inflamatório e não está intimamente relacionado a nenhuma dessas complicações.

» O LDL intermediário é um pouco menor que o LDL grande e dinâmico, e tem ação muito semelhante à dele.

Como se pode ver, se você tem LDL alto, faz diferença se tem mais LDL pequeno e denso do que grande ou intermediário, que não são tão ruins. Infelizmente, essa diferença não é avaliada ao verificar os níveis de colesterol. Os testes que diferenciam os tipos de LDL são caros e não estão amplamente disponíveis; portanto, seu médico provavelmente não buscará essas diferenças sutis.

Aqui está uma rápida visão geral de como certos tipos de alimentos afetam seus níveis de teste de colesterol:

» Gorduras (ácidos graxos monoinsaturados, ômega 3 e gorduras saturadas, como óleos MCT) aumentam o HDL, enquanto carboidratos os diminuem.

» Os óleos MCT (incluindo o óleo de coco) diminuem os níveis de triglicerídeos. Os triglicerídeos são outro componente do exame anual de colesterol; representam a gordura que flui livremente na corrente sanguínea e aumentam o risco de doenças cardiovasculares.

» Consumir alimentos com alto índice glicêmico (carboidratos simples) aumenta o colesterol geral mais do que ingerir alimentos ricos em colesterol.

» A gordura saturada eleva o tipo grande e dinâmico de LDL, enquanto os carboidratos simples aumentam o LDL pequeno e denso.

No geral, uma dieta com pouco carboidrato, como a keto, aumenta o LDL grande e dinâmico, aumenta o HDL e diminui os triglicerídeos. A keto melhora todas as áreas do colesterol no sangue, mesmo que as pessoas geralmente ignorem seus benefícios sutis à primeira vista.

No geral, a keto é mais saudável para o coração do que a dieta padrão, na qual os carboidratos representam algo entre 50% e 55% da ingestão diária, e muitas calorias provêm de carboidratos simples.

LEMBRE-SE

A gordura não engorda, e a keto não piora seus níveis de colesterol. Por outro lado, comer muitos carboidratos faz as duas coisas.

Cálculos biliares

Você deve ter ouvido falar que comer gordura aumenta a chance de desenvolver cálculos biliares. A vesícula biliar é um pequeno órgão escondido embaixo do fígado e que armazena, mas não produz, bile. A *bile* é um líquido esverdeado que ajuda a digerir a gordura dos alimentos e é liberada ao comer uma refeição rica em gorduras. Seu pâncreas produz a maioria das enzimas digestivas necessárias e as transfere para a vesícula biliar armazená-las. A lógica predominante é que as pessoas que comem muita gordura sobrecarregam a vesícula biliar, o que aumenta a chance de *cálculos biliares* (pequenas calcificações que bloqueiam o fluxo da bile). Eles levam a dores intensas no lado direito da barriga, que geralmente são tratadas com cirurgia para a remoção do órgão.

Muitos dos estudos que mostram um aumento de cálculos biliares com a keto têm analisado crianças que a usam para tratar epilepsia. Outro grupo com risco aumentado são pessoas que cortam substancialmente as calorias diárias e fazem dietas com pouca gordura. Um estudo com 22 pessoas com sobrepeso em dietas com baixas calorias (apenas cerca de 500 calorias por dia) que ingeriram quantidades mínimas de gordura mostrou que tinham mais chances de desenvolver cálculos biliares do que pessoas no mesmo regime de baixa caloria, mas com percentagens maiores de gordura. No estudo, a diferença entre as dietas dos dois grupos foi de cerca de 3g de gordura versus 12g.

Cientistas concluíram que comer gordura libera a vesícula biliar, em vez de sobrecarregá-la. Como se pode imaginar, pessoas que comem pouca gordura têm uma poça de bile estagnada que, com o tempo, calcifica e forma pedras. A grande ressalva é que se você já tem cálculo biliar, comer gordura pode ajudar, mas se ela ficar presa no caminho, poderá acabar com uma intensa dor na vesícula biliar. Portanto, se já tem cálculos biliares e iniciou a keto, pode sentir dor à medida que os cálculos biliares tentam sair do corpo. A boa notícia é que muitas pessoas podem se livrar deles por um tempo.

Outra pergunta importante que surge para algumas pessoas ao iniciar a keto é se é possível fazê-la sem vesícula biliar, afinal, ela desempenha um papel crucial na digestão da gordura rica em nutrientes encontrada nos alimentos keto. Não tenha medo: como a vesícula biliar só *armazena* a bílis, seu pâncreas será capaz de acelerar e produzir as enzimas digestivas cruciais para digerir a comida.

CUIDADO

Se acabou de remover a vesícula biliar, o processo pode ser um pouco lento, porque o pâncreas não tem um depósito fácil para as enzimas. Com o tempo, no entanto, o corpo se acostuma a armazenar bile sem a vesícula biliar, e você poderá aumentar um pouco a ingestão diária de gordura. É vital, no entanto, que você faça lentamente a transição para a keto, em vez de tentar fazê-la em um ou dois dias.

Indigestão

Indigestão, ou azia, é um problema comum que muitas pessoas enfrentam. É tão comum, que medicamentos para azia, que antes precisavam de receita médica, como Nexium e Prevacid, agora estão disponíveis sem receita nas farmácias. A maioria das pessoas não segue a keto, por isso é difícil culpar a dieta por esse problema. Dito isso, a indigestão pode ser causada por uma mudança repentina nos hábitos alimentares (cetogênicos ou não). Outra causa comum é a doença do refluxo, na qual o ácido do estômago se move para o esôfago, queimando-o.

A azia é agravada pelo excesso de café, cigarro e álcool. Se você está com muita indigestão e utiliza algum componente desse trio, considere reduzir seu uso. Além disso, pessoas com distúrbios da tireoide, que usam antiácidos vendidos sem receita, medicamentos prescritos para azia ou analgésicos (como ibuprofeno e aspirina) estão em risco.

DICA

Você pode usar três estratégias abrangentes para combater a indigestão:

» **Corte os irritantes.** Irritantes comuns são cigarros, café e álcool. Considere cortar todos os laticínios (exceto manteiga e ghee) por dois ou três dias e veja se ajuda. Muitas pessoas têm problemas para digerir a lactose em produtos lácteos; para elas, a lactose é causa de indigestão e inchaço. Além disso, alimentos "ácidos", como tomates, pioram a indigestão.

Mantenha um diário alimentar para ver se certos alimentos provocam indigestão. Se identificar algum, remova-o da dieta para ter alívio.

» **Mastigue bem e devagar.** Sério. Mastigar bem os alimentos é o primeiro, e mais importante, passo da digestão. Se engolir rápido a comida, seu estômago fará um trabalho extra para decompô-la, o que pode levar a sinais reveladores de azia. Alimentos bem digeridos significam menos indigestão. Essa alimentação "consciente" também ajuda a reconhecer os primeiros sinais de saciedade, para que você pare de comer quando seu corpo avisar.

» **Suplemente.** Um intestino não saudável afeta todos os aspectos da digestão e pode piorar a indigestão. Se suas bactérias intestinais estiverem infelizes, você terá inchaço, flatulência e indigestão. Combata isso comendo alimentos fermentados, como chucrute, e bebendo vinagre de maçã, para reabastecer as boas bactérias intestinais. Se não gosta de alimentos fermentados, invista em um bom probiótico diário para a saúde intestinal. Verifique se tem níveis adequados de *Bifidobacterium* e *Lactobacillus*, a bactéria mais importante para o sistema digestivo. De um modo geral, deve haver pelo menos 1 bilhão de unidades formadoras de colônia (UFC) em qualquer probiótico que tomar.

DICA

Se está passando por um momento particularmente difícil e precisa de um remédio rápido, descobrimos que adicionar uma colher de chá de bicarbonato de sódio e um pouco de limão a um copo de água alivia. Essa combinação diminui a azia e o gás associado à indigestão. Lembre-se de beber água durante todo o dia, pois isso baixará o ácido do estômago para níveis adequados, por isso é uma ótima maneira de diminuir os sintomas da azia.

A azia associada à keto pode piorar durante a transição, mas diminui lentamente à medida que você entra na rotina. Algumas pessoas percebem que, em longo prazo, a keto melhora os sintomas de indigestão. A melhora ocorre porque os grãos, em particular o glúten, contêm carboidratos, um gatilho comum para a indigestão em muitas pessoas.

Erupções cutâneas

Quando começamos a keto, Vicky notou uma erupção cutânea intensamente vermelha e com coceira, que apareceu de repente em seu pescoço, costas, peito e barriga. Isso foi alarmante, porque tínhamos acabado de assistir a um documentário sobre as "bactérias devoradoras de carne" e ficamos aterrorizados pensando que poderia ser a causa da erupção cutânea grave. Isso levou a uma pesquisa na internet, que apenas adicionou combustível a nossa imaginação já superexcitada. Se é nisso que você estava pensando, não se preocupe — você não pegou uma bactéria mortal e sobreviverá para ver o próximo dia.

A *erupção da keto* não é exclusiva, mas vários relatórios científicos mostram que as pessoas que fazem a transição têm maior probabilidade de desenvolver uma erupção cutânea. Isso também acontece com pessoas que mudam drasticamente suas dietas de outras maneiras; por exemplo, novos veganos ou pessoas que seguem uma dieta intensa para perda de peso também podem desenvolvê-la.

Não se sabe por que algumas pessoas têm erupções cutâneas, mas ela tem um nome específico: *prurigo pigmentoso*. Prurigo refere-se à coceira intensa, enquanto pigmentoso refere-se às manchas escuras que geralmente ficam após seu desaparecimento. A erupção cetogênica ocorre mais comumente em pessoas com diabetes que começam a seguir uma dieta muito baixa em carboidratos. Curiosamente, também parece ser mais comum em pessoas de ascendência japonesa; a grande maioria dos estudos sobre pessoas que tiveram erupção cutânea foi realizada no Japão.

A aparência da erupção cutânea pode ser um tanto impressionante, e pode até se tornar escamosa com o tempo. Muitas pessoas percebem que o surto se resolverá, mas também pode retornar sem aviso-prévio. Se continuar recorrente, é mais provável que você tenha manchas escuras que não desaparecem entre os episódios. Alguns pesquisadores consideram que é uma reação alérgica a certos alimentos, que só se torna aparente quando você muda drasticamente sua dieta e é exposto a eles. A erupção cutânea também pode estar relacionada a deficits nutricionais, porque você cortou diversos alimentos que come na keto. Por fim, pode ser que as cetonas que seu corpo libera ao suar sejam irritantes e inflamem sua pele, causando uma erupção cutânea reveladora sobre o corpo.

Veja algumas maneiras de lidar com a erupção cutânea da keto:

» **Minimize a quantidade de transpiração.** Refresque-se, se for verão, e faça pausas em qualquer exercício intenso. Como as cetonas que transpira podem levar à erupção cutânea, ficar longe da academia por um tempo ajuda a parar a irritação e a aliviar a coceira constante.

» **Suplemente.** A erupção cutânea da keto, como muitas outras erupções cutâneas, geralmente é causada pelo aumento da inflamação na pele. A transição para a keto, sem comer uma variedade de alimentos integrais, pode levar a deficiências de muitos dos nutrientes importantes para a saúde da pele, incluindo zinco, vitamina C e vitaminas do complexo B. Se você está em transição e não recebe o suficiente desses nutrientes, diversifique os tipos de alimentos que consome e considere tomar um multivitamínico diário equilibrado.

» **Elimine alergias alimentares.** Começar de repente a comer novos alimentos que não eram habituais para você antes de iniciar a keto pode estar causando uma reação alérgica. Os alimentos comuns da keto, aos quais muitas pessoas são alérgicas, são ovos, nozes, frutos do mar e laticínios. Elimine esses alimentos da dieta para ver se ajuda a parar a propagação da erupção cutânea da keto.

» **Combata a inflamação.** Consuma alimentos anti-inflamatórios e antioxidantes ou suplementos que contenham ácidos graxos ômega 3 e probióticos. Os probióticos são importantes porque alguns pesquisadores acreditam que um intestino não saudável afeta todas as partes do corpo. Isso inclui a pele e pode se manifestar como erupção cutânea da keto.

A erupção da keto pode desaparecer sozinha, mas pode levar alguns meses. É difícil lidar com a intensa coceira por muito tempo, então teste algumas dessas opções para atenuar o problema. Além disso, lembre-se de que ela pode voltar — em alguns estudos, o vaivém durou anos!

DICA

Se sua erupção cutânea for grave e não desaparecer, apesar de todos esses remédios caseiros, talvez seja hora de marcar uma consulta com seu médico. Ele pode prescrever um antibiótico para ajudar a tratá-la.

Uma opção final que pode considerar é aumentar a ingestão de carboidratos. Em vários estudos, abandonar a keto e reverter a cetose tratou a doença, e a erupção cutânea desapareceu. Nem tudo está perdido: você não precisa voltar à dieta padrão com alto teor de carboidratos; muitas pessoas saíram da cetose, mas ainda mantiveram uma dieta com pouco carboidrato, na faixa de 100g a 150g por dia. Algumas pessoas aumentam lentamente seus carboidratos enquanto estão em cetose e podem até encontrar um ponto ideal que lhes permita aumentar seus carboidratos sem serem completamente expulsas da cetose. Mesmo se a erupção cutânea não se resolver antes de você sair da cetose, é possível voltar lentamente a ela diminuindo gradualmente a ingestão de carboidratos ao longo do tempo.

LEMBRE-SE

A erupção cutânea é rara. A maioria das pessoas que fazem a keto não a desenvolve, então não deixe que isso o impeça de seguir a keto.

176 PARTE 3 **Encarando os Efeitos Colaterais**

> **NESTE CAPÍTULO**
>
> » **Pensando na recompensa**
>
> » **Unindo amigos e familiares**
>
> » **Abordando seu médico**

Capítulo **11**

Lidando com as Pressões Sociais

É provável que um pouco de resistência dê as caras sempre que você dá o primeiro passo para se comprometer com uma mudança significativa. Tente se lembrar de uma época em que decidiu fazer algo que, a princípio, talvez não acreditasse inteiramente que poderia. Seja a conclusão de sua primeira maratona, seja a promessa de economizar parte de seu salário todos os meses, você provavelmente se deparou com alguns obstáculos e considerou seriamente desistir algumas vezes. É assim que as coisas acontecem quando se decide alcançar objetivos — o resultado sempre vale a pena, mas nem sempre vem fácil.

A resistência pode vir de dentro ou de pessoas em cujas opiniões você confia e as quais respeita. Às vezes, essa resistência parece uma parede de tijolos difícil de derrubar, não importa quantas vezes tente. Com o tempo, ficamos mais bem preparados para diferenciar nossas necessidades de nossos desejos e perceber que nossos objetivos nem sempre estão alinhados com a opinião pública ou mesmo com a aprovação de nossos entes queridos.

Após pesquisar minuciosamente a keto, determinar que é a escolha certa e iniciar a jornada, talvez seja necessário deixar de lado as opiniões dos outros sobre o que deve ou não comer. Tão importante quanto isso, deixe de lado os medos que o fazem acreditar que não consegue seguir a keto ou que não merece priorizar sua saúde. Não deixe que seu desejo por aprovação ou sua familiaridade com o *status quo* o impeçam de alcançar sua meta.

Neste capítulo, damos alguns lembretes e dicas úteis sobre como impedir que os opositores atrapalhem sua jornada.

Mantendo o Foco

Infelizmente, o primeiro opositor com o qual a maioria de nós precisa lidar é aquele que nos olha do espelho. A dúvida pode vir na forma daquela vozinha irritante em sua cabeça que lhe diz que a keto é impossível, mesmo que sequer a tenha começado, e, no fundo, você sabe que é forte o suficiente para fazer acontecer. Ir contra décadas de tradição nutricional é difícil. Muitas pessoas que estão iniciando a keto podem se recusar até a pensar em comer tanta gordura ou abandonar "grãos integrais saudáveis". Com o tempo, internalizamos a crença de que "baixo teor de gordura é melhor", apesar de nosso corpo nos dizer o contrário e nossa cintura se expandir constantemente.

Reserve um tempo para reconhecer essa pequena voz e entender que é apenas uma semente de dúvida, e ela não precisa definir sua jornada. Sempre que você for contra o senso comum, encontrará uma intensa resistência à estrada menos percorrida. Isso é sinal de crescimento, e você está se capacitando para alcançar seus objetivos pessoais. A melhor maneira de reprimir esse medo é realizar pesquisas e assegurar-se de que é realmente a melhor escolha para você. Comprometa-se a conhecer a keto e ver os benefícios por si mesmo.

Aqui estão alguns primeiros passos básicos para se preparar para o sucesso:

» **Elimine da cozinha alimentos ricos em carbo.** Dê esses alimentos a um amigo que não faça a keto ou doe para um abrigo, para não os desperdiçar.

» **Armazene alimentos integrais keto.** Fique longe dos corredores dos supermercados onde fica todo o lixo rico em carboidratos. Em vez disso, concentre-se nas seções de carne e laticínios, bem como em vegetais integrais, nutritivos e low carb. Seja aventureiro e vá a comércios locais com produtos de outros países e experimente comidas keto que nunca experimentou. Confira as mercearias do Oriente Médio em busca de labneh, um queijo macio e cremoso que é uma ótima opção para o café da manhã, ou vá a uma mercearia italiana para estocar antepastos, como carnes curadas, queijos duros e uma variedade de vegetais low carb. Dê uma olhada no Capítulo 5 para ver os melhores ingredientes a serem adquiridos e veja a Parte 5 deste livro para elaborar listas de alimentos.

178   PARTE 3 **Encarando os Efeitos Colaterais**

» **Obtenha apoio de um amigo ou ente querido se tiver gripe cetogênica.** Se tem um amigo que está iniciando a keto ao mesmo tempo, é melhor, mas verifique se é um amigo com quem se sinta à vontade para compartilhar seus triunfos e falhas e que estará ao seu lado para ajudá-lo nos momentos difíceis. Um grande amigo lhe lembrará de seus objetivos e o encorajará a seguir em frente quando fraquejar.

» **Identifique claramente seus motivos para fazer a mudança para a keto.** Se deseja tratar o diabetes e se livrar de remédios para a alta de açúcar no sangue, ou se está cansado da fadiga constante e da baixa energia, identifique todos os motivos para que o apoiem durante toda a jornada e possam comemorar o alcance de seus objetivos.

DICA

Esse último ponto não é apenas um exercício abstrato: você deve anotar seus objetivos em um lugar onde possa vê-los todos os dias. Por exemplo, anote o que realizará quando não tomar todos os medicamentos para reduzir os níveis de açúcar no sangue ou faça uma colagem com seu peso ideal relaxando na praia. Coloque essa foto ou declaração motivacional na geladeira ou no espelho do banheiro, para ter o melhor efeito. Conhecemos alguém que registrou uma lista de todas as razões pelas quais adotara a keto e como esperava que melhorasse sua vida, e transformou em uma gravação que usava como despertador. Seja criativo e faça o que funciona para você. Quando adota essa motivação e configura ferramentas para manter o ritmo, é muito mais provável continuar a jornada.

LEMBRE-SE

Não fique muito preso em uma linha do tempo para fazer a transição completa para o estilo de vida keto. Você já deve ter ouvido falar que, se continuar com algo por 21 dias, se tornará um hábito, mas é um mito comum. A realidade é que criar um hábito é algo muito mais variável; algumas pessoas podem facilmente adotar uma mudança de estilo de vida depois de apenas três semanas, mas outras podem tentar por mais de oito meses antes que a mudança se automatize. Seja gentil consigo mesmo durante a jornada, percebendo que é uma maratona, não uma corrida de velocidade. Mais importante, não julgue seu progresso comparando-o com o de outra pessoa, ou só gerará decepção. Outros podem se mover mais rápido ou mais devagar que você; seus platôs podem vir antes ou depois. Essa jornada é totalmente personalizada, não avalie seu sucesso de acordo com o desempenho de outras pessoas.

Na psicologia, há seis etapas para se fazer uma mudança permanente na vida (*Modelo Transteórico*):

» **Pré-contemplação:** Você tem uma vaga ideia de que deseja mudar sua vida, mas ainda não tem motivação suficiente para começar; talvez ache que será muito difícil. É quando já ouviu falar da keto e está ciente de seus benefícios, mas não acha que tem motivos para fazer uma mudança tão drástica e é cético em deixar de lado seus cereais e hábitos de ingerir pouca gordura. Será difícil fazer uma alteração se estiver nesse estágio.

» **Contemplação:** Você está pensando seriamente em fazer uma mudança e deseja saber mais sobre o que é necessário. Pode não estar pronto para pular de cabeça, mas está aberto aos benefícios. Talvez conheça um pouco da keto e tenha certeza de que deseja melhorar sua saúde, mas não está certo sobre como. Este livro é uma maneira excelente e de baixo estresse para aprofundar um pouco mais e reforçar todos os benefícios fantásticos que a keto tem a oferecer.

» **Preparação:** Você está disposto e quer avançar. Sabe que quer adotar a keto, mas ainda precisa de orientações e motivação para começar. Talvez tenha consultado algumas receitas ou esteja ciente dos benefícios da keto para sua saúde e energia, mas precisa analisar seriamente o plano de sua jornada. Os Capítulos 5 e 6 são excelentes ferramentas para que tenha um plano detalhado de quais alimentos armazenar. Também é uma ótima ideia procurar grupos de apoio online ou verificar alguns dos recursos indicados no Capítulo 23 para se motivar.

» **Ação:** Você está pronto para começar. Tem seu plano definido, está seguro e sua motivação está escrita na geladeira. É fundamental, nessa fase, ter um apoiador pessoal para ajudá-lo a se manter motivado quando estiver passando pela gripe cetogênica ou se for a uma festa de trabalho em que haverá toneladas de doces ricos em carboidratos. É aqui que toda a sua preparação compensa. Essa fase não é estática — há altos e baixos. Lembre-se de que internalizar um comportamento leva semanas ou meses.

» **Manutenção:** As coisas começam a ficar intuitivas. Você começa seu dia com uma miniquiche assada ou faz jejum intermitente sem pensar duas vezes. Tem seus acompanhamentos alternativos da keto prontos para ir a seu restaurante favorito e sabe como a keto "funciona". Viu os benefícios em sua vida e está confiante de que a dieta pode ser um estilo de vida em longo prazo para você. No entanto, nessa fase, uma mudança substancial — uma ruptura significativa, uma mudança em todo o país ou até um platô na sua perda de peso — pode fazer a jornada parecer difícil. Pode parecer ainda mais frustrante se voltar aos padrões antigos durante esse estágio, mas lembre-se: é uma jornada, e você sempre pode começar de novo. Seu corpo não perde a capacidade de voltar à cetose, e você ainda colherá os mesmos benefícios quando voltar a fazê-la. De fato, depois de passar pelo processo de adaptação uma vez, seu corpo fará a transição para ele com muito mais eficiência das próximas vezes.

» **Consolidação:** É quando tudo está arraigado. A keto é simplesmente parte da sua vida; não é mais algo em que pensa conscientemente. Mesmo quando está cercado de pães, não deseja comê-los. Entende seus benefícios e é fácil. Esteja ciente de que pode levar anos para sentir esse nível de conforto com uma mudança no estilo de vida.

Na fase de ação, muitas pessoas começam extremamente motivadas, prontas para enfrentar com entusiasmo qualquer obstáculo. Mas lembre-se: durante qualquer transição, sempre há obstáculos a serem superados. Chamamos isso de período de "areia movediça", porque quase tudo parece uma armadilha tentando arrastá-lo para longe de seu objetivo. De alguma forma, as refeições cetogênicas parecem sem graça, você está quase zerado de motivação ou está cansado de explicar a mais uma pessoa por que não come arroz, pão ou batatas.

Para muitas pessoas, isso acontece durante a gripe. O mesmo aconteceu conosco, porque passamos por uma crise particularmente difícil de gripe cetogênica durante a transição. Nossos sintomas eram tão graves, que mal podíamos nos arrastar para o trabalho, e quando o fazíamos, era apenas olhar fixamente para a tela do computador e não fazer nada. Quando você sai assim, as pessoas se perguntam por que está passando por uma dieta extrema, e você pode começar a questioná-la. Justificar nossa decisão foi cansativo, e, para sermos sinceros, pensamos em desistir algumas vezes. Felizmente, tínhamos um ao outro como apoio e quase não tínhamos carboidratos em casa, por isso passamos por essa fase difícil. O segredo é reconhecer que é uma parte normal do processo de formação de um estilo de vida saudável e que melhorará com o tempo.

É um excelente momento para deixar sua imaginação correr livre. Imagine como serão as coisas se chegar ao outro lado desse obstáculo. Pergunte a si mesmo como se sentirá comprometido com a keto por três meses completos. Além disso, imagine como seria desistir da keto e ter de encarar o recomeço com a possibilidade de reviver a gripe em poucas semanas. Realmente, faça um esforço para permitir que os dois cenários tomem conta de sua imaginação e sinta satisfação, decepção ou irritação associada a cada caso. Esse exercício ajuda a criar motivação em tempos difíceis.

DICA

Encontramos outra ótima maneira de superar os desafios da fase de ação: manter um diário. Começamos no primeiro dia em que adotamos a keto, mas você deve se sentir à vontade para iniciá-lo a qualquer momento. Comprometemo-nos a escrever em nossos diários todas as manhãs, registrando tudo, desde as lutas da gripe cetogênica até o triunfo de um mês firme na dieta. Ter um registro desses marcos ajudou a aliviar a frustração e também nos deu esperança quando as coisas pareciam particularmente difíceis. Ser lembrado das incríveis mudanças pelas quais passamos, incluindo aumento de energia, vitalidade e perda de peso, foi incrivelmente motivador. Enquanto vê os resultados e a keto se torna pessoal, você silencia a voz que lhe diz para desistir.

LEMBRE-SE

Você pode ser seu maior crítico. Reserve um tempo para se preparar para o sucesso removendo obstáculos comuns que criou para si mesmo.

CAPÍTULO 11 **Lidando com as Pressões Sociais** 181

Contando Seus Planos

Primeiro, saiba que seus amigos e familiares (verdadeiros) desejarão o que for melhor para você e sua saúde. Se tem certeza de que iniciar a keto é a melhor coisa para o seu bem-estar geral, e se preparou para isso, as pessoas em sua vida provavelmente se interessarão pelo seu modo de pensar. Se não o fizerem, você precisará entender e aceitar que não pode forçar outras pessoas a mudar de ideia. Ao adotar essa atitude, descobrirá se consegue fazer as coisas funcionarem com a reprovação tácita ou se precisa rever seu relacionamento.

Encontre alguém em cuja opinião confie e a quem respeite; conte sobre sua decisão. Se é um amigo que já fez uma mudança de estilo de vida saudável ou um ente querido a quem respeita e admira desde que era criança, escolha sabiamente. Informe-o sobre por que você decidiu adotar a keto e use-o como aliado para enfrentar problemas difíceis, como a gripe cetogênica ou o período de "areia movediça". Verifique se a pessoa escolhida é acessível, pessoalmente ou por telefone, para os momentos em que as coisas ficarem difíceis.

Se está preocupado em deixar seus entes queridos saberem que está seguindo a keto, vá fundo e descubra por que se sente assim. Por exemplo, você pode temer que o julguem por alterar sua dieta. Talvez tenha um pouco de vergonha, porque é sua 15ª "mudança de dieta" e está preocupado com o fato de eles não acreditarem que essa será definitiva.

Seja qual for seu caso, aceite e perceba que sua saúde e seu bem-estar são mais importantes do que qualquer um desses medos. Não se surpreenda por senti-los; eles são completamente naturais quando se abre para as opiniões de outras pessoas sobre você. Ser vulnerável é uma força rara, que traz mais benefícios do que você imagina. Dizer aos colegas de trabalho que fará a keto depois que o viram fracassar em suas últimas cinco dietas pode expor você ao ridículo, mas concentre-se no possível apoio que pode ter de colegas de trabalho que procuram alguém para ser seu apoio quando estão lutando com a transição.

Depois de resolver suas preocupações, é hora de esclarecer suas expectativas. Por exemplo:

» Você quer que seu parceiro comece com você?

» Quer que seu colega de quarto pare de comprar batatas fritas e pão?

» Quer que sua família aceite sua decisão e não tente fazer você desistir?

182   PARTE 3 **Encarando os Efeitos Colaterais**

Tudo isso pode acontecer, mas alguns são mais prováveis que outros. Você precisará descobrir quais são possíveis e quais são essenciais para seu sucesso na keto.

Discuta a keto com amigos e familiares como falaria com eles sobre qualquer tópico pelo qual está apaixonado. Não é necessário fazer alarde se eles não estiverem interessados, mas informe-os sobre por que está entusiasmado com a keto e que está comprometido. É improvável que sua família zombe de seus planos de carreira se a pratica há alguns anos; da mesma forma, você não deve lidar com eles com desprezo pelos seus hábitos alimentares, se estiver comprometido.

Seja claro sobre o que a keto significa para seus hábitos alimentares, especialmente se receber uma refeição caseira de seus pais uma vez por mês ou compartilhar a conta do supermercado com seu colega de quarto. Você não quer que seja um choque quando parar de pagar sua parte das batatas fritas ou quando disser à sua mãe que não participará mais de seus famosos jantares. Será preciso ter uma conversa aberta antes que isso aconteça.

Também é importante não se tornar um fanático ou zombar de amigos e familiares quando aparecerem com granola de grãos integrais ou escolherem batatas-doces como lanche mais saudável. Seguir a keto não é desculpa para se tornar fiscal de prato alheio; essa é a melhor maneira de fazer muitos inimigos rapidamente. Como qualquer um que decide adotá-la, todo mundo tem o direito de fazer as próprias escolhas alimentares e se alimentar com o que considera ideal.

LEMBRE-SE

Se espera que outras pessoas participem da jornada keto com você, é melhor deixar essa esperança de lado. Você não pode forçar outras pessoas a fazerem uma mudança permanente no estilo de vida se não estiverem dispostas. O melhor que pode esperar é que vejam os benefícios que você obteve e decidam fazer a mudança por si mesmas com o tempo. Ações falam muito mais que palavras.

DICA

Aqui estão algumas dicas que consideramos úteis para tornar a transição mais tranquila para amigos e familiares que não seguem o estilo:

- » **Dê suas opiniões com clareza e honestidade.** Informe a todos por que a keto é importante para você, sem falar sobre como os carboidratos são inimigos. Você pode se sentir assim, mas não converterá ninguém. Em vez disso, deixe que as mudanças em sua saúde falem por você.

- » **Seja coerente.** Não trapaceie quando comer na casa de seus pais ou sair para jantar com os amigos. Quando amigos e familiares o virem dizendo uma coisa e fazendo outra, seu compromisso com a keto ficará frágil, e eles ficarão céticos em relação à sua decisão.

> » **Informe previamente seus amigos ou familiares de que não comerá alimentos com alto teor de carboidratos se for convidado para jantar.** É melhor fazer isso antes do evento, em vez de aparecer e só beber água a noite toda. Você pode decidir que fará uma pequena refeição antes de ir a um jantar, se não houver quase nada que possa comer, ou perguntar se eles não se importariam em disponibilizar algumas opções keto.
>
> » **Leve suas comidas keto favoritas a festas ou se ofereça para cozinhar uma refeição keto para um ente querido.** Essa é uma das maneiras mais rápidas de colocá-los a bordo e mostrar o quão diversa e satisfatória pode ser uma refeição keto. Quando fomos convidados para a festa de um amigo, levamos a musse de biscoito cremoso (Capítulo 20). Ninguém acreditou que não tinha açúcar, e todos ficaram encantados. Abriu até o mais viciado em açúcar de nossos amigos para a ideia de que a keto é possível para todos.

Esteja preparado para olhares preocupados e medos com a saúde de seu coração e uma ou duas palestras sobre todas as maneiras como uma "dieta de bacon e queijo" o matará. Ouça tudo isso com calma e com a visão de longo prazo de educar sua família e seus amigos. Existem muitos conceitos errados sobre a dieta cetogênica, e é provável que você ouça tudo quando as pessoas souberem que a fará. Ouvir as mesmas preocupações fica cansativo depois de um tempo, mas lembre-se de que muitos de seus amigos foram alimentados com as mesmas informações erradas e que você também provavelmente tinha muitas das mesmas crenças erradas antes de conhecê-la. Informe seus amigos e familiares preocupados que a keto tem muito mérito científico, que você conhece e tem o apoio de nutricionistas, médicos e pesquisadores que se dedicam a entendê-la.

Sem querer, é possível se tornar um embaixador da keto. O quanto, dependerá de você. Descobrimos que, quanto mais nos aprofundamos na keto e mais pesquisas lemos, mais queremos gritar todos os seus benefícios a todos que os queiram ouvir. Essa é obviamente uma das razões para termos criado o site Tasteaholics e escrito este livro. No entanto, esse pode não ser seu caso — a keto é intensamente pessoal e privada para algumas pessoas. Você pode indicar à sua família e a seus amigos uma boa pesquisa (como este livro!) ou contar um pouco sobre os benefícios à saúde que teve e esclarecer o equívoco de que come bacon 24 horas por dia, 7 dias por semana. Não há necessidade de forçar outras pessoas a adotar sua maneira de comer; seus resultados falarão muito mais do que qualquer coisa que diga.

CUIDADO

Devemos salientar que morar com alguém que não esteja a bordo da keto pode colocar um obstáculo em sua transição. Limpar sua despensa pode ser um pouco mais desafiador se seu colega tiver pacotes de biscoitos, batatas fritas ou outras guloseimas com alto teor de carboidratos armazenados lá, que causariam uma miniguerra civil se você os jogasse fora sem o consentimento da pessoa. Você precisará ter uma conversa franca com seu colega e tentar chegar a um acordo mutuamente benéfico. Talvez ele queira seguir a keto depois que você o informar sobre todos seus benefícios!

184   PARTE 3 **Encarando os Efeitos Colaterais**

DICA

Se seus colegas não estiverem prontos para adotar a keto, eis alguns truques simples para diminuir ataques quando os alimentos ideais estiverem limitados:

» **Se divide a conta do supermercado, pare!** Diga a seus colegas que terá de começar a comprar mantimentos separadamente, porque não comerá muitos alimentos ricos em carboidratos que eles comprarão. Você provavelmente achará mais fácil evitar comer batatas fritas se não pagou por elas. Isso impedirá conflitos por você pagar por alimentos que não come.

» **Divida as prateleiras da despensa e o espaço da geladeira.** Pergunte aos seus colegas se podem colocar todos os carboidratos em uma área específica para que você se condicione a ignorar esse espaço. Por exemplo, se você tem baixa estatura, peça a eles para colocarem todos os biscoitos e batatas fritas na prateleira superior, onde será mais difícil acessá-los.

» **Pergunte a seus colegas se concordam em escrever os gramas de carboidratos por porção dos alimentos embalados em grandes letras vermelhas.** É um ótimo truque para dissuadi-lo de morder algum snack quando sua força de vontade vacilar.

Agora é um bom momento para tomar a iniciativa e procurar outras pessoas que estão na jornada da keto. Você pode planejar ingressar em um grupo do Facebook ou seguir uma personalidade motivacional da keto no Twitter ou Instagram. Faça o que fizer, verifique se tem acesso fácil ao suporte durante essa jornada. Essas ações se tornam mais cruciais se as pessoas ao seu redor não estiverem a bordo da keto. Você pode até planejar um encontro com outras pessoas que seguem o estilo de vida keto em sua área, se ingressar em um grupo do Facebook ou de outra rede. Confira nossos recursos no Capítulo 23 para obter boas opções.

DICA

Evite se desculpar por sua mudança nos hábitos alimentares. Você está fazendo algo excelente para sua saúde, e desculpando-se subconscientemente, diz a seus amigos, e a si mesmo, que está fazendo algo errado. Isso não poderia estar mais longe da verdade.

Conversando com Seu Médico

Seu médico é a pessoa mais experiente que você conhece sobre nutrição e saúde, certo? Calma aí. Nem todos os médicos receberam treinamento adequado em nutrição durante a faculdade de Medicina. Recentemente, um grupo de estudantes de Medicina da Universidade de Bristol, no Reino Unido, solicitou à faculdade que incluísse mais informações sobre nutrição — eles recebiam menos de 25 horas em 6 anos de treinamento. Os médicos não são treinados para promover a boa saúde com alimentos.

Embora os médicos saibam muito sobre como a insulina funciona no corpo e os nomes de todas as etapas necessárias para quebrar a gordura, provavelmente têm menos conhecimento sobre todas as pesquisas disponíveis sobre a keto e seus benefícios. Muitos médicos podem até equiparar a keto à dieta de Atkins e recorrer a dogmas antigos: os grãos são melhores e você precisa limitar a ingestão de colesterol a até 300mg por dia. Felizmente, mais médicos estão lendo as pesquisas recentes sobre a keto e se abrindo para o fato de que há enormes benefícios em um estilo de vida com pouco carboidrato.

DICA

Se seu médico não estiver atualizado sobre pesquisas relacionadas à keto, fale abertamente sobre sua mudança de dieta e por que a está fazendo. Ofereça-se para apresentar algumas pesquisas (os médicos são cientistas e adoram fatos!) para ajudar a colocá-lo a bordo. Deixe sua saúde melhorada falar por si. Se perder mais peso do que com uma dieta com baixo teor de gordura, se for capaz de curar-se de acne persistente, se puder reduzir a dose e talvez até cortar alguns medicamentos para diabetes, lembre-o de que a principal mudança foi a keto, e a razão é ter uma melhora de sua saúde geral.

Esteja ciente de que, ao se comprometer com o estilo de vida keto, alguns de seus exames de sangue de rotina podem mudar; se você e seu médico não perceberem que isso é resultado de suas mudanças na dieta, muita frustração pode ocorrer devido a informações incorretas. A keto se tornou popular nos últimos dois anos, e muitos médicos podem não estar cientes de que os exames de sangue diferirão nas pessoas que seguem a keto. A diferença em seus exames de sangue pode representar um novo "normal" da keto, mesmo que esteja fora da faixa com a qual a maioria dos médicos está familiarizada.

Por exemplo, uma frequência cardíaca "normal" está entre sessenta e cem batimentos por minuto. No entanto, é sabido que atletas altamente treinados, como corredores de maratona, tendem a ter uma frequência cardíaca mais lenta — geralmente de quarenta a cinquenta, e às vezes chegando a trinta. Isso seria bastante alarmante se você visse o número e não conhecesse o contexto. Obviamente, o ritmo cardíaco lento de um atleta de elite não é sinal de doença; o coração dele está funcionando normalmente com base na fisiologia do corpo. A verdade é que o coração dele é tão funcionalmente capaz, que pode fazer a mesma quantidade de trabalho pela metade do número de batimentos que seria necessário para o coração de uma pessoa mais sedentária.

Da mesma forma, mudanças saudáveis no estilo de vida keto podem aparecer como resultados de testes "anormais" quando indicam que o corpo está melhorando sua função. Por exemplo, quando você está na keto, seu médico pode perceber que seu LDL (colesterol "ruim") está subindo, mas será acompanhado por um aumento no HDL (colesterol "bom") e pela diminuição dos triglicerídeos (gordura de flutuação livre na corrente sanguínea), que é mais importante para a saúde geral do coração do que se concentrar no aumento do LDL. O aumento do LDL é provavelmente um aumento no LDL intermediário e grande, e menos prejudicial, que não tem um impacto substancial na saúde do coração (veja o Capítulo 4). Se você estudar a respeito dessas alterações, não presumirá que os ajustes nos resultados de seus testes indicam que sua escolha foi um erro.

Outro achado "anormal" comum na keto é uma queda no nível do hormônio tireoidiano ativo. Você já deve ter ouvido falar que a keto pode causar hipotireoidismo. Essa questão é um pouco complicada. Está bem documentado que pessoas que perdem peso, o que geralmente acontece na keto, tendem a ter níveis mais baixos de hormônio da tireoide. Isso ocorre porque ele acelera o metabolismo, o oposto do que o corpo deseja quando passa por um período de perda de peso. É também por isso que é desafiador continuar a perder peso quando você começa — sua atividade da tireoide diminui e seu corpo se apega a qualquer excesso de gordura desesperadamente.

Por outro lado, passar por uma situação estressante pode revelar um problema subjacente da tireoide. A perda repentina ou extrema de peso, doença e até mesmo uma mudança drástica em seus hábitos alimentares podem causar estresse extra no corpo. Um caso extremo de gripe cetogênica pode definitivamente ser um estressor. Se notar uma gripe cetogênica prolongada que não melhora em mais de uma semana, ou aumenta a fadiga, a perda de cabelo ou a sensação de frio o tempo todo, isso pode ser um problema de tireoide. Se tiver esses sintomas, é uma boa ideia ser avaliado por seu médico para determinar o que está acontecendo.

Muitas pessoas em transição se recuperam rapidamente da gripe cetogênica, ou nem sequer a sentem. Se você não tem problemas de saúde, pode ser que um exame de sangue mostrando um nível baixo da tireoide seja apenas um novo "normal" para você. Os hormônios da tireoide podem cair na keto, mesmo quando você não está perdendo peso ou não apresenta sintomas de metabolismo mais lento. Nesse caso, seu corpo pode não precisar de tanto hormônio da tireoide para produzir o mesmo resultado. Você pode pensar nisso como sendo semelhante a alguém que tem resistência à insulina. Ninguém está preocupado demais se seus níveis de insulina estão baixos — apenas significa que o corpo responde a baixos níveis de insulina e não precisa aumentar sua produção para ter o mesmo efeito. Da mesma forma, se seus hormônios da tireoide estão baixos, mas você não apresenta sintomas de doença da tireoide, é improvável que tenha um problema real; seu corpo pode estar apenas respondendo adequadamente aos hormônios da tireoide.

DICA

Se seu médico se opuser injustamente às mudanças nutricionais ou não estiver disposto a aceitar sua escolha de seguir a keto, considere procurar alguém mais aberto para falar sobre nutrição e seus efeitos na saúde. Isso pode ser mais importante se você tem uma condição médica que exige atendimento médico.

4

Ao Infinito e Além

NESTA PARTE...

Considere o jejum, encontre o melhor método para você e evite suas armadilhas.

Saiba como a keto afeta sua rotina de exercícios e adapte-os a ela.

NESTE CAPÍTULO

» **Aproveite os muitos benefícios do jejum**

» **Escolhendo o método de jejum que funciona melhor para você**

» **Evitando as desvantagens comuns do jejum**

Capítulo **12**

Jejuando

Você provavelmente já ouviu falar do jejum intermitente como prática comum de celebridades que precisam de uma mudança drástica antes do próximo filme. O jejum não é apenas excelente para perda de gordura e ganhos musculares; ele também oferece uma ampla gama de benefícios à saúde.

Antes de nos aprofundarmos nos muitos benefícios do jejum, devemos falar sobre o que ele é. *Jejum* é a abstinência voluntária de alimentos (quando disponíveis) por motivos de saúde, espirituais ou uma série de outras razões pessoais. *Não* é fome, porque sua fonte de alimento não é instável, e também não é evitar comer com medo de ganhar excesso de peso. O jejum exige ouvir seu corpo e estar ciente dos sinais de fome — quando é hora de interromper seu jejum porque seu corpo atingiu um limite — e não forçar a ponto de privá-lo (voluntariamente ou não) dos nutrientes de que precisa.

Programar suas refeições é um luxo moderno e inventado. Os seres humanos têm uma longa história de períodos prolongados sem comer. Por milênios, nossos antepassados paleolíticos comiam quando tinham oportunidade, não porque era hora do almoço. Embora esse padrão alimentar não fosse exatamente voluntário, eles se adaptaram, e ele e se tornou o estilo de vida. Eles provavelmente comiam mais alimentos próximos da keto — afinal, não havia Dunkin Donuts ou cereais matinais. Eles tinham carne ocasionalmente (com

CAPÍTULO 12 **Jejuando** 191

proteína e gordura) e algumas plantas e frutas vermelhas disponíveis, provavelmente com mais fibras do que carboidratos refinados. Isso os levava a horas, e até dias, sem consumo de alimentos. Eles sobreviviam a esses períodos de "jejum" porque seus corpos estavam adaptados à keto, acostumados a queimar gordura como combustível, quando tinha ou não comida disponível, portanto, não havia uma mudança significativa no metabolismo durante os períodos de jejum e alimentação. Eles faziam o jejum intermitente original, sem pensar duas vezes.

Felizmente, cetose e jejum andam de mãos dadas. Se você está em cetose, seu corpo já está queimando gordura como combustível, o que torna muito mais fácil continuar assim quando entra no modo de jejum. Se segue uma dieta padrão e, de repente, decide jejuar, será muito mais difícil, porque seu corpo precisará mudar os carboidratos para que possa queimar gordura. Isso significa quedas nos níveis de açúcar no sangue, mudanças de humor e sensação de "fome", o que torna menos provável que se comprometa com o jejum.

Os Benefícios do Jejum

Cientistas têm descoberto incontáveis benefícios do jejum intermitente. Embora as descobertas sejam novas, nós, como espécie, o fazemos há milênios. Os pesquisadores estão finalmente atualizando-se ao que estamos fazendo naturalmente e identificando que é uma boa ideia voltar às formas antigas de comer.

A keto e o jejum intermitente são o casamento perfeito de nutrição saudável, e o jejum intermitente leva sua dieta ao próximo nível. Nesta seção, veremos como esse jejum melhora seus resultados no estilo de vida keto.

Acelerando a perda de gordura

A cetose auxilia na perda de gordura, transformando seu corpo em uma máquina de queimá-la. Adicionar o jejum intermitente acelerará essa perda. Como vimos no Capítulo 3, não importa como você começa, se parar de comer por tempo suficiente, seu corpo deixará de queimar glicose e, em vez disso, passará para a queima mais eficiente de gordura e cetona associada à cetose e a longos períodos de abstinência de alimentos. Isso é importante por causa da insulina, que regula os níveis de açúcar no sangue. Quando jejua, você aumenta sua sensibilidade à insulina, esse nível hormonal cai, e é menos provável que faça o que a insulina alta diz a seu corpo: queimar glicose e armazenar gordura.

Quando os carboidratos (e, portanto, a insulina, em grande parte) estão fora de cena, como é o caso do jejum, seu corpo queima gordura, em vez de armazená-la. Mais importante, é possível manter esse estado. A keto diminui os níveis

192   PARTE 4 **Ao Infinito e Além**

gerais de insulina, mas mesmo os alimentos aprovados pela dieta (o pequeno número de carboidratos e proteínas) causarão um ligeiro aumento nos níveis de insulina após sua ingestão. O jejum acaba com isso porque é a comida que provoca o aumento dos níveis de insulina. Quando jejua, seus níveis de insulina caem, e isso faz com que seu corpo queime gordura por um período maior.

Muitas dessas alterações são mantidas pelo "hormônio do jejum", a *adiponectina*. Ela sobe com restrição calórica, jejum e perda de peso, embora — surpreendentemente — seja produzida por células adiposas. A adiponectina tem uma série de efeitos benéficos que explicam algumas das vantagens do jejum intermitente. Níveis mais altos desse hormônio estão associados à perda de peso, enquanto os baixos são encontrados em indivíduos que lutam com resistência à insulina e ao diabetes tipo 2. De fato, um dos medicamentos usados para tratar o diabetes tipo 2 aumenta os níveis de adiponectina do organismo.

Aqui está um pouco do que a adiponectina faz:

> » Diminui o armazenamento de gordura do corpo e ajuda a perder peso.
>
> » Interrompe a liberação de ácidos graxos livres na corrente sanguínea e reduz a resposta inflamatória.
>
> » Interrompe a produção de glicose no fígado e amplia a resistência à insulina.
>
> » Diminui o risco de diabetes e obesidade.

Estudos têm demonstrado repetidamente isso: pessoas com sobrepeso que reduziram a ingestão calórica ou jejuaram, sem contar calorias, perderam a mesma quantidade de peso.

Embora o jejum e a keto reduzam a insulina, o jejum acentua a keto. Quando você faz uma dieta keto, fornece gordura para seu corpo queimar, e ele queima a gordura dos alimentos antes de passar para a gordura corporal armazenada. Quando queima os alimentos que consome, no entanto, seu sistema digestivo começa a trabalhar com a gordura armazenada. Quanto mais longo o período de jejum, mais tempo trabalha com a gordura armazenada. O corpo humano pode armazenar milhares de calorias como gordura, e se você deseja que seu corpo as use, períodos intermitentes de jejum são uma maneira comprovada de fazê-lo.

Além de adiponectina e insulina, existem outros hormônios importantes para a perda de gordura, afetados pelo que de fato você coloca ou não em seu corpo:

> » **Grelina:** A grelina é considerada o "hormônio da alimentação" (também chamada de hormônio da fome, pois, basicamente, o faz comer mais!). É produzida no estômago e é um mecanismo de curto prazo para dizer ao corpo o que e quanto comer. É o hormônio que aumenta um pouco

antes de você almoçar e minimiza sua capacidade de queimar calorias. Também aumenta as células adiposas (aumentando, em parte, a liberação do hormônio do crescimento) e prepara o estômago para receber mais alimentos. Perder peso diminui os níveis de grelina, e as quantidades no sangue se relacionam ao tamanho do estômago.

» **Leptina:** Esse hormônio funciona da maneira oposta à grelina e é considerado o "hormônio da saciedade". Como a adiponectina, a leptina é produzida nas células adiposas. Ela diz ao corpo que você comeu o suficiente e acelera o metabolismo. Seus níveis aumentam com a ingestão de alimentos, desencorajando-o a exagerar no bufê. Em longo prazo, os níveis de leptina variam: pessoas magras têm níveis mais baixos, enquanto aquelas com sobrepeso têm niveis mais altos. Isso parece controverso (mais é melhor, certo?), mas semelhante aos altos níveis de insulina que deixam de ter o benefício pretendido, indivíduos com sobrepeso se tornam resistentes ao hormônio, para que não sofram tanto os efeitos da leptina. Isso leva a mais ganho de peso, apesar dos altos níveis do hormônio.

Estudos mostram que a interação entre esses hormônios desempenha um papel significativo no metabolismo. A grelina dificulta a perda de peso, enquanto a leptina a aumenta. Da mesma forma, a adiponectina elevada ajuda a queimar calorias, pois melhora a resistência à insulina. O jejum é uma tradição consagrada que afeta positivamente esses hormônios para fazê-lo se sentir melhor.

Apesar do que muitas pessoas pensam, o jejum acelera o metabolismo. A fome prolongada faz o oposto, mas durante o curto prazo de um jejum (vários dias), o nível de adrenalina (ou epinefrina) do corpo aumenta. A adrenalina faz parte do sistema de luta e fuga. Ela não deve ser cronicamente elevada, mas, em curto prazo, é muito benéfica. Pequenas explosões de adrenalina levam ao aumento do uso de energia, mesmo quando você está em jejum. A adrenalina aumenta a liberação de qualquer glicose armazenada e sua capacidade de queimar gordura. Estudos mostram que, durante um curto jejum de quatro dias, o metabolismo basal aumenta em até 12%, o que estimula a perda de peso.

Ganhando mais músculos

O jejum melhora os ganhos musculares de algumas maneiras. Orientamos você sobre elas nesta seção.

Estimulando o hormônio do crescimento

O hormônio do crescimento humano (HGH) causa desenvolvimento e crescimento em crianças e adolescentes. Obviamente, durante esse período da vida de qualquer pessoa, é normal que a massa muscular aumente. Infelizmente, o HGH tende a cair ao final da adolescência e nunca mais volta ao normal. Os níveis de HGH são quase duas vezes mais altos em crianças e adolescentes do que em adultos. O HGH é um hormônio *pulsátil*, o que significa que seus níveis oscilam. Ele tem vários efeitos:

» Aumento da massa muscular.

» Aumento da força e do crescimento ósseo.

» Quebra de gordura.

» Aumento da síntese proteica.

» Aumento da gliconeogênese hepática.

» Aumento de todos os órgãos (com exceção do cérebro).

Estudos mostram que o fornecimento de doses de HGH para homens e mulheres aumentou a massa muscular e a densidade óssea e diminuiu a gordura. O HGH tem sido popular como agente antidoping nos esportes de elite, e alguns atletas o usam desde os anos 1980 para melhorar suas habilidades atléticas. Infelizmente, a injeção de HGH vem com uma lista de efeitos colaterais, como alto nível de açúcar no sangue e risco de alguns tipos de câncer e problemas cardiovasculares. Por sorte, o jejum fornece uma explosão natural de HGH sem nenhum de seus efeitos colaterais. Comer suprime o HGH e comer demais, ou petiscar, o faz despencar.

Limpando a casa

Outra maneira de o jejum aumentar a massa muscular é acentuar a capacidade da célula de regular seu ciclo diário de limpeza. Semelhante ao sistema de vírus do seu computador, suas células monitoram continuamente o ambiente em busca de defeitos e reparam processos anormais. Há dois sistemas que suas células usam para fazer isso:

» **Autofagia lisossômica:** Significa "autoalimentação" e é o processo de engolir proteínas, moléculas de RNA e partes celulares de vida longa (e muitas vezes anormais), como as mitocôndrias, que são a "casa de força" da célula. Um tipo específico de autofagia, a *macroautofagia*, reduz o estresse metabólico e oxidativo e é vital para a capacidade de proteínas e outras partes das células serem recicladas para produzir energia.

» **Via da ubiquitina-proteassoma:** É o principal mecanismo para quebrar e reciclar proteínas de vida curta em todas as células. Esse sistema é vital para garantir que o sistema imunológico funcione, além de reparar o DNA, o conjunto de projetos que codificam a vida. Se esse sistema estiver anormal, levará a uma série de doenças, como degeneração neuromuscular e problemas imunológicos.

Esses caminhos agem juntos para reparar as células do corpo. Elas são complexas, têm várias partes móveis, como proteínas e mitocôndrias, que alimentam cada célula e servem como mensageiros para desempenhar funções essenciais. Sempre que uma peça apresenta mau funcionamento, deve ser reparada para que a célula inteira não sofra. Se um dos caminhos é bloqueado, a célula é danificada, o que leva à sua morte.

Nas células musculares, isso leva à fraqueza e à falha muscular. Como os músculos são altamente ativos, se alongam e contraem muitas vezes por minuto, poderão se desgastar facilmente se as ferramentas para monitorá-los ou repará-los estiverem danificadas. Além disso, preservar os músculos requer um delicado equilíbrio entre a *síntese de proteínas musculares* (o termo científico para o crescimento dos músculos) e a lesão muscular. Essas vias são estimuladas pelo jejum e são uma parte vital da capacidade do corpo de manter a função muscular.

Novas e empolgantes pesquisas mostram que a autofagia é necessária para manter a massa muscular, e sem ela, é provável que você perca o músculo que trabalhou duro para conquistar lentamente. Estudos com animais desprovidos do gene promotor da autofagia demonstraram que eles desenvolveram *distrofia muscular* — uma doença na qual os músculos encolhem com o tempo, tornando-se mais fracos e acarretando dificuldades para caminhar, ficar de pé e realizar todas as atividades rotineiras.

Seus músculos não desaparecerão necessariamente se não começar a jejuar, mas a pesquisa sugere que, se você não aumentar a autofagia, de fato realizada pelo jejum, a perda muscular correrá o risco de aumentar, com consequências negativas, como maior probabilidade de incapacidade e dependência.

LEMBRE-SE

O jejum intermitente tem sido popularizado por atletas altamente treinados, que priorizam um físico esculpido e magro. Seria surpreendente se eles continuassem a jejuar se perdessem massa muscular ou observassem uma diminuição no desempenho. Seus resultados indicam que o jejum funciona para muitas pessoas.

Acelerando a recuperação e o reparo

O jejum mantém o corpo em boas condições de funcionamento. Ele melhora a função do corpo:

» Diminuindo o dano oxidativo nas proteínas do corpo.

» Diminuindo o dano oxidativo no DNA.

» Diminuindo o acúmulo de proteínas disfuncionais e partes das células.

O jejum não apenas afeta os níveis de insulina e glicose, mas também exerce um efeito significativo sobre um hormônio intimamente relacionado, o *fator de crescimento semelhante à insulina* (IGF-1). O IGF-1 é estimulado pelo HGH e causa a maioria dos efeitos adversos do excesso de HGH, como alto nível de açúcar no sangue e risco de câncer. O IGF-1 é produzido principalmente pelo fígado e promove o crescimento de quase todas as células em crianças e adultos, dos músculos aos ossos.

O excesso desse hormônio está fortemente ligado a um risco aumentado de câncer, uma condição caracterizada pela incapacidade do organismo de regular e reparar células anormais. Existem vários pontos de verificação ao longo da vida de uma célula que permitem avaliação, reparo e até a morte de células que perderam a função — ou pior, estão se tornando anormais ou cancerígenas. O IGF-1 diminui a capacidade do corpo de gerenciar essas células anormais. Curiosamente, as pessoas com deficiência de IGF-1 têm baixa probabilidade de contrair câncer. Pesquisas mostram que o sangue de pessoas com deficiência de IGF-1 protege as células dos danos oxidativos no DNA. E mesmo que algumas células fiquem danificadas, o sangue do IGF-1 garante que as células sejam destruídas ou descartadas para que não formem câncer.

Mais pesquisas são necessárias, mas pequenos estudos mostram que pessoas que jejuam enquanto tomam medicamentos avançados para o câncer, como a quimioterapia, têm melhores resultados que aquelas que apenas recebem a quimioterapia. Não apenas as pessoas em jejum percebem menos efeitos colaterais da quimioterapia, que são muitos, como estudos mostram que, em camundongos, o jejum intermitente diminui o risco de leucemia e é tão eficaz quanto a quimioterapia para certos tipos de câncer.

Curiosamente, a autofagia induzida pelo jejum é inibida pela *proteína alvo da rapamicina em mamíferos* (mTOR), um dos complexos comuns que são regulados positivamente durante o câncer e um dos principais alvos dos medicamentos contra essa doença. É mais uma prova de que maneiras naturais de aumentar a autofagia podem ajudar a reduzir nosso risco de câncer ou mesmo tratá-lo após sua formação. Além de diminuir o risco de distúrbios neurodegenerativos, como o Alzheimer, a autofagia induzida pelo jejum ajuda a limitar a inflamação em todo o corpo, o que também é útil para reduzir a suscetibilidade ao câncer (porque muitos cânceres estão relacionados ao aumento da inflamação).

Uniformizando a pele

Uma pele uniforme pode não ser o primeiro benefício no qual pensamos quando se menciona o jejum, mas é um bônus particularmente atraente. Semelhante ao efeito da keto na acne, o jejum intermitente é mais eficaz que um tratamento de pele ou algumas horas de descanso. O segredo para o benefício do jejum para a pele é a grande ação anti-inflamatória ocorrendo em todo o corpo.

A pele é seu maior órgão, e quando o corpo estiver saudável, ela naturalmente transparecerá isso.

A inflamação e o estresse aparecem naturalmente na pele, e o jejum — de maneira saudável, com uma quantidade adequada de água — é uma ótima maneira de aliviá-los em todo o corpo. Enquanto a autofagia faz mágica para melhorar a saúde muscular e manter a nutrição no cérebro, o jejum permite que o sistema digestivo descanse e aumente seus bilhões de bactérias saudáveis no intestino. Um intestino que funciona bem é vital para a pele bonita, porque o sistema digestório tem o maior número de células imunológicas de qualquer parte do corpo. A imunidade ideal garantirá que a pele seja capaz de interromper cravos e acne e reduzirá as marcas de expressão associadas ao envelhecimento.

Essa descoberta não se recomenda só a pessoas que jejuam por motivos religiosos ou de saúde. Pesquisas revelam o benefício para uma série de doenças da pele:

- **Estudos mostram que o jejum intermitente melhora a cicatrização de feridas em ratos, a espessura de seus pelos e o suprimento de sangue para a pele.** O jejum também diminui os danos às proteínas da pele que acontecem à medida que envelhecemos, reduz os metabólitos anormais que se acumulam na pele ao longo do tempo e levam a rugas, reduz a flacidez e até minimiza manchas senis.

- **O jejum atua em sinergia com qualquer rotina de cuidados com a pele.** Outro estudo mostrou que o jejum durante o uso de retinoide tópico (um ingrediente comum em produtos para a pele que causa muita irritação a muitos usuários) diminuiu a taxa de efeitos colaterais, mantendo os benefícios do retinol para a pele.

- **O jejum também diminui o risco de doenças inflamatórias da pele, como eczema e psoríase.** Em um estudo em que indivíduos completaram um regime de jejum intermitente, os pesquisadores observaram uma diminuição da resposta inflamatória da pele em um período de apenas duas semanas, enquanto outro estudo mostrou regressão das placas psoriáticas. Ainda outro estudo mostrou o fim de espinhas ativas em pessoas com acne, melhorando a oleosidade da pele e abrindo os poros. O jejum reduz o sebo (o óleo que obstrui os poros da pele) em até 40% e, com ele, a acne!

LEMBRE-SE

Outra parte crucial do jejum é beber muita água. É importante lembrar que incentivamos o jejum úmido, e não o seco, pois neste, nada é consumido, incluindo água. Quando tudo o que precisa absorver é água — e bebidas não calóricas ocasionais —, você tende a manter seus níveis de líquido. Beber água e manter-se hidratado é crucial para a saúde da pele, e os jejuns úmidos são um auxílio.

Freando o envelhecimento

O jejum prolonga a expectativa de vida. À medida que melhora a capacidade do corpo de curar e se recuperar de eventos negativos, como doenças e infecções, é muito mais provável que o corpo prospere em longo prazo. Esse aumento da saúde está relacionado à capacidade do corpo de se opor à doença. A insulina e a glicose, que caem ao jejuar, estão fortemente associadas a doenças e envelhecimento rápido. O jejum de cerca de três dias diminui os níveis sanguíneos de ambos em cerca de 30%. O IGF-1, o causador a jusante do HGH, também acelera o envelhecimento. No entanto, o jejum reduz o IGF-1 em até 60%. Curiosamente, esse benefício se deve, em parte, à restrição de proteínas, sugerindo que o jejum funciona de maneiras diferentes da keto para melhorar a saúde em longo prazo.

O jejum reduz a resposta inflamatória e melhora a capacidade de regeneração das células. Ele faz a mágica promovendo a autofagia e uma série de outros agentes hormonais que diminuem infecções, enfermidades e doenças, todas associadas ao envelhecimento no nível celular.

Muitos cientistas acreditam que o telômero é essencialmente o epítome da fonte de juventude do corpo. Os *telômeros* são a tampa protetora no final dos cromossomos que os impede de se desenrolar. Como os cromossomos são a estrutura do corpo e do cérebro, é mais provável que os telômeros curtos levem a doenças e envelhecimento porque os cromossomos danificados não são capazes de escrever instruções infalíveis para manter um corpo e uma mente saudáveis. O comprimento dos telômeros diminui com a idade, e essa é uma das razões para os cientistas acreditarem que as pessoas têm um risco maior de contrair doenças, infecções e até câncer à medida que envelhecem.

Como o jejum aumenta a capacidade das células de promover autofagia, e ela é um fator conhecido no alongamento dos telômeros, o jejum está conclusivamente ligado a uma redução no envelhecimento. Além disso, autofagia e telômeros estão relacionados de outra maneira. A enzima que aumenta o comprimento dos telômeros (telomerase) também aumenta a autofagia celular. Dessa forma, autofagia e telômeros têm uma relação simbiótica.

LEMBRE-SE

Estudos mostram que o jejum de longo prazo, de mais de 24 horas, é necessário para obter os benefícios da autofagia, e é por isso que algumas autoridades sugerem um benefício de jejuns ocasionais de três ou mais dias. A maioria das pessoas precisa avançar lentamente até esse objetivo, e algumas devem fazer sob a supervisão de um profissional de saúde. Se tiver qualquer condição médica, converse com seu médico antes de iniciar qualquer rotina de jejum.

Melhorando a função cerebral

Uma preocupação comum é que o jejum reduza a capacidade de pensar e cumprir as obrigações diárias necessárias, mas o oposto costuma acontecer. Existem incontáveis relatos de pessoas percebendo que se sentem mais sagazes e alertas quanto mais tempo entram em jejum. A primeira vez em que você jejua pode ser difícil, porque seu corpo não está acostumado a ficar sem calorias, mas à medida que se ajusta, você percebe a clareza mental que perdeu por muito tempo.

Isso faz sentido: Se os seres humanos tivessem evoluído para ter uma queda mental sempre que sentissem fome, nunca sobreviveriam como espécie. Você consegue imaginar se nossos ancestrais teriam sobrevivido até o quarto dia, em que precisavam de toda a inteligência para jantar, se ficassem cada vez mais letárgicos no segundo ou terceiro dia sem comida? Em vez disso, os tempos de reação permaneceram aguçados, e a visão excelente e a clareza mental nunca foram melhores. É mais provável que ficassem mais vulneráveis nas primeiras horas após um belo jantar — provavelmente, como a queda de energia depois da ceia de Natal, que você deve conhecer. Com o estômago cheio, a energia é desviada para a digestão de um grande número de calorias, e os seres humanos não ficam tão alertas ou focados como quando estão com fome.

Curiosamente, os seres humanos — e outros mamíferos — evoluíram para que a ingestão de baixas calorias ou o jejum não afetassem o tamanho do cérebro. A maioria das pessoas, se jejuar por tempo suficiente (estamos falando de semanas sem comer), começará a notar que músculos, ossos e outros órgãos se deterioram. No entanto, o tamanho do cérebro permanecerá estável por mais tempo do que qualquer outra coisa. Isso é crucial, porque seu cérebro é seu bem mais potente. Superar um predador era a melhor maneira de sobreviver, porque nossos ancestrais definitivamente não eram os animais maiores ou mais fortes da selva. Portanto, eram muito mais propensos a sobreviver se suas células cerebrais não começassem a desaparecer passando fome.

É aqui que entra o benefício de uma combinação de keto e jejum intermitente. O cérebro precisa de um pouco de glicose para sobreviver, mesmo se você não está consumindo carboidratos. O fígado pode usar a gliconeogênese para converter proteínas em glicose, atendendo às necessidades do cérebro, mesmo em um ambiente desprovido de carboidratos. Estudos mostram que, com absolutamente nenhuma comida, seu corpo e cérebro sobrevivem por cerca de trinta dias. O resto definitivamente encolherá, mas seu corpo priorizará os nutrientes que vão para o cérebro, para manter sua mente o mais atenta possível até comer de novo.

O jejum e o exercício também têm benefícios diretos no crescimento e na função das células cerebrais e neurônios. Estudos mostram que tanto a restrição calórica quanto o jejum aumentam a atividade dos neurônios no hipocampo, um centro vital do cérebro para aprendizado e memória. Esses neurônios liberam o fator neurotrófico derivado do cérebro (BDNF), que melhora sua função por meio de vários mecanismos:

» Promovendo o crescimento e a manutenção dos *dendritos* dos neurônios, que são extensões dos neurônios em forma de dedo que lhes permitem receber informações de outras partes do cérebro.

» Desenvolvendo e mantendo *sinapses*, os espaços entre os neurônios que são vitais para a comunicação entre diferentes neurônios na mesma e em diferentes partes do cérebro.

» Permitindo o desenvolvimento e o crescimento de neurônios a partir de células-tronco cerebrais, os ancestrais dos neurônios que têm o potencial de se tornar qualquer tipo de célula cerebral. Permite o crescimento de ainda mais neurônios para melhorar as conexões e otimizar a função cerebral.

A doença de Alzheimer ataca os neurônios do hipocampo, levando à demência e ao esquecimento, mas o jejum é uma maneira de impedir o declínio progressivo dessa doença, fortalecendo as células cerebrais mais suscetíveis. De fato, tanto o BDNF quanto a insulina parecem estar inversamente relacionados a quedas na capacidade cognitiva. Estudos mostram que ratos que foram alimentados duas vezes por dia e estavam em uma rotina de jejum intermitente tiveram melhor desempenho em labirintos e outras tarefas que exigem memória de trabalho do que ratos que podiam comer quando quisessem.

Redução das inflamações

A maioria das doenças da era moderna está relacionada à inflamação. Câncer, doença cardiovascular, doença autoimune, síndromes da dor ou uma série de outras condições, todos podem ser rastreados até a inflamação subjacente no corpo. Isso levou muitos nutricionistas e médicos a procurar uma "dieta anti-inflamatória" que curasse a sociedade dos males que afetam a saúde e a expectativa de vida. Pesquisas mostram que a melhor dieta anti-inflamatória pode ser o jejum.

Indivíduos que jejuam em longo prazo (entre uma e três semanas por vez) experimentaram benefícios atípicos para muitos tratamentos e procedimentos médicos convencionais. Aqui estão dois exemplos:

» **Artrite reumatoide (AR):** A AR é uma forma autoimune de artrite, ainda mais devastadora que a osteoartrite. Nos modelos animal e humano da doença, o jejum causa remissão, que dura dois anos ou mais. Isso ocorre diante de uma doença geralmente crônica progressiva que deixa os pacientes incapazes de usar as mãos até para abotoar a camisa ou abrir frascos.

>> **Hipertensão arterial:** Conhecida como "assassino silencioso", pode melhorar com a keto. Essa mudança requer um compromisso consistente e de longo prazo. Por outro lado, em apenas treze dias de jejum só com água, indivíduos com pressão arterial limítrofe diminuíram as leituras de pressão arterial em vinte pontos. Ainda mais impactante, em pessoas com diagnóstico de pressão alta, um jejum prolongado de dez ou onze dias levou a pressões sanguíneas completamente normais, que caíram entre quarenta e sessenta pontos. Esse resultado é melhor do que o normalmente observado em anos de tratamento com medicamentos para pressão arterial.

Certamente, o diabetes tipo 2 é, em essência, uma condição inflamatória e associada à síndrome metabólica, uma combinação de cinco doenças que são todas baseadas na inflamação:

>> Obesidade (principalmente o acúmulo de gordura na área da cintura).

>> Pressão alta.

>> Resistência à insulina (ou alto nível de açúcar no sangue).

>> Triglicérides elevados (ácidos graxos livres na corrente sanguínea).

>> Problemas de colesterol (níveis incomumente baixos de lipoproteína de alta densidade (HDL), o colesterol bom).

O jejum auxilia a resolver todos esses problemas. Em dias alternados, é uma excelente abordagem para lidar com qualquer uma dessas condições. Quando as pessoas cortam drasticamente as calorias a cada dois dias (entre nada e de 500 a 600 calorias por dia), a pressão arterial cai, a cintura afina e a resistência à insulina se reduz. Vários estudos mostraram esse efeito em pessoas com sobrepeso e com peso saudável, em um período de apenas 15 dias a 3 semanas com jejum de dias alternados. O jejum intermitente diário também funciona. Um estudo que avaliou muçulmanos com síndrome metabólica que jejuaram do nascer ao pôr do sol durante o mês do Ramadã encontrou níveis mais baixos de glicose, além de melhora da resistência à insulina ao longo do tempo.

Um mecanismo subjacente é o efeito da autofagia e do jejum na *Sirtuína 1* (SIRT1), uma enzima que bloqueia a resposta inflamatória em todo o corpo. A SIRT1 desativa muitos genes importantes para aumentar a inflamação relacionada ao estresse, um dos primeiros desencadeadores do câncer. Além disso, ela estabiliza proteínas e as torna capazes de funcionar por mais tempo, para que o corpo não precise desperdiçar energia na produção de novas. Trabalhando juntas, a SIRT1 e a autofagia mantêm a integridade das células e reduz o desperdício.

Outro mecanismo é a *adiponectina*, o "hormônio do jejum", estimulado pelo jejum. Ela também é anti-inflamatória, pois reverte os estágios iniciais da doença cardiovascular *aterosclerótica* (o tipo em que as artérias se entopem). Níveis mais altos de adiponectina diminuem as moléculas inflamatórias que formam a placa, o que endurece as artérias e pode levar a um ataque cardíaco. Estudos também mostraram que a adiponectina protege o fígado de danos.

Detox celular

Para curar e ser eficaz, o corpo precisa passar por períodos naturais de desintoxicação. Isso é mais eficiente e saudável do que qualquer dieta de detox e é totalmente autossuficiente. No entanto, a eficácia desse processo natural diminui com a idade. Jejum intermitente ao resgate!

Christian de Duve, ganhador do Nobel de 1974, percebeu como as células se desintoxicam pelo processo da *autofagia*. As células têm *lisossomos*, unidades de eliminação de lixo que pesquisam periodicamente a célula em busca de peças danificadas ou anormais que precisam ser reparadas ou removidas para que a célula inteira não se torne cancerosa ou danificada. Esse processo é a autofagia (significa "autoalimentação") e é como a célula se renova continuamente. A autofagia é parte integrante do trabalho do corpo, mas é inibida por:

>> Insulina

>> Glicose

>> Proteína

O denominador comum das três é comer. Mesmo se você seguir a keto, a proteína moderada interromperá a autofagia e o pequeno número de alimentos com baixo teor de carboidratos a afetará. Não há maneira possível de comer que induza a autofagia, no entanto, algumas dietas, como a keto, estimulam seu processo natural mais do que outras. Quando os níveis de insulina aumentam ou os aminoácidos dos pedaços digeridos do seu bife chegam à corrente sanguínea, isso sinaliza ao corpo que mais nutrientes estão chegando e as células velhas e desgastadas não precisam ser reformadas para produzir energia. Significa que comer qualquer coisa, mesmo em uma dieta keto, regularmente bloqueia a autofagia. Somente o jejum combate isso.

Yoshinori Ohusmi, ganhador do Nobel de 2016, aprimorou a compreensão de como o processo funciona, revelando que a autofagia é vital para:

>> A prevenção do cânc

>> A sobrevivência celular.

>> O controle de qualidade das organelas de todas as partes da célula.

>> O metabolismo de todo o corpo.

>> O manejo da inflamação e da imunidade.

São partes essenciais de como o corpo funciona e se desenvolve, e o jejum é capaz de ativar todos esses mecanismos para que funcionem no nível ideal. Outro benefício da autofagia é que ela mantém o cérebro em sua melhor forma. A doença de Alzheimer, um dos distúrbios cerebrais neurodegenerativos mais comuns em seres humanos, ocorre quando o cérebro é preenchido com uma proteína anormal, a *beta amiloide*. Essa proteína anormal destrói as conexões entre as células do cérebro, causando dificuldades na memória e no aprendizado. A autofagia tende a remover essa proteína anormal, diminuindo sua capacidade de se acumular e levar à doença de Alzheimer. Estudos também mostram que o jejum minimiza os efeitos traumáticos de:

- » Crises epilépticas.
- » Acidente vascular encefálico.
- » Traumatismo craniano.
- » Lesões na medula espinhal.

LEMBRE-SE

Existem tantos benefícios no jejum intermitente, que a melhor pergunta a ser feita é: "Há benefícios em petiscar?"

Métodos de Jejuar

O jejum não é um método único para todos. Assim como cada seguidor da keto é diferente em termos de proteínas essenciais ou gorduras favoritas, seu jejum intermitente é diferente daquele de outra pessoa saudável. Não existe uma definição específica de jejum, embora estudos sugiram que seja necessário um mínimo de dezesseis horas entre as refeições para obter os benefícios da redução da inflamação e do aumento da autofagia (veja "Detox celular", anteriormente neste capítulo, para obter mais informações sobre a autofagia).

Há várias opções para o jejum. Você pode optar por uma programação com "tempo limitado" ou jejum em dias alternados. Na opção com restrição de tempo, você come apenas durante um número definido de horas do dia: 4 ou 8 horas. Por outro lado, durante o jejum em dias alternados, você para de comer por 24 horas completas; portanto, come em um dia e jejua no dia seguinte ou escolhe alguns dias da semana para jejuar. Algumas pessoas também escolhem um jejum "modificado", no qual, em vez de jejuar, diminuem drasticamente suas calorias no dia em "jejum", geralmente de 20% a 25% da ingestão regular.

Continue lendo para ver as opções mais comuns para o jejum intermitente, e lembre-se de que algumas pessoas optam por alternar entre estilos diferentes ou incorporar vários em sua rotina.

Jejum de dezesseis horas

O método de alimentação com restrição de tempo mais popular foi desenvolvido pelo conhecido bodybuilder e personal trainer sueco Martin Berkhan, que o apelidou de "Leangains" [ganhos de massa magra]. O método consiste em comer por oito horas durante o dia e jejuar pelas dezesseis horas restantes. Esse jejum intermitente está altamente ligado a exercícios, e Berkhan o divulga como uma maneira de ganhar músculos e perder gordura. Como tal, simplesmente fazer jejum intermitente sem a parte do exercício dificilmente fornecerá todos os "ganhos de massa magra" sugeridos.

Como você pode optar por dormir durante uma parte significativa do "tempo de jejum", essa opção é viável para muitas pessoas. Tecnicamente, você pode escolher qualquer período de dezesseis horas para o jejum, mas a maioria jejua durante a noite e começa a comer ao meio-dia. No entanto, se for para a cama ou acordar bem mais cedo ou mais tarde do que a maioria, é bom mudar seu "período de alimentação" da melhor maneira possível. Geralmente, com essa configuração, sua primeira refeição deve ser a maior e ocorrer após um treino. O tamanho e o conteúdo calórico das refeições diminuem gradualmente nas oito horas seguintes, embora, se optar por se exercitar no final do dia, possa comer sua refeição mais substancial após o exercício.

DICA

A pedra angular desse método é que sua refeição mais substancial acontece depois de se exercitar. Martin também recomenda manter sua programação, seja qual for. Somos criaturas de hábitos, por isso, se planeja seguir esse cronograma, será mais fácil mantê-lo se o período de alimentação for sempre entre meio-dia e 20h, em vez de mudá-lo para manhã/tarde ou tarde/noite, dependendo de seus planos para o dia.

Martin incentiva uma dieta rica em proteínas o tempo todo, com mais gorduras quando não estiver se exercitando e mais carboidratos quando estiver. O método Leangains é baseado em bastante evidência de estudos que analisaram seu efeito em seres humanos e camundongos, mostrando que dezesseis horas é o tempo mínimo necessário para se iniciarem os benefícios do jejum. Além disso, estudos mostram que a maioria das pessoas pode aderir a essa dieta porque há um período substancial no qual comer durante as horas de vigília.

Uma refeição ao dia

O jejum de vinte horas, ou a "dieta dos guerreiros", foi desenvolvido por um homem chamado Ori Hofmekler em 2001. Ele cunhou o termo com base nos antigos guerreiros espartanos, que os historiadores acreditam que comiam pouco durante o dia — e trabalhavam bastante —, depois festejavam à noite após o fim da batalha. Ori acredita que o longo jejum força o corpo a se tornar magro e saudável, semelhante ao que acontecia com nossos ancestrais mais antigos.

Comparado ao método Leangains (veja a seção anterior), a dieta dos guerreiros tem muito menos apoio científico. Ainda assim, como usa um método de jejum de tempo limitado, que tem benefícios comprovados em trechos mais curtos, é razoável pensar que tem seus benefícios.

Um pequeno estudo que durou seis meses analisou períodos de jejum de vinte horas durante o dia e descobriu que os participantes experimentaram perda de gordura e ganhos musculares. Sem nenhuma surpresa, as pessoas que comeram por apenas quatro horas sentiram-se muito mais famintas do que o grupo de controle. Curiosamente, também tiveram leituras mais altas de pressão arterial, embora seus níveis de cortisol estivessem reduzidos.

O método de Hofmekler permite comer um pequeno número de alimentos de baixa caloria, como vegetais crus e ovos cozidos, no "jejum" de vinte horas durante o dia, então é possível se empanturrar durante as quatro horas de refeição. Você é incentivado a saborear alimentos integrais e não processados, mas não há restrições reais sobre o que pode ou não comer durante o jejum.

De modo interessante, alguns estudos mostram que o tempo que você come faz diferença. Embora a dieta dos guerreiros o leve a fazer sua maior refeição à noite, alguns estudos mostram que há um benefício em comer conforme a cultura mediterrânea, segundo a qual a maioria das calorias é ingerida durante o almoço, e há uma queda significativa no fim do dia.

A pesquisa apoia essa abordagem por meio de vários mecanismos:

» Os níveis de insulina são mais altos à noite, o que representa mais chances de armazenar gordura se comer tarde.

» O HGH é suprimido durante a noite quando se come tarde, o que é um estímulo potente para o crescimento muscular (e melhora do metabolismo).

» Comer tarde prejudica o sono, pois a energia é desviada para a digestão.

» Como a grelina é naturalmente mais baixa à noite, você substitui uma tendência natural de comer menos comendo tarde.

Dieta 5-2

Esse tipo de jejum foi popularizado por Michael Mosely como a "Dieta Rápida". Nela, os participantes comem normalmente cinco dias por semana e se comprometem com um jejum de 24 horas 2 vezes durante a semana. Você pode comer entre 500 e 600 calorias no "dia do jejum", por isso não é tecnicamente um "jejum" verdadeiro, mas por ser uma restrição calórica significativa, é considerado benéfico. E algumas pessoas optam por tornar os 2 dias um verdadeiro jejum. De qualquer forma, o objetivo é se tornar um hábito alimentar, em vez de ser um plano de curto prazo para a perda de peso.

Diferentemente da "alimentação com restrição de tempo", o jejum de mais de 24 horas é considerado *prolongado*. Isso vem de pesquisas que mostram que, em camundongos, pular todas as calorias por pelo menos um dia era tão eficaz quanto a restrição calórica significativa em várias áreas, incluindo a perda de peso, a melhora dos níveis de insulina e glicose, e a redução dos níveis gerais de colesterol. Há menos pesquisas sobre o jejum prolongado em seres humanos, porque é difícil encontrar pessoas dispostas a se comprometer com ele.

Curiosamente, as pessoas que jejuam por tanto tempo observam que a fome tende a diminuir, e não depender da comida é bastante libertador. Ainda assim, há um risco aumentado de possíveis efeitos colaterais, incluindo hipoglicemia e pressão arterial baixa, e é difícil para muitas pessoas cumprir esse tipo de dieta em longo prazo. Além disso, qualquer pessoa com problemas de saúde significativos ou que tome medicação diária deve entrar em contato com o médico antes de se comprometer com qualquer tipo de jejum prolongado.

Jejum em dias alternados

Esse é um regime de jejum mais intenso, no qual se jejua quase todos os dias. Semelhante ao regime 5-2, algumas pessoas têm um número escasso de calorias nos dias de jejum. Algumas podem optar por fazer isso indefinidamente, mas esse regime tende a ser uma dieta de curto prazo para uma perda de peso mais rápida, interrompido após os objetivos de perda de peso serem atingidos. Esse método de jejum foi popularizado por Brad Pilon, em seu livro *Eat, Stop, Eat* (*Coma, Pare, Coma*, em tradução livre).

A pesquisa demonstrou que os benefícios do jejum em dias alternados incluem uma melhora nos fatores de risco cardiovascular, bem como na composição corporal. Em um estudo com indivíduos com sobrepeso, o jejum em dias alternados por dez semanas permitiu que os participantes diminuíssem a massa gorda e aumentassem a adiponectina. Também mostraram níveis mais baixos de lipoproteína de baixa densidade (LDL) e triglicerídeos.

Atenuando os Contras do Jejum

Se está interessado em aderir ao jejum intermitente, mas está preocupado com a fome intensa, esta seção é para você. Aqui, listamos algumas armadilhas comuns e ensinamos como combater ou até evitar os efeitos colaterais.

Controle sua mente

A fome começa na mente. Não é de admirar que haja tanto dinheiro em publicidade para fazer as pessoas comerem. Se você se concentrar na mente das pessoas, será muito mais eficaz na mudança de hábitos alimentares do que se focar exclusivamente no estômago.

DICA

Como qualquer outra coisa, controlar sua agenda alimentar é um hábito. Se começar aos poucos e trabalhar nisso, o jejum ficará mais fácil. Comece com pequenos períodos de jejum intermitente e os aumente. Comprometa-se a parar de comer em um horário específico e escolha um chá de ervas ou outra bebida não calórica para passar a noite. O jejum é extremamente fácil quando você dorme, portanto, é útil ir para a cama em um momento razoável quando se comprometer com o jejum intermitente.

Comece aos poucos e desenvolva resistência

Obviamente, ninguém inicia com um jejum de uma semana. Em vez disso, dedique-se a um período regular de alimentação com restrição de tempo e, lentamente, aumente sua resistência a jejuns de 24 horas ou mais. À medida que passa o tempo e o jejum se torna parte de sua rotina, você decide se deseja experimentar jejuns mais longos, para ver se o ajudarão a alcançar seus objetivos de saúde.

DICA

Aumente o período de jejum lentamente. Um jejum de dezesseis horas é muito mais administrável do que um de vinte horas.

Movimente-se

Mantenha-se ocupado e produtivo. Como a fome está principalmente na mente, é crucial focar outras coisas, trabalhando, se exercitando ou estando livre para realizar as atividades de que gosta. Você provavelmente descobrirá que, como nós, é mais criativo e produtivo durante o jejum, portanto, não perca esse tempo sonhando acordado com o almoço.

Comemos quando estamos entediados, zangados, irritados ou em outros momentos que não estão relacionados com nossa necessidade de ser nutridos. É o momento ideal para se aprofundar em qualquer problema emocional que esteja causando estresse e resolvê-lo, em vez de quebrar o jejum.

UM CUIDADO RARO: A SÍNDROME DE REALIMENTAÇÃO

A síndrome de realimentação é uma ocorrência rara que pode acometer pessoas que jejuam por mais de cinco dias ou em casos de desnutrição prolongada. Como tal, não é motivo de grande preocupação para a maioria das pessoas que jejuam menos que isso. Se parar de comer por mais de cinco dias, o nível de fósforo mineral no sangue poderá diminuir. Quando recomeçar a comer, a insulina aumentará, o que precisará de um nível básico de fósforo.

O excesso de fósforo reside em seus ossos e músculos, e seu corpo começará a decompor essas partes do corpo para chegar ao fósforo. Infelizmente, isso pode levar a arritmias cardíacas, bem como a mudanças significativas no fluido corporal. Baixos níveis de potássio e magnésio também podem piorar essa condição, levando a cãibras, tremores, confusão e arritmias cardíacas exacerbadas.

Para evitar essa situação, adicione um multivitamínico diário à sua rotina ou beba caldo de osso ou outros líquidos com eletrólitos adicionados. Faça algumas atividades físicas, mesmo que seja apenas uma caminhada, para manter a força nos ossos e nos músculos.

Lembre-se: Semelhante à dieta keto, o jejum intermitente deve ser usado sob a orientação de um médico, ou sequer adotado, por grávidas, lactantes, crianças ou qualquer pessoa que esteja tomando medicamentos para baixo teor de açúcar no sangue ou tenha condições médicas preexistentes. Além disso, embora o jejum não cause distúrbios alimentares, a maioria das pessoas que está lidando — ou já lidou — com um distúrbio alimentar provavelmente deve evitá-lo.

Mantenha as mudanças da keto

Não cometa o erro de supor que seus limites calóricos são desativados durante a janela de refeição que intercala o jejum de tempo limitado. Os espartanos se banqueteavam à noite, mas queimavam muitas calorias lutando durante o dia. A menos que esteja em treinamento militar ou acampado na academia, precisará ter controle durante o horário de alimentação e se lembrar de que ainda precisará permanecer na dieta keto padrão e limitar os carboidratos.

DICA

Primeiro, adapte-se à keto. A keto facilita muito o processo de jejum porque ambos são baseados no aumento de cetonas. O jejum é bastante desafiador na dieta padrão, por causa da alteração nos níveis de açúcar no sangue e de energia. Se já está adaptado à keto, seu corpo está pronto para colher todos os benefícios do jejum, porque você já está acostumado a queimar cetonas como combustível. Você também evitará grandes mudanças nos níveis de insulina, tornando o controle da alimentação mais gerenciável.

Hidrate-se

Não há problema em beber líquidos não calóricos, como café, chá, água e caldos, e em mascar chiclete sem açúcar. Isso pode distraí-lo e substituir a necessidade de comer. Com o tempo, você sentirá menos necessidade, mas é claro que precisará manter a ingestão de líquidos para se hidratar. Lembre-se de limitar os refrigerantes da dieta — eles têm adoçantes artificiais, que podem aumentar seu desejo por alimentos açucarados.

DICA

À medida que se acostuma ao jejum, os pensamentos sobre a próxima refeição ficam de lado quando a leptina cai, e você controla totalmente sua ingestão de nutrientes (consulte a seção "Acelerando a perda de gordura", anteriormente neste capítulo, para obter mais informações sobre a leptina).

NESTE CAPÍTULO

» Sabendo o que esperar da keto associada a exercícios

» Modificando a dieta para obter os macros necessários

» Decidindo qual tipo de keto é melhor para você

» Alterando o treino para atingir seus objetivos

» Vendo como os suplementos entram em cena

Capítulo **13**

Segurando Essa Barra

Agora que abordamos os principais agentes para uma boa adaptação à keto — o que comer, quando e quanto —, é vital falarmos sobre o que fazer quando *não* estamos comendo. É isso mesmo: o movimento é vital para alcançar seus objetivos de saúde, sejam eles ganhar massa muscular, emagrecer ou reduzir o risco de diabetes. O exercício não é apenas útil para perder peso e esculpir um tanquinho, mas também melhora a saúde cardiovascular, libera endorfinas saudáveis e melhora o sono. Não é de admirar que as autoridades de saúde recomendem que as pessoas pratiquem atividades físicas todos os dias, e isso sempre faz parte da prescrição médica para uma boa saúde.

No entanto, há muita informação desencontrada sobre a melhor forma de se exercitar para alcançar seus objetivos. Você deve se concentrar apenas no treino de resistência para ganhar massa muscular ou exclusivamente no cardio para perder peso? Qual é a melhor combinação de exercícios e como interagem com a keto? Você deve se exercitar com o estômago vazio ou fazer uma pequena refeição? E qual é a melhor maneira de criar resistência? As perguntas são aparentemente intermináveis e pode ser difícil saber como incorporar uma mudança em sua alimentação — keto — nesse regime multifacetado.

LEMBRE-SE

Quando você tem uma dieta saudável e completa, com alimentos integrais, há pouco risco de perder músculos, força ou resistência, e isso vale também se você incorpora habilmente o jejum intermitente. A questão crucial é quais são seus objetivos. Você quer esculpir massa magra, perder gordura ou manter o peso?

Aqui, nos aprofundaremos em tudo isso e muito mais, levando em consideração suas metas e seus antecedentes para determinar a melhor maneira de fazer a keto e os exercícios atuarem juntos para obter os melhores resultados. Incluímos alguns esquemas de exercícios para ajudá-lo a criar resistência ou perder gordura.

Como qualquer treinador lhe diria, "Vamos começar!"

Antecipando o Impacto da Keto

Os exercícios e a keto andam de mãos dadas. Todos sabemos que os inúmeros benefícios de uma rotina física regular apenas acentuam os benefícios que essa dieta tem para a prevenção de doenças e a perda de gordura. Nesta seção, explicamos como incorporar exercícios nas diferentes partes de sua jornada keto.

Os exercícios e a transição

Enquanto você está migrando para o estilo de vida keto, alguns dos sintomas podem ser bastante intensos. No entanto, quando passar por essa transição, com um pouco de experiência, amará seus benefícios.

Quase ninguém recomendaria exercícios de intensidade alta ou moderada ao passar pela gripe cetogênica ou por qualquer outro período de indisposição durante a transição, mas as pessoas têm uma ampla gama de reações a ela e ao tempo que duram. Algumas optam por cortar os carboidratos rapidamente, e malhar e até jejuar podem fazer parte de seu plano para alcançar seus objetivos. Outras veem a keto como um destino e fazem uma transição de longo prazo, por semanas ou meses.

Independentemente do caminho escolhido, mesmo que note cetonas em seu exame de sangue ou urina nas primeiras semanas após a transição, você pode não estar totalmente adaptado à keto e notar uma queda no desempenho e nos níveis de energia, o que não é permanente. Essa experiência pode ser desanimadora, mas é importante lembrar que seu corpo ainda está em transição e pode levar semanas para voltar ao nível regular de desempenho nos exercícios.

ACELERANDO A JORNADA KETO COM EXERCÍCIOS

Algumas pessoas fazem a transição para a keto facilmente e até usam os exercícios para entrar em cetose mais rápido. Como o exercício queima *glicogênio* (moléculas de glicose compostas) muscular, o método é comprovado. De fato, nós mesmos o usamos, andando várias horas todos os dias para queimar glicogênio muscular durante a transição.

Se quiser fazer exercício durante a transição para a cetose, faça-o em intensidade baixa a moderada, mantenha-se bem hidratado e reponha os eletrólitos (veja o Capítulo 7).

No entanto, há desvantagens em se exercitar durante o período de transição, especialmente se estiver sendo muito difícil:

- **Sintomas intensos:** A gripe cetogênica é uma das partes mais temidas da transição para a keto, e se exercitar nesse período é um convite a contraí-la. Se a qualquer momento notar sinais reveladores de fraqueza, dores musculares ou náusea, pare de se exercitar e descanse.

- **Desidratação:** Se você se exercitar muito durante a transição, corre o risco de desidratar. Lembre-se de que, como a glicose e o glicogênio são gastos, você naturalmente perde peso de água. Adicionar suor à equação pode levá-lo à desidratação, especialmente se não se reabastecer adequadamente com líquidos e eletrólitos.

- **Excessos:** Se pegar pesado na academia durante a transição, pode achar que a keto não é para você. O exercício dificulta a transição, e você notará uma diminuição no desempenho e na resistência. Além disso, pode levar semanas para que seus músculos se tornem eficientes na queima de gordura com glicose, o que pode ser desencorajador se você for pego de surpresa. Lembre-se de que essa experiência é temporária, e seu corpo agradecerá depois de fazer a transição completa.

Se tiver gripe cetogênica ou muitos sintomas desagradáveis durante a transição, faça um breve intervalo no exercício ou, pelo menos, diminua a intensidade. Esse revés é temporário, pois seu corpo passa para a queima de gordura e precisa recalibrar as fontes de combustível dos músculos.

Fase de adaptação

A adaptação à keto acontece quando seu corpo está totalmente acostumado a usar cetonas como principal fonte de combustível. O processo pode levar vários meses e requer um estado estável de cetonas no sangue. Como existe uma noção generalizada de que o exercício deve incluir carboidratos para obter

CAPÍTULO 13 **Segurando Essa Barra** 213

um desempenho de alto nível, algumas pessoas podem ficar preocupadas com o fato de que eliminar carboidratos reduz a resistência ou a potência.

A preocupação vem da ideia de que os músculos usam carboidratos — glicose — para se contrair. Pesquisas que datam da década de 1960 descobriram que os músculos se cansam mais cedo se não tiverem glicogênio muscular suficiente (a forma de glicose armazenada no tecido muscular), e um atleta se cansa rapidamente, levando a piores exercícios e desempenho. Desde então, fisiologistas do exercício, treinadores esportivos e leigos popularizaram o benefício da "carboidratagem" antes, durante e mesmo após o exercício, para garantir que as reservas de glicogênio muscular sejam supridas e a recuperação pós-treino, melhorada.

No entanto, isso só valerá se seus músculos não estiverem adaptados a uma fonte alternativa de combustível. Um atleta que consome massas pesadas com carboidratos ou bebidas esportivas açucaradas antes de uma rotina de exercícios notará uma queda no desempenho se renunciar a esses hábitos antes de treinar ou andar longas distâncias de bicicleta. Ele precisa de altos estoques de glicogênio, porque seus músculos não estão acostumados a usar cetonas para obter energia duradoura. Então, quando pede que os músculos realizem atividades de alta intensidade, usa mais carboidratos para abastecê-los e minimiza o uso relativo de gordura. Muitos fisiologistas do exercício afirmam por engano que o desempenho de alto nível depende de carboidratos, porque os atletas avaliados tendem a ser atletas acostumados a eles.

A situação é diferente para o adepto da keto, cujo corpo é profissional em usar cetonas para fortalecer os músculos. A principal cetona, o beta-hidroxibutirato (BHB), é a alternativa perfeita à glicose para alimentar o cérebro e os músculos. No indivíduo adaptado, os carboidratos são uma fonte secundária de combustível e, mesmo quando a atividade muscular aumenta, são capazes de usar mais gordura para alimentar seus músculos. O que você come muda a forma como seu corpo se comporta, inclusive como reage a um treino.

De fato, algumas pesquisas sugerem que o carregamento contínuo de carboidratos, mesmo que seja na hora do exercício, diminui sua capacidade de usar a gordura idealmente durante o treinamento.

Na década de 1980, foi realizado um estudo clássico, com cinco ciclistas treinados, para avaliar o desempenho de atletas adaptados à keto. Os resultados reforçaram a ideia de que a adaptação mantém o desempenho de atletas altamente treinados. No estudo, consumiram uma dieta restrita (menos de 20g de carboidratos por dia) por quatro semanas, depois foram o próprio grupo de controle — seu desempenho foi comparado ao anterior, em uma dieta rica em carboidratos. Os pesquisadores mostraram que, com pouco mais de 60% de sua atividade máxima, os atletas eram capazes de pedalar por mais tempo (151 minutos versus 147 minutos) com a keto. Além disso, usavam menos glicose como combustível, tinham níveis normais de glicose no sangue e conseguiam fazer a transição para níveis altos e eficientes de metabolismo da gordura.

PAPO DE ESPECIALISTA

AVALIANDO A INTENSIDADE DO TREINO

Aqui estão dois termos cruciais sobre a intensidade de um treino e como afeta suas fontes de combustível:

- **Equivalente metabólico (MET):** A quantidade de oxigênio que você usa em um minuto quando está deitado no sofá. É essencialmente um marcador do seu metabolismo, portanto, seu MET é diferente do de sua mãe ou de seu amigo. O MET de uma pessoa depende da massa muscular, temperatura ambiente, ingestão de alimentos e vários outros fatores, mas principalmente de peso e sexo. Esse sistema não é totalmente preciso, e é por isso que você não deve confiar completamente nos números MET que vê na esteira — são uma estimativa. No entanto, muitos estudos usam esse conceito, por isso é bom saber. O Compendium of Physical Activities é um recurso online (https://sites.google.com/site/compendiumofphysicalactivities [em inglês] ou http://www.saudeemmovimento.com.br/revista/artigos/rbfex/v2n2a6.pdf [em português]) que identifica o MET para vários exercícios. Por exemplo, considera-se que dançar jazz em geral e treinar com pesos têm um MET 5 (ou cinco vezes sua atividade metabólica basal).

- **Atividade aeróbica máxima ou consumo máximo de oxigênio:** O MET máximo que uma pessoa pode se manter (por um período determinado) sem perder força ou velocidade. Se você mal consegue fazer dez repetições de agachamento com 50kg, por exemplo, essa é sua atividade aeróbica máxima. É uma ótima ideia descobrir quais são seus níveis, para ver os ganhos que está obtendo ao longo do tempo. Muitas vezes, é o objetivo da maioria dos estudos e é o produto de quanto sangue seu coração pode bombear multiplicado pela quantidade de oxigênio que seu corpo usa por determinado período. A força aeróbica máxima tende a ser maior em homens do que em mulheres (de 10% a 20%) devido ao maior volume muscular dos homens, à capacidade de transporte de oxigênio e à contração do músculo cardíaco. Também diminui à medida que envelhece, cerca de 10% a cada década, se a pessoa não se exercita.

LEMBRE-SE

Embora essas informações sejam excelentes e mostrem que a keto não afeta negativamente o desempenho de atletas altamente treinados, esse estudo analisou apenas um tipo de exercício, e foi um esporte que enfatiza a resistência, uma área na qual a keto se destaca. Os estudos agora se expandiram para analisar diferentes tipos de atividade física, com base na intensidade e na duração do treino. Existem várias formas de exercício para você fazer:

> » **Sprints curtos:** Sprints curtos são atividades intensas que podem durar menos de dez segundos. Durante esse período, seu músculo usa fosfato de creatina, que é armazenado e fornece energia muscular. A maior parte

do fosfato de creatina está nos músculos, com cerca de 95% do total das reservas do corpo. O fosfato de creatina é essencial para a produção de adenosina trifosfato (ATP), a energia bruta do corpo. O ATP é necessário para que o músculo se contraia imediatamente, sem ter de perder tempo quebrando outras fontes de combustível, como glicose, proteína ou gordura. No entanto, é uma correção de curto prazo e alimenta os músculos por cerca de dez segundos antes que reforços sejam necessários. Em circunstâncias normais, o corpo faz isso antes da fadiga muscular e precisa mudar para outros tipos de metabolismo. O fosfato de creatina é um fator importante para breves explosões de atividade intensa, como levantamento de peso com potencial máximo ou corrida de 100 metros. É a fonte de energia que a maioria das pessoas usa para produzir ganhos musculares em termos de força e massa muscular, além de melhorar a recuperação.

» **Treinamento de alta intensidade:** São atividades intensas nas quais você faz de tudo (entre 60% e 80% de seu nível máximo) de dez segundos a cerca de dois minutos. Durante esse tempo, você usa o *metabolismo anaeróbico*, com o qual os músculos queimam combustível sem usar oxigênio. Enquanto isso acontece, eles acumulam ácido lático, um composto que leva a uma sensação de queimação e fadiga intensa após pressioná-los com força. Se seus músculos não descansam ou não conseguem sair do metabolismo anaeróbico, o ácido lático continua a se acumular, e os músculos não apenas se cansam, mas, em última análise, perdem força e podem até ser danificados pela superexposição.

Um dos benefícios do metabolismo anaeróbico é que ele tende a queimar mais calorias em curto prazo, traduzindo-se em melhorias no metabolismo geral do corpo. O treinamento intervalado de alta intensidade (HIIT) lhe permite continuar esse nível de atividade por períodos mais longos, mas por causa do curto período de recuperação entre cada "intervalo" em que seu corpo é capaz de se livrar de alguns acúmulos lácticos durante o descanso. Os exercícios no estilo HIIT incluem diversas atividades, como levantamento de peso, corrida, natação ou o que você escolher.

» **Atividades de resistência:** São estendidas, permanecem em estado constante, superiores a dez minutos, que exigem menos força geral, e são consideradas de intensidade moderada. Isso pode representar até 60% de sua força muscular total (mas geralmente fica entre 35% e 50%, dependendo do condicionamento físico). Esse estilo clássico usa o *metabolismo aeróbico*, mais eficiente que o anaeróbico, porque produz uma energia estável.

PAPO DE ESPECIALISTA

O metabolismo aeróbico ocorre quando carboidratos, gorduras e proteínas são quebradas na presença de oxigênio. É assim que seu corpo obtém energia quando você respira, sustentando a atividade por um longo tempo (pense em um maratonista que mantém o mesmo ritmo por horas). Quando você não consegue oxigênio suficiente para manter uma atividade por um longo período (em um sprint, por exemplo), seu corpo recebe energia do metabolismo anaeróbico, o que ocorre na ausência de oxigênio. Como imagina, você se cansa rápido e se recupera respirando com dificuldade.

Enquanto o metabolismo anaeróbico produz apenas 2 ATP para cada molécula de glicose queimada, o aeróbico produz colossais 38 ATP. Isso é muito mais rentável para os exercícios. No entanto, o exercício aeróbico usa todos os tipos de combustível, incluindo a gordura. É aqui que a adaptação à keto brilha, porque a gordura é um combustível maravilhoso para a atividade aeróbica e produz toda a energia necessária para sustentar esses exercícios mais longos e menos intensos. As atividades de resistência variam de caminhada a ciclismo e outros exercícios cárdio típicos.

Obviamente, seu corpo é dinâmico e alterna entre esses tipos de exercícios, às vezes no mesmo treino. Por exemplo, se alternar de um aquecimento de intensidade moderada para um intervalo de corrida, intercalado por uma corrida longa, seus músculos irão de aeróbico a anaeróbico e sprints em uma sessão.

A glicose (dos carboidratos) é a melhor fonte de combustível para atividades de resistência de alta intensidade, porque mesmo os atletas adaptados à keto precisam dela durante esses treinos, e o mesmo acontece conosco, pacatos cidadãos. *Glicólise* é a decomposição do açúcar prontamente disponível para fortalecer seus músculos enquanto se exercita com vigor. Mesmo assim, em uma dieta keto, o corpo é capaz de produzir glicose pela gliconeogênese (veja o Capítulo 2). Isso significa que, na keto, seus músculos ainda têm alguns estoques de glicose e glicogênio para atender às necessidades musculares agudas. De fato, um estudo de corredores de elite e triatletas com dietas diferentes (keto versus alto carboidrato) apresentou níveis semelhantes de capacidade aeróbica máxima, com os corredores keto tendo um nível um pouco mais alto, mesmo que isso não tenha sido significativo. Se você é um guerreiro de fim de semana ou marombeiro todos os dias, provavelmente terá resultados semelhantes.

Por outro lado, os músculos são capazes de usar outras fontes, como cetonas, para sprints curtos e atividades de resistência. Esse processo é a *oxidação da gordura*, que a decompõe para produzir contrações musculares.

No mesmo estudo, os atletas adaptados à keto usaram a gordura cerca de 2,3 vezes melhor do que os adeptos do carbo para corrida de longa distância. Também usaram mais oxidação de gordura em níveis mais altos de atividade intensa que se aproximavam, mas não atingiam, do exercício anaeróbico. Os atletas keto atingiram aproximadamente 70% da capacidade máxima de transporte de oxigênio, em comparação a apenas 55% daqueles atingidos com dietas ricas em carbo. É interessante notar que, embora alguns desses adeptos do estudo tenham conseguido aumentar brevemente seus níveis de cetonas durante atividades intensas, seus níveis caíram bastante quando pararam de se exercitar, enquanto os corredores keto os mantiveram durante o dia e só aumentaram no treinamento.

Um relatório recente de um atleta de resistência destaca isso. O atleta seguiu um estilo de vida keto, mas decidiu se preparar antes dos treinos. Ele costumava comer 80g de carbo por dia para alimentar seu alto nível de atividade, mas adicionava 60g antes do treino. Durante suas atividades curtas de sprint e prolongadas de resistência, notou uma diminuição (embora pequena, de 1,1% a 1,6%) no desempenho. No entanto, houve um aumento de 2,8% em seu exercício de resistência de alta intensidade. Suas descobertas confirmam outros estudos.

No atleta altamente treinado, a keto:

» Mantém, ou até melhora, as atividades de resistência e sprint.

» Diminui os ganhos em atividades do tipo anaeróbico de alta intensidade.

Na keto, o corpo humano é capaz de produzir toda a glicose de que precisa através da gliconeogênese, sem precisar de carboidratos, que engordam e estimulam a produção de insulina.

O corpo pode aumentar a produção de cetona durante os períodos de exercício; alguns estudos mostram que atletas adaptados à gordura triplicam sua produção de cetona durante exercícios de média a alta intensidade. Esses achados sugerem que os atletas adaptados à keto têm menos inflamações sistêmicas do que aqueles altamente ativos que seguem uma dieta rica em carboidratos.

Exercícios e jejum intermitente

Existem dois tipos de pessoas:

» **As que precisam de carboidratos sendo digeridos ativamente em seu sistema para abastecer e aproveitar o treino ao máximo:** Essas pessoas se referem ao efeito térmico do exercício. Como os alimentos aumentam o metabolismo, a teoria diz que, ao comer antes do treino, você prepara seu corpo para ser ainda mais metabolicamente ativo. Além disso, muitos estudos mostram que os carboidratos são usados preferencialmente quando seus músculos estão trabalhando duro, fazendo as pessoas pensarem que isso significa que são o melhor combustível para movê-los.

» **As que adoram exercícios em jejum:** Essas pessoas sugerem que o aumento de cetonas com um jejum noturno aumentará a capacidade do corpo de se concentrar na oxidação da gordura. Quando a gordura armazenada e as cetonas são usadas para alimentar o treino, é provável que você vá diretamente para o modo de queima de gordura, em vez de usar o shake pré-treino para impulsioná-la. Se já está queimando gordura, a teoria continua, é mais provável que perca o excesso de peso. Além disso, o efeito do jejum produz mais hormônio do crescimento humano (HGH), o que aumenta os ganhos musculares em longo prazo.

A realidade é que há verdade nas duas filosofias. O que funciona melhor para uma pessoa depende do que ela deseja ganhar com sua rotina de exercícios e daquilo com que se sente mais confortável.

Uma recente metanálise de jejum ou alimentação no treinamento de resistência tentou equilibrar a balança. Uma metanálise permite que os pesquisadores combinem as descobertas de vários estudos na esperança de encontrar um resultado mais equilibrado e preciso. O estudo não encontrou diferença entre os dois grupos. A metanálise mostra:

» Nenhuma diferença significativa na perda total de peso corporal por comer ou jejuar antes de um treino.

» Nenhuma diferença significativa na perda total de gordura corporal.

DICA

Saiba que se exercitar após um jejum noturno não é prejudicial.

LEMBRE-SE

Essas pessoas não estavam adaptadas à keto, o que significa que seus resultados seriam menores do que o de um adepto fazendo jejum intermitente.

Esses estudos analisam o exercício em jejum em pessoas realizando principalmente atividades do tipo resistência, nas quais usavam de 60% a 65% da capacidade de transporte de oxigênio. Então, o que acontece em outro tipo de exercício?

Outro estudo analisou atletas da 1ª Divisão do Campeonato de Futebol Americano Universitário dos EUA (NCAA), aos quais foi solicitado que realizassem treinamento do tipo resistência em estados de jejum e não jejum. Os participantes do estudo receberam uma refeição com aproximadamente 50g de carboidratos em seus dias sem jejum, o que é considerado o "carregamento de carboidratos" típico que muitos dietistas keto usam como combustível. A refeição tinha apenas uma pequena quantidade de proteína (3,3g). No estudo, os participantes fizeram supino, agachamento e exercícios com halteres em 60% de seus melhores resultados pessoais. Os resultados mostraram:

» Nenhuma diferença entre o MET gasto em jejum versus não jejum.

» Nenhuma diferença entre a frequência cardíaca ou o esforço percebido do atleta durante o jejum versus o não jejum.

» Um aumento na oxidação da gordura (metabolismo) no estado de jejum em comparação com o de não jejum.

DICA

Os estudos falharam repetidamente em encontrar qualquer diferença significativa entre se exercitar em jejum ou não. Esses termos geralmente se aplicam àqueles que jejuam por menos de 24 horas. Se você jejuar por mais tempo, não deve praticar exercícios extenuantes. Um estado de jejum significa essencialmente que você não fez a primeira refeição do dia antes de se exercitar. Basta comer imediatamente após um treino, porque é quando seus músculos precisam mais.

Ajustando os Macros aos Exercícios

Independentemente do tipo de exercício que pratica, é preciso adaptar os nutrientes para alcançar seus objetivos de condicionamento físico. Nesta seção, examinamos três objetivos (ganho de massa muscular, perda de gordura e resistência) e mostramos a melhor maneira de alcançá-los.

Otimizando o ganho de massa muscular

Ao se exercitar seguindo a keto, a proteína (não a gordura) é fundamental. Alguns atletas altamente treinados optam por fazer uma dieta keto rica em proteínas, na qual elas são responsáveis por 35%, em vez de 20%, da ingestão calórica diária total. Por que são importantes?

» A proteína estimula a saciedade, o que significa que você tem menos chances de se entupir de comida após um treino e se desviar de seus objetivos de perda de peso.

» As proteínas aumentam o crescimento das células musculares, que são destruídas pelo exercício e em um período de recuperação por várias horas após o término.

» A proteína é mais metabolicamente ativa do que outros macronutrientes, o que significa que ajuda a queimar gordura mais rápido.

» A proteína é necessária para a recuperação e a manutenção muscular.

A proporção de proteína necessária depende do nível de atividade. A dose diária recomendada (RDA) para a maioria dos indivíduos saudáveis é de 0,7g por quilo de peso ao dia. No entanto, isso leva em conta uma grande variedade de adultos, desde o funcionário de escritório sedentário até os fisiculturistas de elite. Obviamente, não funciona para todos. A Sociedade Internacional de Nutrição Esportiva (ISSN) estabeleceu opções melhores para indivíduos ativos:

» **Atletas de resistência (por exemplo, corredores de longa distância, ciclistas e nadadores):** de 0,9g a 1,4g por quilo de peso ao dia.

» **Atletas de atividades de estilo intermitente (aqueles que não se enquadram nas outras duas categorias, incluindo muitos tipos de**

atletas, e aqueles que combinam treinamento de resistência com força explosiva intermitente): de 1,2g a 1,5g por quilo de peso ao dia.

» **Atletas de treinamento de força/peso (por exemplo, fisiculturistas e levantadores de peso):** de 1,5g a 1,8g por quilo de peso ao dia e, ocasionalmente, até mais de 2,5g por quilo de peso ao dia para atletas de alta intensidade que desejam perder peso.

DICA

Então, quando você deve tomar sua proteína? Durante o dia, mas tome uma "carga proteica" na hora que planeja se exercitar. Estudos mostram um benefício da ingestão de proteínas antes, durante e após o exercício; portanto, escolha o que for melhor para o seu caso.

Proteína pós-exercícios

Seu corpo está preparado para criar massa muscular nas 24 horas após fazer um exercício pesado, do tipo resistência. A proteína ingerida dentro de 30 minutos após a conclusão de sua rotina de exercícios fornecerá os aminoácidos necessários para o crescimento muscular contínuo. A ingestão de proteínas após um treino ordena as células musculares a aumentarem. Isso leva a um aumento geral na síntese de proteínas musculares (MPS).

Cronometrar sua ingestão de proteínas em até 30 minutos após o final do treino fornece a quantidade mais substancial de estímulo ao crescimento muscular (para exercícios aeróbicos e anaeróbicos). Isso porque:

» O início do crescimento muscular ocorre tipicamente de 30 a 60 minutos após o treino.

» A ingestão até duas horas melhora a sinalização que aumenta o crescimento das fibras musculares, além de reabastecer as reservas de glicogênio.

» A MPS pós-treino atinge o pico dentro de três horas após o exercício e permanece elevada por um dia ou até mais.

O ISSN recomenda comer cerca de 20g a 40g de proteína durante o treino.

Atletas de resistência (como corredores de longa distância e triatletas) que necessitam de nutrição durante o exercício devem consumir 0,2g de proteína por quilo por hora para diminuir a tensão muscular. É preciso se exercitar por pelo menos 60 minutos para chegar a esse ponto. O benefício é a redução dos danos musculares e a recuperação muscular. A maioria das pessoas não precisará, se houver muito tempo de inatividade entre os exercícios.

DICA

Com tudo isso dito, o momento da ingestão de proteínas é irrelevante, desde que a pessoa ingira proteína suficiente para sua rotina de exercícios. Consuma cerca de 1,2g de proteína por quilo de peso por dia se estiver ativo e quiser desenvolver músculos. Você pode precisar de mais, se estiver treinando com resistência. Se quiser aumentar sua massa muscular magra, precisará de proteína suficiente não apenas para manter, mas também desenvolver músculos.

Proteínas específicas para melhores ganhos

Os aminoácidos essenciais (EAAs) merecem uma menção especial quando falamos sobre proteínas e crescimento muscular. Os EAAs são:

- » Histidina
- » Isoleucina
- » Leucina
- » Lisina
- » Metionina
- » Fenilalanina
- » Treonina
- » Tripofano
- » Valina

Eles compõem o material que fará seus músculos aumentarem. O corpo humano é incapaz de produzir esses aminoácidos, por isso, precisamos obtê-los dos alimentos que ingerimos ou de suplementos. Os EAAs são os estimuladores mais cruciais para a MPS, que colocam os atletas em um equilíbrio positivo de nitrogênio (ou estado de construção muscular).

Também devemos falar um pouco sobre um subgrupo do EAA, chamado de aminoácidos ramificados (BCAAs):

- » Leucina
- » Isoleucina
- » Valina

Esses três aminoácidos são responsáveis por cerca de um terço dos músculos do corpo, porém, mais importante, desempenham um papel significativo na produção e na recuperação dos músculos. São mais eficientes porque o fígado os transporta diretamente para o músculo sem ter de passar por um caminho mais complexo para ser metabolizado. Estudos mostram que esses aminoácidos aumentam a quantidade de proteína que você produz e diminuem a quantidade que perde. É uma vitória para quem quer esculpir um físico mais enxuto. Estudos mostram que essas combinações são benéficas tanto para exercícios do tipo resistência quanto para o treinamento de intensidade.

Em atividades de longa distância moderadas, os BCAAs ajudaram a:

» Melhorar o desempenho dos corredores de longa distância.

» Diminuir a sensação de fadiga.

Algumas pesquisas até sugerem que o BCAA é essencial para aumentar o poder de seu cérebro. Geralmente, o objetivo é consumir mais de 40mg de leucina por quilo por dia e mais de 20mg de isoleucina e valina por quilo por dia, pois essa é a proporção natural (2:1:1) em que os BCAAs aparecem na proteína animal. O ISSN sugere comer de 700mg a 3.000mg de leucina a qualquer momento, comendo regularmente ao longo do dia.

Os BCAAs são encontrados em todos os alimentos ricos em proteínas, mas são mais altos em carnes vermelhas e laticínios, como os seguintes:

» Carne de boi

» Carne de cabra

» Carne de cordeiro

» Queijo duro

» Whey (em pó low carb)

LEMBRE-SE

É melhor obter esses aminoácidos de fontes de alimentos integrais, para não precisar comprar suplementos de EAA ou BCAA. Em vez disso, siga uma dieta que tenha todos os aminoácidos de que precisa e escolha uma proteína em pó (incluímos detalhes que você precisa saber mais adiante neste capítulo) que é ideal se deseja aumentar a massa muscular. Estudos mostram que pessoas que tomam proteína em pó, em vez de apenas uma lista específica de aminoácidos, estimulam mais seu potencial de crescimento muscular.

CUIDADO

Há um ponto em que o excesso proteico se torna prejudicial para o atleta keto. Para ele, esse excesso se transforma em glicose por meio da gliconeogênese, por isso, é melhor consumir a proteína necessária e não exagerar, mesmo no momento do treino. Você não quer nocautear sua cetose.

LEMBRE-SE

A quantidade de proteína ingerida depende dos objetivos, do tipo de atividade que faz, quaisquer alterações nas metas de peso e quanto músculo ou resistência deseja desenvolver.

CAPÍTULO 13 **Segurando Essa Barra** 223

Otimizando a perda de peso

Se seu objetivo é perder gordura, é necessário fazer alterações na dieta e na rotina de exercícios. Descobrir a ingestão ideal de proteínas é essencial para perder peso. Esmiúce a seção anterior para ter uma ideia de como o desenvolvimento de músculos magros ajuda na perda de gordura.

Em seguida, você precisa avaliar sua ingestão de gordura para alcançar seus objetivos. Na dieta keto, a ingestão de gordura varia de 65% a 85% da ingestão calórica total, portanto, existem muitas opções para atingir a massa corporal magra ideal. Para a perda de gordura, seu objetivo deve ser ingerir de 65% a 70%. Quando reduz calorias para atingir seus objetivos, elas devem vir da ingestão de gordura.

LEMBRE-SE

Um quilo de peso equivale a cerca de 7.000 calorias, portanto, para perder de meio quilo a um quilo por semana, é preciso reduzir de 500 a 1.000 calorias por dia (por meio de dieta, exercícios ou uma combinação de ambos).

CUIDADO

Não tente perder gordura muito rapidamente. Muitas vezes, é insustentável reduzir as calorias em mais de 1.000 por dia em longo prazo, porque você acaba se sentindo lento e faminto. Além disso, corre o risco de perder alguns dos músculos suados que desenvolveu.

Adaptando para ter resistência

Muitos atletas keto mantêm a dieta sem ter prejuízo no desempenho. Se você é fisiculturista ou corredor de longa distância, tem uma vantagem clara, porque seus músculos naturalmente buscam a gordura como combustível, enquanto atletas que consomem muito carboidrato usam glicose. De fato, muitos dos estudos que analisam atletas de resistência mostram desempenho em níveis moderados de atividade (uma média de cerca de 60% da potência aeróbica máxima) na keto. Isso porque queimam mais gordura — uma fonte mais abundante de energia — mais cedo e por mais tempo do que os atletas que usam glicogênio ou glicose, que têm um suprimento limitado.

Como você queima mais gordura durante todas as partes do treino como atleta de resistência, provavelmente não notará nenhuma alteração no desempenho. É importante lembrar, no entanto, que isso não acontece imediatamente, e durante a transição, você poderá sentir mais fadiga e dores musculares à medida que o corpo para de usar glicose e começa a usar gordura como combustível.

DICA

Geralmente, é uma boa ideia manter a dieta cetogênica padrão com níveis de carboidratos de 20g a 50g por dia e ver como você se sai no regime de exercícios. Aguarde duas semanas antes de fazer alterações.

Por outro lado, se realiza atividades de estilo intermitente (tênis, basquete e outras), que exigem repetidas e curtas explosões de alta intensidade várias vezes, poderá observar algumas quedas no desempenho. Isso ocorre porque esses movimentos de alta intensidade precisam de glicose como combustível. Com uma dieta pobre em carboidratos, seus músculos não terão carboidratos suficientes para alimentar as ações de alta intensidade (cerca de 80% ou mais da capacidade máxima) por mais de 10 segundos. Se pratica principalmente um desses esportes, é melhor experimentar ingerir alguns carboidratos durante o exercício para aumentar sua utilização de glicose.

CUIDADO

Há pouco benefício em adicionar carboidratos após o treino, em oposição a antes. Estudos mostram que a ingestão de proteínas *após* o exercício é importante, e os carboidratos são benéficos principalmente para a reposição de glicogênio.

Adequando a Keto a Seus Objetivos

No Capítulo 1, abordamos as diferentes formas de keto disponíveis. Aqui explicamos por que escolher cada um desses estilos com base em sua rotina de exercícios para aproveitá-la ao máximo.

Seguindo a dieta cetogênica padrão

Para a maioria dos adeptos da keto, a opção padrão é a melhor. Embora tenha sido incutido em nossa cabeça que os carboidratos são necessários para a função e o desempenho muscular, a verdade é que você ainda pode ficar ativo sem ter de comer carboidratos em excesso para alimentar seus exercícios. A maioria de nós não é fisiculturista de nível olímpico ou atleta de CrossFit, e as pequenas quedas no desempenho são compensadas pelos benefícios da keto para a saúde. Além disso, a dieta padrão é bastante adequada para a maioria das atividades recreativas, incluindo atividades de resistência e intensidade.

DICA

Siga a dieta cetogênica padrão se alguma das opções a seguir se aplicar a você:

» Você se exercita menos de três vezes por semana ou menos de trinta minutos por vez. Se você se exercita ocasionalmente, adicionar carboidratos à rotina de pré-treino pode não resultar em benefícios significativos. Esse combustível pode ser necessário apenas se você está se exercitando com frequência e fazendo bastante repetições.

» Você realiza principalmente atividades aeróbicas ou de resistência, com intensidade moderada. Esses tipos de atividades são os que prosperam nas cetonas. Se está adaptado à keto, não notará queda de desempenho.

» Você experimenta benefícios de saúde significativos com a keto, como melhora da pressão arterial ou do diabetes.

> » Você não notou nenhuma alteração no desempenho. Se seu nível de desempenho for estável, não aumente a quantidade de carboidratos.

Se seu objetivo é perder gordura ou mesmo manter o peso e você basicamente caminha, corre, pratica pequenos HIIT ou treinamento de resistência leve, a keto padrão é a melhor opção e fornecerá energia suficiente para alimentar seu treino e alcançar seus objetivos de saúde.

Adotando a dieta cetogênica hiperproteica para ganhar massa muscular

A maioria dos atletas de resistência de alta intensidade que pratica keto escolhe a dieta rica em proteínas para se alinhar com o que o ISSN recomenda para a ingestão de proteínas. Lembre-se de que o ISSN sugere ingerir uma quantidade significativa de proteína — entre 0,7g a 0,9g por quilo de peso ao dia — para ganhar massa muscular enquanto levanta pesos. Essa quantidade de proteína praticamente exige que você escolha a dieta keto rica em proteínas, na qual a proteína representa até 30% da ingestão calórica total.

Se atingir 2,5g de proteína por quilo de peso, ou mais, fará uma dieta keto rica em proteínas e precisará ajustar os outros macros para compensar a ingestão calórica.

Independentemente disso, há prejuízos em consumir proteínas em excesso:

> » A proteína estimula a produção de insulina. Embora a insulina tenha alguns benefícios para a construção muscular durante o treino, seu excesso cancela os benefícios da keto.
>
> » O excesso de proteína desencadeia a gliconeogênese. Se exagerar nas proteínas, o excesso poderá ir para a produção de glicose. Você notará menos cetonas à medida que aumentar a ingestão de proteínas e poderá até impedir a cetose se consumi-la em maior quantidade do que o nível de exercício exige.

LEMBRE-SE

Uma dieta keto rica em proteínas é uma boa opção para quem quer ganhar massa muscular e se concentrar principalmente no treinamento de resistência. É improvável que você saia da cetose, a menos que exceda a carga proteica acima dos 30% recomendados do total de calorias.

Seguindo a dieta cetogênica direcionada para aumentar o progresso do treino

Se pratica principalmente exercícios de CrossFit ou de força, é útil escolher a versão direcionada da dieta keto. Nessa modalidade, se consomem de 20g a 50g de carboidratos de absorção rápida cerca de meia hora a uma hora antes do treino. Isso é um acréscimo aos carboidratos que se consomem na dieta keto padrão.

O raciocínio subjacente é ter glicose de absorção rápida para alimentar os músculos para o exercício máximo de que precisa. Mesmo como atleta keto, você precisa de glicose ou glicogênio para alimentar os exercícios anaeróbicos.

Se deseja perder peso, calcule as calorias extras dos 20g a 50g extras de carboidratos pré-treino e subtraia da ingestão calórica total. Comece com 20g e depois adapte a quantidade a suas necessidades. Isso significa que, nos dias em que se exercitar, você comerá um pouco menos de gordura do que nos outros.

Considere a keto direcionada se alguma destas situações se aplicar a você:

DICA

>> **Você não precisa se livrar da cetose por longos períodos para obter ganhos no HIIT e no levantamento de peso.** Isso é preferencial para pessoas que têm razões metabólicas para ficar longe de carboidratos (como diabetes) e não querem voltar aos picos decorrentes do alto consumo.

>> **Diminui o esforço percebido de realizar a mesma atividade se tiver carboidratos.** Como mencionamos, os atletas de resistência que ingeriram carboidratos antes do treino pareciam terminar a corrida com mais facilidade, tornando os treinos mais agradáveis e sustentáveis.

>> **Pode estimular alguns ganhos musculares durante o treino, porque os carboidratos adicionados aumentam a insulina.** Nesse caso, logo antes de um treino, a insulina não é tão ruim porque direciona aminoácidos para as células musculares, alimentando os esforços de reparo do corpo.

A keto direcionada será adequada se notar reduções consistentes no desempenho e sentir que estão muito pesados. Basicamente, ela é melhor para atletas que notaram uma queda em seus resultados desde que a adotaram. Como alternativa, é útil para alguns atletas de elite de resistência que, apesar de adaptados, ainda percebem que não estão alcançando o melhor de si em atividades de longa distância.

DICA

Antes do treino, escolha carboidratos de absorção rápida, que lhe deem energia durante o treino. Evite comer besteiras, que o deixarão lento, antes do treino, portanto, mantenha formas saudáveis de carboidratos se escolher a keto direcionada.

DICA

Você pode adicionar um pouco de proteína aos carboidratos pré-treino — isso garante um aumento de energia —, mas fique longe de alimentos com alto teor de gordura, pois retardarão a absorção dos carboidratos. As únicas gorduras que deve considerar consumir imediatamente antes do treino são os óleos de triglicerídeos de cadeia média (MCT), que são absorvidos muito rapidamente e ajudam a aumentar suas cetonas. As cetonas pré-treino não apenas ajudam a alimentar seus músculos, mas também o mantêm em cetose diante do excesso de carboidratos consumido.

Adotando a keto cíclica

A dieta cetogênica cíclica é indicada para o atleta competitivo de treinamento de força que só precisa de mais carboidratos para exercícios anaeróbicos de alto nível. Poucas pessoas se enquadram nessa categoria, portanto, é provável que esta seção não se aplique a você.

DICA

Considere a keto cíclica se alguma das seguintes situações se aplicar a você:

» **Você é fisiculturista de elite ou velocista de curta distância que treina há anos.** Notou quedas no desempenho e percebeu que precisa de mais carboidratos para alimentar seu intenso nível de atividade.

» **Você é saudável e não possui razões metabólicas para que o carregamento de carboidratos afete sua saúde.** Se notou uma melhora na pressão arterial ou nos níveis de açúcar no sangue, a keto cíclica *não* é adequada, porque você pode perder todos os ganhos ao sair da cetose.

» **Você treina intensamente em horários específicos.** Seus dias de alto consumo de carboidrato devem coincidir com os dias em que vai a academia. Além disso, é preciso entrar e sair da cetose esgotando completamente o excesso de carboidratos que consome nos dias de treino e depois voltar para a keto em dias sem excesso de carboidratos.

Geralmente, a keto cíclica ajudará com ganhos no tipo de exercício anaeróbico. Isso significa sprints de 100 metros, baixa repetição (5 ou 6) para levantadores de peso ou circuitos de CrossFit.

LEMBRE-SE

Se escolher a keto cíclica, ainda terá de ficar de olho em suas necessidades nutricionais totais e não se esquecer da ingestão calórica total nos dias em que excede os carboidratos. Será preciso diminuir a ingestão de gordura nesses dias para manter suas necessidades calóricas gerais.

DICA

A maioria das pessoas volta a uma proporção da dieta padrão de macronutrientes em um dia de carboidratos. Isso significa consumir cerca de 60% a 70% das necessidades calóricas de carboidratos, 20% a 25% de proteínas e apenas 10% ou menos de gordura.

A KETO DIRECIONADA PODE ME EXPULSAR DA CETOSE?

A resposta honesta é que depende. Todo mundo é diferente, e serão necessárias algumas tentativas e erros para garantir que a keto direcionada funcione para você. Nem todo mundo na keto é limitado ao mesmo número de carboidratos, e cada treino é diferente. Sua cetose depende de alguns fatores-chave:

- **Sua sensibilidade aos carboidratos (como você é sensível à insulina).**

- **Se está adaptado à keto (o que indica quão bem seu corpo queima cetonas como combustível).**

- **Quantidade (e tipo) de carboidratos que consome antes do treino.**

- **Duração e intensidade do treino.**

É fundamental perceber como se sente após treinar com carboidratos extras. Se observar uma melhora no desempenho e na energia com 20g de carboidratos, não há mais necessidade de comer. No entanto, se são necessários mais carboidratos para atingir o mesmo nível de desempenho, pode haver maior risco de ser expulso da cetose.

Algumas pessoas optam por verificar suas cetonas após os treinos para ver se estão em cetose e se adaptar com base nos resultados. Essa abordagem é útil apenas se perceber os efeitos colaterais da adição de carboidratos e achar que foi expulso da cetose. Ela fornece informações para determinar se pode aumentar ou diminuir a quantidade de carboidratos consumidos antes dos exercícios.

Obviamente, todo mundo que consome carboidratos notará uma queda no nível de cetonas logo depois, portanto, não deixe que isso o assuste. Contanto que mantenha os carboidratos em uma rotina pré-treino, seus músculos consumirão a maioria deles para que o corpo volte a queimar cetonas exclusivamente logo após o término do treino.

Se tudo isso é muito confuso, procure um nutricionista keto experiente ou um personal trainer para ajudá-lo a descobrir o nível certo de carboidratos pré-treino, com base em sua situação em particular.

Lembre-se: Você deve primeiro se adaptar à keto antes de mudar para a direcionada. Isso significa que deve seguir a keto há pelo menos dois meses ou mais e ter níveis estáveis de cetona antes de começar a adicionar carboidratos pré-treino.

Diferentemente da direcionada, você comerá carboidratos complexos nos dias de acréscimo. Eles o ajudarão a reabastecer as reservas de glicogênio nas células musculares e terão menos probabilidade de causar picos intensos nos níveis de insulina, como aconteceria com carboidratos altamente refinados. Verifique se está ingerindo carboidratos ricos em nutrientes.

Os carboidratos para comer na dieta cíclica incluem:

- » Batata-doce
- » Abóbora
- » Quinoa
- » Feijões e lentilhas
- » Grãos integrais

Embora ricos em carboidratos, esses alimentos são mais densos em nutrientes do que os de absorção rápida e tendem a acumular a quantidade certa de minerais, vitaminas e fibras para a saúde em geral.

LEMBRE-SE

Existem algumas desvantagens da dieta keto cíclica:

- » **É mais difícil entrar e sair da cetose, e algumas pessoas lutam, sentindo como se estivessem sempre perseguindo e verificando os níveis de cetona.** Nos dias de excesso de carboidratos, você sairá da cetose, e pode ser difícil voltar, mesmo retornando à keto padrão. Por isso, é essencial que, na dieta cíclica — ainda mais do que nas outras modalidades —, você esteja adaptado antes de fazer a transição para essa forma mais avançada.

   Algumas pessoas acham que precisam ser ainda mais rigorosas nos dias de keto restrita, aderindo a 20g de carboidratos ou menos para voltar à cetose. Outras acham que precisam adicionar jejum intermitente entre esses períodos. Há aquelas que consideram esse um ótimo momento para fazer um treino em jejum. As pessoas que seguem uma dieta cíclica podem demorar para equilibrar o ciclo entre a cetose e a carga de carboidratos.

- » **Adicionar carboidratos de volta à dieta em dias de realimentação pode levar ao efeito ioiô, porque você adicionará muito peso da água nos dias de realimentação de carboidratos.** Você também pode achar que é mais difícil perder peso, e até engordar, com a keto, porque muitas pessoas acham fácil consumir calorias demais nos dias de reabastecimento. Os carboidratos não são tão calóricos quanto a gordura, então você logo aprenderá que não se sentirá tão saciado com o mesmo número de calorias.

LEMBRE-SE

Não há pesquisas suficientes sobre a dieta cíclica para conhecer seus prós e contras, embora alguns estudos a tenham analisado. Um estudo examinou os triatletas de elite que foram divididos igualmente entre três opções alimentares: uma dieta padrão rica em carboidratos, uma keto com 75% a 80% de calorias de gordura e uma mista, na qual a padrão era misturada com jejum intermitente e baixa disponibilidade de carboidratos. Os adeptos da keto apresentaram melhor oxidação da gordura, mas pior desempenho após três semanas de dieta, enquanto os que fizeram a combinação de dieta e jejum (semelhantes ao grupo com alto teor de carboidratos) mostraram uma melhora no desempenho do teste.

Como a pesquisa é muito limitada, precisamos confiar em conselhos superficiais e no que notamos nas pessoas que optaram por fazer a dieta cíclica. Os efeitos metabólicos do ciclo dentro e fora da cetose são desconhecidos. Pode não ser tão útil para manter os benefícios de cetose para a saúde, como pressão arterial baixa e aumento da sensibilidade à insulina, porque são consumidos carboidratos em excesso em determinados dias. Ainda assim, mesmo na dieta cíclica, você consome menos carboidratos do que em uma dieta comum, por isso verá alguns benefícios da cetose, mesmo que não sejam tão significativos quanto os da keto padrão.

LEMBRE-SE

Uma dieta cíclica é apenas uma opção para atletas que praticam exercícios intensos regularmente. Não há muita pesquisa sobre ela, portanto, você pode precisar fazer alguns ajustes. Além disso, pode não obter todos os benefícios de saúde da keto ao entrar e sair da cetose regularmente.

Adaptando a Rotina de Exercícios

Recomendações da American Heart Association (AHA) e da American College of Sports Medicine (ACSM) sugerem que os adultos precisam fazer pelo menos de 150 a 250 minutos de exercício por semana para evitar ganho de peso e mais de 250 minutos por semana para ter uma perda significativa. Além disso, a AHA recomenda atividades de "fortalecimento muscular" duas vezes por semana. As recomendações tradicionais incentivam as pessoas a fazer a maior parte desses exercícios como atividade aeróbica moderada (ou treinamento de resistência); a quantidade de tempo pode ser reduzida pela metade, aumentando o esforço para um nível vigoroso (um MET de 8 ou mais).

Pesquisas mais recentes procuram verificar se essas recomendações são válidas para os objetivos de saúde e treinamento de todos. De modo geral, precisamos fazer uma série de atividades físicas para manter a saúde. Os objetivos diferem de pessoa para pessoa, mas fazer exercícios na keto ajuda em:

» Perda de peso.
» Hipertrofia muscular.
» Tratamento ou prevenção de doenças como diabetes, pressão alta e câncer.
» Melhora da saúde mental.
» Aumento da expectativa de vida.

CAPÍTULO 13 **Segurando Essa Barra**   231

DICA

A primeira coisa que você precisa identificar são seus objetivos: o que deseja alcançar exercitando-se na keto? Quando souber qual é seu objetivo, poderá escolher as atividades e o estilo alimentar que o ajudarão a atingi-lo. Nesta seção, abordamos os tipos de exercícios que deve considerar.

Anaeróbicos: Treinamento intervalado de alta intensidade e resistência

O treinamento de resistência ou força é qualquer movimento em que seu corpo e seus músculos precisam se mover contra uma força que se opõe a eles. A maioria das pessoas pensa no levantamento de peso como o treinamento de resistência por excelência, mas há muitos outros:

- » Exercícios de peso corporal, como flexões e barra.
- » Exercícios de arrastar coisas pesadas.
- » Corrida com resistência (usando um colete de peso).
- » Exercícios aeróbicos na água.

O HIIT é outra forma de exercício anaeróbico que leva seus músculos ao limite. À medida que aumenta sua popularidade, mais e mais pessoas o usam para otimizar a perda de gordura em um tempo mais curto do que as formas mais tradicionais de exercício. Estudos mostram que fazer HIIT por metade do tempo como atividade aeróbica ou cardiovascular regular intensifica a perda de peso e gordura.

DICA

Se está interessado no HIIT, mas não sabe por onde começar, teste alguns dos exercícios em www.dummies.com/health/exercise/weights/the-basics-of-high-intensity-interval-training/ ou pesquise na internet "Vídeos HIIT" para encontrar exercícios que possa fazer.

Os pontos altos desses dois tipos de exercícios são que eles não apenas desenvolvem músculos, mas também são muito melhores do que qualquer outra forma de exercício, ajudando a perder peso. Como o músculo é mais metabolicamente ativo do que qualquer outra parte do corpo, os fisiculturistas têm um metabolismo basal mais alto do que alguém com o mesmo peso e menos massa muscular.

Estudos mostram que o aumento da massa muscular decorrente do levantamento de peso aumenta o metabolismo em repouso em 4% nas mulheres e em quase 10% nos jovens saudáveis. A pesquisa também indica que o treinamento de força é vital para melhorar a sensibilidade à insulina e é uma excelente maneira de manter a integridade óssea, uma preocupação comum à medida que as pessoas envelhecem. No geral, o treinamento de resistência melhora o percentual de gordura corporal, aumentando a massa muscular magra.

Exercícios aeróbicos

Ao pensar em exercícios, provavelmente você pensa nos aeróbicos. Qualquer coisa que acelere o ritmo cardíaco, fazendo com que o sistema cardiovascular funcione mais, é aeróbica. É o exercício que depende do uso de oxigênio pelo corpo, em comparação com sessões curtas e intensas de exercício que dependem de fosfato de creatina de ação rápida ou do metabolismo anaeróbico.

Durante o exercício cardiovascular, o coração faz um ótimo treino, e você é capaz de manter o nível de atividade por períodos mais longos do que com o anaeróbico. Existe uma ampla gama de exercícios aeróbicos, que variam de leves a vigorosos, mas você deve procurar um nível de atividade que possa continuar por um período mais longo para realmente chamar de resistência.

As formas comuns de exercício aeróbico incluem:

» Aulas como Zumba.

» Corrida.

» Caminhada rápida.

» Ciclismo.

» Natação.

» Futebol.

» Pular corda.

Os exercícios aeróbicos são a melhor opção se deseja queimar calorias rapidamente. Essa forma de movimento queima mais calorias do que o treino de resistência, e até duas vezes mais do que o treinamento com pesos durante o mesmo tempo. No entanto, é menos provável que acumule tanto músculo metabolicamente ativo quanto faria com o treinamento com pesos, o que significa que seu metabolismo em repouso pode não melhorar tanto. O exercício aeróbico diminui sua porcentagem de gordura corporal, reduzindo a massa gorda geral.

O exercício aeróbico tem sido estudado extensivamente e é a forma de treinamento com os benefícios mais conhecidos. É um exercício fenomenal para o coração e foi comprovado que diminui o risco de doenças cardiovasculares, como derrame e ataques cardíacos, além de ser benéfico na redução das taxas de diabetes e pressão alta.

Equilíbrio e estabilidade

Embora menos comumente considerado como exercício, movimentos de equilíbrio ou estabilidade também merecem menção. Muitos outros tipos de exercícios incluem equilíbrio, mas a AHA define esses movimentos como necessários para aumentar as atividades funcionais e criar força e confiança. São especialmente importantes para que os idosos diminuam os riscos de quedas.

Como esses movimentos são lentos e não usam muito peso, costumam ser considerados uma forma leve de exercício, e seria difícil perder muito peso comprometendo-se apenas com esse tipo de atividade, a menos que reduza as calorias. No entanto, se incorporar esse tipo de movimento em atividades baseadas em força e exercícios cardio, aumentará seu efeito metabólico.

Os movimentos de equilíbrio e estabilidade se concentram nos movimentos do corpo para fortalecer a concentração e a força do *centro* do corpo (músculos abdominais e intercostais).

Alguns movimentos comuns que incorporam exercícios de equilíbrio incluem:

» **Tai chi:** O tai chi é um sistema chinês de arte marcial que consiste em sequências de movimentos lentos e controlados. Se já viu um amigo ou ator fazendo uma sequência ensaiada como forma de meditação, era o tai chi ou uma arte marcial muito semelhante. Confira *T'ai Chi For Dummies*, de Therese Iknoian [conteúdo em inglês], para saber mais sobre essa forma de exercício.

» **Exercícios com o BOSU:** As bolas BOSU são muito populares não apenas na academia, mas também nos consultórios de fisioterapia. Parece que alguém cortou o terço superior de uma bola de exercícios e a prendeu a uma base plástica plana. A bola BOSU oferece uma ampla gama de atividades de fortalecimento do peso corporal, permitindo exercitar o centro do corpo com uma série de exercícios simples, como flexões, abdominais e agachamentos.

» **Afundos:** Essa variação de agachamento tem como alvo as coxas e os glúteos. Para realizá-lo, fique em uma posição normal de agachamento; depois dê um passo à frente com o pé direito e cruze-o na frente do esquerdo, se ajoelhando. Afaste-se e repita do outro lado.

» **Oscilações:** Esse exercício costuma ser direcionado a indivíduos mais velhos para mantê-los em forma e bem equilibrados, mas também pode ser um excelente exercício de aquecimento ou desaquecimento para todas as idades. Para fazê-los, basta praticar formas exageradas de movimentos típicos, como balançar de um lado para o outro e dar passos maiores que o normal. Eles o mantêm bem equilibrado.

» **Agachamentos unilaterais:** Não é para os fracos de coração, e certamente é o exercício mais avançado da lista. Para fazer um agachamento unilateral, levante uma perna e estique-a à frente enquanto tenta agarrá-la com uma das mãos; ao mesmo tempo, agache-se e apoie todo o peso do corpo na outra perna. Levante-se e repita o exercício do outro lado. É um bom objetivo — se consegue fazê-los, está em excelente forma!

Flexibilidade e alongamento

Flexibilidade e alongamento geralmente fazem parte da rotina de aquecimento, mas seus benefícios serão mais significativos se forem feitos *após* o exercício. Alguns estudos mostraram um aumento de 17% no ganho de massa muscular em atletas que se alongam imediatamente após uma sessão de treino.

O alongamento é uma parte valiosa do treino. Ele aquece os músculos e, muitas vezes, é inestimável para diminuir o risco de entorse e lesões após qualquer outro tipo de exercício. A flexibilidade também melhora a postura, o equilíbrio e sua amplitude de movimento para atividades aeróbicas e de força. Como o movimento do equilíbrio, o de flexibilidade pode ser incorporado a atividades aeróbicas ou de treinamento de força para melhorar sua eficácia.

Algumas atividades comuns de flexibilidade incluem:

» **Yoga:** Esse sistema de exercícios se concentra em manter poses que o alongam levemente por longos períodos. O yoga usa o controle da respiração, posturas corporais específicas e meditação simples. Confira *Yoga Para Leigos, 2ª Edição*, de Larry Payne e Georg Feuerstein (Alta Books), para obter mais informações.

» **Alongamentos dinâmicos:** Esses alongamentos são feitos usando-se o movimento do corpo para criar um leve alongamento a cada repetição. Os exemplos incluem torcer de um lado para o outro para esticar o centro do corpo, e balançar os braços para a frente e para trás para aquecer ou esfriar os músculos do braço, peito e parte superior das costas. Concentre-se neles ao se aquecer.

» **Alongamentos estáticos:** Usam posições que são mantidas no lugar por um determinado tempo. O yoga emprega uma rotina completa de exercícios, mas o alongamento estático geralmente é uma atividade com finalidades específicas, focada nos locais que seu corpo precisa e feito apenas por alguns minutos. Os alongamentos estáticos são mais úteis como finalização.

MISTURANDO E COMBINANDO

Muitas pessoas incorporam partes de cada estilo de exercício em uma única rotina de condicionamento físico. Não há motivos para você não poder misturar seu treinamento de flexibilidade com resistência ou incorporar formas aeróbicas e anaeróbicas de exercício ao mesmo tempo.

De fato, provavelmente é melhor fazer *todas* as formas de exercício para ter inúmeros benefícios. Estudos que analisaram indivíduos comprometidos com o treinamento aeróbico e de resistência observaram que eles perderam mais peso e ganharam mais músculo do que indivíduos que passaram o mesmo tempo fazendo apenas uma forma de exercício.

Em um estudo, o grupo que seguiu um programa de treinamento de resistência não perdeu tanto peso quanto os do grupo aeróbico, que fizeram o equivalente a correr 20km por semana. No entanto, aqueles que *combinaram* as atividades, embora passassem mais tempo treinando, viram um aumento na perda de gordura *e* nos ganhos musculares.

Bônus para atingir seus objetivos

Se quiser algumas rotinas de exercícios fáceis de seguir, em sintonia com seus objetivos, aqui estão duas das nossas favoritas.

Rotina para perda de gordura

O exercício aeróbico é a melhor maneira de queimar gordura imediatamente, mas exige que você faça um treino significativo e, ocasionalmente, atinja seus limites. Se estiver consumindo calorias e proteínas suficientes, isso não o prejudicará, mesmo na keto.

O exercício anaeróbico serve para ultrapassar seus limites, encontrando o ponto ideal entre o acúmulo de lactato e a obtenção de ganho de massa muscular. Como o músculo é a parte mais metabolicamente ativa do corpo, ele o ajudará a queimar gordura mesmo após o término do treino. Essa é a vantagem e a justificativa do HIIT, seguido de exercícios de intensidade moderada para sua rotina de perda de gordura.

Faça este circuito duas vezes, mantendo a boa forma. Leva doze minutos no total.

1. Por quarenta segundos, faça agachamentos laterais.

Fique em pé, com os pés afastados na largura dos ombros. Em seguida, saia para o lado direito com a perna direita enquanto se inclina para baixo em um movimento de arremesso. Volte a ficar de pé e repita do outro lado.

2. **Por vinte segundos, pule corda ou leve os joelhos ao peito.**

Corra sem sair do lugar, levantando os joelhos o mais alto que puder.

3. **Por quarenta segundos, faça burpees.**

Comece na posição de pé. Em seguida, incline-se e coloque as mãos no chão, à frente dos pés (você precisará dobrar os joelhos). Volte com os dois pés até estar na posição de flexão. Complete uma flexão, leve as pernas de volta às posições originais e levante-se. Todo esse movimento conta como um burpee.

4. **Por vinte segundos, pule corda ou leve os joelhos ao peito.**

5. **Por quarenta segundos, faça agachamentos padrão ou com salto.**

Se é iniciante, faça movimentos padrões: fique em pé com os pés afastados na largura dos ombros. Em seguida, dê um passo à frente com um pé e ajoelhe-se até que seu joelho quase toque o chão. O ideal é que cada uma das pernas forme um ângulo de 90 graus na posição abaixada. Alterne as pernas.

Se é avançado, faça o agachamento com salto: comece com os pés afastados na largura dos ombros, depois dê um pequeno salto no ar e leve as pernas para a posição de afundo, caindo rapidamente no chão. Volte para cima e troque de perna; se a perna direita estava à frente na primeira vez, coloque a esquerda na segunda.

6. **Por vinte segundos, pule corda ou leve os joelhos ao peito.**

7. **Por quarenta segundos, faça agachamentos padrões ou unilaterais.**

O agachamento unilateral é uma técnica avançada: levante uma perna e esti-que-a para a frente enquanto tenta agarrá-la com uma das mãos, agache e apoie todo o peso do corpo na outra perna. Levante-se e repita o exercício no lado oposto.

Até que esteja pronto para isso, faça agachamentos padrões.

8. **Por vinte segundos, pule corda ou leve os joelhos ao peito.**

9. **Por quarenta segundos, faça agachamentos alternados.**

Esse movimento começa com uma investida lateral padrão. Ao voltar, estenda a mesma perna, que colocou para o lado, atrás de você e para o lado oposto, ajoelhando-se como se estivesse fazendo uma reverência. Por exemplo, você estendeu a perna direita para o lado, ajoelhou-se e, ao levantar, estendeu a direita para trás e para o lado esquerdo, ajoelhando-se em reverência. Volte à posição de pé e repita do outro lado.

10. **Por 20 segundos, pule corda ou leve os joelhos ao peito.**

11. **Por quarenta segundos, alterne entre prancha de mão e antebraço.**

Pranchas de mão são essencialmente a posição de flexão para cima: suas mãos e seus pés são as únicas coisas que tocam o chão, e os braços ficam totalmente estendidos. A prancha de antebraço é a mesma posição básica, mas envolve apoiar-se nos cotovelos e nos antebraços, em vez de nas mãos.

Para concluir o exercício, comece na posição de prancha de mão e desça até as pranchas de antebraço, posicionando um braço de cada vez. Para concluir uma repetição, retorne à posição de prancha de mão usando apenas os braços (não deixe seus joelhos tocarem o chão nem solte o quadril, que deve permanecer encaixado).

12. **Por vinte segundos, pule corda ou leve os joelhos ao peito.**

Você deve ficar sem fôlego durante e após essa rotina. Lembre-se de manter a boa forma como uma prioridade, mesmo que precise desacelerar suas repetições.

DICA

Se quiser entender como é um movimento básico, acesse o YouTube e pesquise o exercício específico. Você encontrará dezenas de vídeos para cada movimento. Se se sentir inseguro ou receoso, recomendamos procurar um personal trainer para ajudá-lo a aprender novas técnicas ou movimentos.

Rotina de resistência

Resistência significa treinar seu sistema cardiovascular para conseguir ir mais rápido, por mais tempo ou com mais intensidade. Não é o mesmo que perda de gordura; você pode aumentar sua resistência enquanto ganha peso. Já reparou que pode ganhar peso mesmo correndo mais? Isso ocorre porque seu corpo diminuiu a quantidade de energia para fazer o mesmo trabalho — seu metabolismo diminuiu, de modo que o mesmo trabalho exige menos esforço.

Se seu objetivo é melhorar alguma coisa, isso não é ruim, mas é importante estar ciente de que a resistência faz isso — faz você melhorar, mas não necessariamente afinar. Você pode aumentar seus níveis de resistência alternando entre intensidade leve e moderada (pense na diferença entre se exercitar em um nível que pode sustentar por várias horas, depois aumentá-lo para uma atividade de alto esforço por um minuto ou menos e, então, voltar ao normal). A resistência requer um comprometimento mais longo que a perda de peso.

DICA

O segredo da resistência é reduzir o intervalo entre descanso e execução. Você também precisará conhecer o máximo de uma repetição e disparar em cerca de 50% dela durante aproximadamente três séries de 10 a 25 repetições cada. O valor máximo é o que você pode levantar ou mover com segurança durante uma única repetição. Não tente um máximo até que esteja se exercitando por alguns meses, esteja familiarizado com a forma correta e tenha uma boa ideia do que seu corpo pode fazer. Para ter resistência, reduza o descanso entre as séries para menos de 90 segundos.

Aqui estão alguns dos principais exercícios fundamentais que você fará em uma academia. Por envolver pesos livres, a técnica é uma necessidade. Se não souber executá-la com segurança, peça ajuda a um treinador:

» **Agachamentos com peso:** Usam a mesma forma básica dos agachamentos padrões, mas acrescentam uma barra nos ombros, com peso.

» **Deadlifts:** Coloque uma barra no chão. Fique atrás da barra, coloque as mãos um pouco mais afastadas do que a largura dos ombros e levante-se lentamente para levantar a barra; depois devolva-a ao chão.

» **Supino reto:** Deite-se de costas em um banco e levante uma barra com os braços, acima do peito.

» **Puxadas:** As puxadas envolvem qualquer tipo de movimento de tração que simula o movimento básico de remo que você faria em um barco. Variações dessa atividade colocam seu corpo em várias posições e orientações para trabalhar os músculos das costas de maneira diferente.

Com essa rotina de treinamento de resistência, você sentirá a frequência cardíaca aumentar. Um bônus adicional é que isso também acentua seus esforços de ganho de massa muscular para que note uma melhora no metabolismo.

Alguns Suplementos Úteis

Ao combinar keto e exercício, você adiciona duas ótimas opções para alcançar seus objetivos de condicionamento físico, quaisquer que sejam. A maioria das pessoas obtém grandes benefícios dessa combinação sem suplementos. Ainda assim, há alguns testados que podem ser úteis, dependendo de seus objetivos.

Suplementos proteicos low carb

São os melhores suplementos para ganho de massa muscular. Enquanto fizer a dieta cetogênica, poderá obter toda a proteína de alimentos integrais, mas às vezes você só precisa suplementar para atingir seus objetivos de macros. Isso pode ser especialmente verdadeiro se estiver aumentando sua porcentagem de ingestão de proteínas para melhorar os ganhos de massa muscular (por exemplo, se estiver em uma dieta keto rica em proteínas). Existem muitas proteínas em pó por aí, mas algumas são mais adequadas para a keto.

Existem duas maneiras de classificar as proteínas em pó:

» **Tempo de absorção:** Há os seguintes tipos de proteínas em pó:

- **Absorção rápida:** São rapidamente digeridas e absorvidas, ficando disponíveis para os músculos no próximo treino.

- **Absorção lenta:** Demoram um pouco para ser absorvidas e digeridas, geralmente em torno de seis horas ou mais. Não são um combustível útil imediatamente antes do treino, mas o mantêm saciado entre as refeições e diminuem a lesão muscular.

» **Concentração de proteína:** Há algumas opções:

- **Concentradas:** Incluem cerca de 70% a 80% de proteína, com o restante sendo água, gorduras, carboidratos e minerais.

- **Isoladas:** Têm mais proteína, chegando entre 90% e 95%, com a remoção de componentes não proteicos para aumentar a eficácia.

- **Hidrolisadas:** Têm as proteínas divididas em *peptídeos* e *polipeptídeos*, os blocos menores de proteína. Embora não sejam tão pequenos quanto os aminoácidos, facilitam muito mais a absorção e a digestão. Como essas proteínas estão mais rapidamente disponíveis, podem aumentar os músculos, atingindo os níveis mais altos de insulina — e os efeitos de desenvolvimento de massa muscular da insulina.

Nas seções a seguir, mostramos alguns tipos de proteínas em pó para você escolher.

Whey protein (proteína do soro de leite)

A proteína de soro do leite tem cerca de 20% da proteína encontrada no leite. É uma boa opção para uma fonte de proteína de rápida absorção e completa. Tem todos os EAAs e BCAAs necessários para que não precise obtê-los separadamente. De fato, tem a proporção ideal de BCAA encontrada na natureza (2:1:1 de leucina para isoleucina e valina), o que a torna uma proteína perfeita. (Veja a seção "Proteínas específicas para melhores ganhos", anteriormente neste capítulo, para obter mais informações sobre EAAs e BCAAs.)

O whey é rapidamente digerido pela maioria das pessoas e absorvido pelas células musculares. Seus níveis de pico ocorrem cerca de uma hora e meia após ser tomado. No entanto, se você for intolerante à lactose, o whey não será uma boa opção; experimente o isolado ou um pó que seja não à base de leite.

Aqui estão alguns dos principais benefícios do whey:

» **É a melhor proteína em pó para incentivar a síntese de proteínas musculares.** Estimula proteínas mais que o dobro da caseína. Estudos mostram que ingerir 25g de whey de ação rápida, em vez de beber ao longo de três horas, aumenta mais o total de MPS. Se aumentar a MPS durante o treino é seu objetivo, o whey é sua opção (veja a seção "Proteína pós-exercícios", anteriormente neste capítulo, para obter mais informações).

» **Estimula o metabolismo (o que significa que você queima mais calorias) mais do que a maioria dos outros tipos de proteínas em pó.**

» **Aumenta a perda de gordura.** A pesquisa mostra que as pessoas que suplementaram com whey reduziram a gordura abdominal, o tipo exato de gordura associado a piores resultados para a saúde.

A maioria das pessoas tem como objetivo obter 20g a 40g de proteína cerca de 30 a 60 minutos antes do treino.

Caseína

Essa é a principal proteína do leite. No entanto, ao contrário do soro (whey), é uma proteína de absorção lenta. Pode levar até seis horas para que a caseína seja completamente digerida pelo corpo, por isso não é uma boa opção antes dos exercícios. Ela não aumenta a MPS tanto quanto o whey, mas pode ser mais útil para limitar a lesão muscular, pois vem com glutamina, um aminoácido que previne a degeneração muscular e também estimula o HGH. No geral, a caseína ainda é uma boa opção para a perda de gordura e o ganho de massa muscular em longo prazo.

Geralmente, a caseína deve ser ingerida entre as refeições ou mesmo antes de dormir. Alguns estudos mostram que isso minimiza a lesão muscular natural que ocorre enquanto você dorme. Você deve tomar cerca de 20g de caseína entre as refeições ou à noite, se optar por tomá-la.

Proteína do leite

Algumas pessoas tentam obter o melhor dos dois mundos com a proteína do leite, que tem uma proporção de 80:20 de caseína para whey, para que tenham os benefícios rápidos do whey e a liberação prolongada e lenta da caseína. Tem todos os EAAs e BCAAS necessários, o que a torna uma ótima opção. A proteína do leite é frequentemente encontrada em algumas barras de proteínas e na mistura das proteínas em pó.

Ovoalbumina

Para quem tem alergia a produtos lácteos, a proteína do ovo é outra opção válida. É fabricada principalmente a partir das claras de ovos (albumina), tem toda a gama de EAAs e perde apenas para o whey em teor de leucina.

CAPÍTULO 13 **Segurando Essa Barra** 241

Em comparação com outros tipos de proteína, a ovoalbumina é a mais fácil de digerir. No entanto, pode não mantê-lo tão saciado quanto as outras, porque a gema do ovo é removida da albumina, que é sua versão mais comum.

Proteína da ervilha

A proteína em pó da ervilha é um pouco mais nova na cena, mas já tem excelentes pesquisas. Estudos mostram que ela fornece a mesma nutrição proteica que o whey ao longo de três meses.

A proteína da ervilha é uma excelente opção se você não pode ingerir leite ou ovos, ou se tem muitas alergias. É fácil de digerir, em comparação com as outras proteínas de origem vegetal, e está prontamente disponível para seus músculos. No entanto, como a caseína, tem digestão lenta, por isso, não é a melhor ideia para uma fonte de energia pré-treino.

CUIDADO

A proteína da ervilha não é completa, o que significa que, embora tenha todos os BCAAs, não inclui todos os EAAs. Portanto, ainda mais do que as proteínas à base de leite, a proteína da ervilha não deve ser a principal fonte de sua dieta.

Outras proteínas vegetais

Existem inúmeras outras proteínas de origem vegetal, incluindo:

- » Soja.
- » Cânhamo.[1]
- » Arroz integral.
- » Variedades mistas, incluindo chia, linhaça e outras.

Embora a soja seja uma proteína de ação mais rápida, estudos mostram que não tem tanto efeito de construção muscular quanto a caseína ou as proteínas do whey. Pensa-se que o arroz integral é menos eficaz que o whey, embora um estudo tenha mostrado resultados equivalentes após dois meses de treinamento com pesos em jovens ativos. Há ainda menos pesquisas sobre outras proteínas de origem vegetal, sugerindo que, a partir de agora, a da ervilha deve ser a opção vegetal preferida.

DICA

Suplementos são apenas isso — suplementos. A maior parte da proteína deve provir de uma dieta keto completa, e se você ingerir quantidades adequadas de proteína para seu nível de atividade, poderá não precisar de mais. No entanto, as proteínas em pó são uma boa opção se fizer exercícios de resistência e desejar desenvolver mais massa muscular e reduzir a gordura.

---

1 Até a data de publicação deste livro, o cânhamo, derivado da maconha, não havia sido liberado no Brasil. [N. E.]

Creatina

A creatina é um dos suplementos mais estudados para o crescimento muscular. Esse produto é um componente crucial do ciclo de energia nas células, permitindo que os músculos se recuperem rapidamente, o que, por sua vez, permite que a pessoa se esforce mais durante o treino. Apresenta os seguintes benefícios:

» **Estimula as reservas de ATP nos músculos para melhorar a força e a velocidade em exercícios de alta intensidade (anaeróbicos), como sprints e levantamento de peso.** Estudos mostram que há um aumento médio de 5% na força e na potência ao suplementar com creatina.

» **Aumenta os ganhos musculares, elevando a massa de água nas células musculares.**

» **Aumenta a produção de hormônios como IGF-1 (fator de crescimento semelhante à insulina), que ajudam a aumentar a MPS.** É essencial para o crescimento infantil e aumenta o crescimento muscular em adultos.

» **Diminui a lesão muscular em longo prazo.**

Óleos MCT

Os óleos MCT são a única forma de gordura útil durante o treino para alimentar seus músculos. *Lembre-se:* As gorduras têm absorção lenta, portanto, é improvável que ajudem a alimentar seu treino se as comer logo antes de começá-lo. Os óleos MCT são diferentes da gordura, no entanto:

» São facilmente digeridos e absorvidos porque são rapidamente aproveitados pelo fígado (como os carboidratos de absorção rápida).

» São convertidos imediatamente em cetonas para que seu músculo os use como fonte de energia.

» Ajudam com a adaptação à keto, o que os torna uma opção para qualquer atleta keto que queira melhorar as capacidades de queima de gordura dos músculos mais rapidamente.

» Reduzem o acúmulo de lactato durante os exercícios anaeróbicos, ajudando você a fazer treinos mais longos.

Além disso, os óleos MCT colaboram com a perda de peso, porque aumentam o nível de leptina, o hormônio da saciedade, impedindo-o de comer demais. Estudos mostram que isso o ajuda a se livrar da gordura abdominal, o pior tipo para a saúde, e estimula as bactérias amigas do intestino, que também são cruciais para manter um peso saudável. Por fim, é um ótimo combustível para o cérebro, para que você se concentre em seus objetivos durante treinos intensos.

Geralmente, a maioria das pessoas usa uma ou duas colheres de sopa de óleo MCT antes de um treino para aumentar a energia.

DICA

Você sempre pode simplesmente aumentar sua ingestão de óleo de coco, porque é 65% de óleo MCT, dependendo da pureza e da qualidade.

Cetonas

As cetonas exógenas são uma maneira rápida de aumentar os níveis de cetona para alimentar o treino. Contêm o complexo beta-hidroxibutirato (BHB) com um mineral. BHB é a cetona mais eficaz e produz mais energia que o acetoacetato. É também uma das principais fontes da ação anti-inflamatória da keto. Em geral, esses suplementos vêm em pó ou líquido.

A forma em pó dos sais de cetona se liga a um mineral. Os minerais complexos podem ser:

- » Sódio
- » Cálcio
- » Magnésio
- » Potássio

Dessa forma, esses sais de cetona são uma maneira fácil de obter minerais extras, os quais você esgotou, principalmente potássio e magnésio, cujos níveis tendem a ter maior deficiência na keto. A forma líquida é um éster de cetona. No entanto, é mais difícil comprar essas fórmulas, porque são usadas para fins de pesquisa.

A adição de sais de cetona aumenta a energia durante o treino, porque acrescenta mais cetonas como combustível ao músculo ativo. Os sais de cetona ajudam especificamente quem segue a keto cíclica e que acha difícil voltar à cetose após os dias com excesso de carboidratos.

Normalmente, você deve tomar de 8g a 12g de sais de cetona cerca de uma hora antes do treino para sentir seus benefícios. Algumas pessoas optam por combinar óleos MCT com cetonas para ter um impulso extra.

Outros suplementos para a saúde

As opções a seguir não são específicas para malhar. Muitas pessoas as tomam regularmente apenas por razões de saúde ou outros benefícios, mas também

otimizam seus treinos. Se estiver tomando medicação regular, sempre converse com seu médico antes de adicionar suplementos:

» **Multivitamínico diário:** É crucial para a maioria das dietas keto, pois é fácil
deixar de obter todas as vitaminas e minerais de que precisa ao passar para
a keto e até mesmo depois. Tome um multivitamínico que inclua todos os
minerais comuns que podem faltar na keto, como potássio, magnésio e
zinco.

» **Cafeína:** A cafeína é encontrada em muitos dos suplementos de treino
disponíveis no mercado, mas se você já bebe uma xícara no café da manhã
todos os dias, provavelmente não precisa suplementar. No entanto, se
não gosta do sabor do café ou não o consome regularmente, poderá notar
alguns benefícios com cerca de 150mg a 200mg de cafeína; essa dose não
só aumenta a clareza mental como ajudar a queimar 150 ou mais calorias
enquanto você treina, se a perda de peso for seu objetivo.

» **L-teanina:** É um aminoácido que ocorre naturalmente, encontrado no
chá-preto e no chá-verde. Sua fama se deve à sua capacidade de melhorar
o relaxamento sem causar sonolência. Também foi demonstrado que
melhora o foco mental, diminui a ansiedade e melhora a memória funcional.
Geralmente, 200mg a 400mg é uma dose eficaz por dia.

» **Óleo de peixe:** O óleo de peixe ômega 3 é uma ótima fonte de nutrientes
anti-inflamatórios. Geralmente, as recomendações são de 1g a 3g de ômega
3 por dia, com uma proporção de 2:1 de ácido eicosapentaenoico (EPA) para
ácido docosahexaenoico (DHA). Alguns estudos mostram que, além dos
benefícios para a saúde do coração, o ômega 3 aumenta a construção de
músculos e diminui a temida dor muscular de aparecimento tardio após um
treino intenso.

DINHEIRO INDO PELO RALO

O beta-hidroxi beta-metilbutirato (HMB) é um metabólito da leucina, que é um dos
BCAAs conhecidos por seus benefícios na MPS. Estudos demonstraram que o HMB
é um suplemento útil para atletas não treinados ou idosos, novos no treinamento
de resistência, que estão sofrendo perda muscular. No entanto, se seu objetivo é o
ganho muscular significativo e você é atleta ou fisiculturista treinado, o HMB oferece
benefícios insignificantes. Uma metanálise recente (uma combinação de vários
estudos) de HMB não mostrou benefícios em termos de ganhos de desempenho
(no supino e no leg press) ou melhora em termos de perda de gordura ou ganhos
musculares.

PARTE 4 **Ao Infinito e Além**

5
Receitas Keto

NESTA PARTE...

Comece o dia com um café da manhã keto.

Prepare um almoço rápido e fácil.

Acelere com um jantar low carb.

Faça saladas e acompanhamentos ótimos para cetose.

Compartilhe aperitivos e lanches sem açúcar com seus amigos e familiares.

Simplifique com refeições únicas.

Saboreie deliciosas sobremesas, de dar água na boca.

NESTE CAPÍTULO

» **Começando com o pé direito**

» **Preparando um café da manhã tradicional com um toque keto**

Capítulo **14**

Café da Manhã: Daquele Jeito

RECEITAS DESTE CAPÍTULO

🍳 **Panquecas de Amêndoa e Mirtilo**

🍳 **Torrada com Abacate**

🍳 **Waffles com Gotas de Chocolate**

Taco de Queijo

🍳 **Shake de Morangos e Creme**

🍳 **Miniquiches**

Omelete de Queijo de Cabra

🍳 **Mingau de Framboesa**

Você provavelmente já ouviu falar que o café da manhã é a refeição mais importante do dia, e vários estudos científicos confirmam. A pessoa média passa o maior tempo sem comer no período entre a ceia e o café da manhã. O que você come ao "quebrar o jejum", ou "desjejuar", define seu dia para o sucesso ou o fracasso: coma uma carga pesada de carboidratos e acabará letárgico, improdutivo e lutando com surtos e quedas de energia ao longo do dia.

Os ovos são obviamente a escolha mais fácil e natural para o café da manhã keto, e neste capítulo incluímos várias receitas cuja base são essas delícias. No entanto, não coma tantos ovos a ponto de não conseguir mais olhar uma galinha nos olhos.

Para evitar esse desgaste, montamos uma variedade de receitas de substituição tão boas, que você pode até esquecer que está na keto. Isso inclui panquecas, torradas, waffles e batidas — itens que você pode ter descartado completamente e presumido que já sabe tudo a respeito.

Acreditamos que a keto pode mudar sua vida, mas isso não deve exigir que tenha uma vida *miserável*. Comece todos os dias com uma receita low carb, que tenha um gosto surpreendentemente semelhante à original, seja mais saudável e o abasteça por muito mais tempo do que as opções de café da manhã com alto teor de carboidratos.

Panquecas de Amêndoa e Mirtilo

PREPARO: 5 M N.	COZIMENTO: 10 MIN.	RENDIMENTO: 2 PORÇÕES

INGREDIENTES

1 xícara de farinha de amêndoa

1 colher de chá de fermento em pó

1 pitada de sal

3 ovos grandes

2 colheres de sopa de leite de amêndoa sem açúcar

½ colher de chá de extrato de baunilha

1 colher de sopa de óleo de abacate

½ xícara de mirtilos congelados

2 colheres de sopa de manteiga sem sal

MODO DE FAZER

1 Em uma tigela média, misture a farinha de amêndoa, o fermento e o sal.

2 Em outra tigela, misture os ovos, o leite de amêndoa e o extrato de baunilha.

3 Despeje os ingredientes líquidos sobre os secos enquanto mexe até ficar homogêneo.

4 Aqueça e unte levemente uma frigideira grande e, com uma colher, faça seis panquecas de 15cm.

5 Espalhe alguns mirtilos na massa líquida de cada panqueca, dividindo-os igualmente entre as panquecas.

6 Deixe no fogo até formar bolhas na superfície da massa.

7 Com cuidado, vire as panquecas e deixe no fogo até dourar por baixo.

8 Deslize as panquecas para um prato e cubra com manteiga para servir.

POR PORÇÃO: *Calorias, 614 (de gorduras, 484); Gordura, 54g (saturada 12g); Colesterol, 310mg; Sódio, 409mg; Carboidrato, 17g (fibra, 7g); Carboidrato líquido, 10g; Proteína, 22g.*

Torrada com Abacate

PREPARO: 10 MIN.	COZIMENTO: 30 MIN.	RENDIMENTO: 2 PORÇÕES

INGREDIENTES

2 ovos grandes, com a clara e a gema separadas

¼ de colher de chá de alho em pó

1 pitada de creme de tártaro

50g de cream cheese

½ xícara de maionese

2 colheres de chá de suco de limão fresco

1 abacate grande

4 fatias de tomate fresco

Sal a gosto

Pimenta fresca a gosto

MODO DE FAZER

1 Pré-aqueça o forno a 160°C e forre uma assadeira com papel-manteiga.

2 Em uma tigela média, bata as claras e o creme de tártaro com uma batedeira em velocidade média por cerca de 30 segundos, até formar picos duros.

3 Em uma tigela, misture o cream cheese, a gema de ovo e o alho em pó até obter uma cor clara e homogênea.

4 Coloque delicadamente as claras na mistura do cream cheese.

5 Coloque a mistura na assadeira em círculos de 10cm, com cerca de 2cm a 4cm de distância entre cada um.

6 Asse por 20 a 30 minutos, até dourar levemente. Fique de olho para não queimar. Em seguida, retire do forno e deixe esfriar completamente.

7 Em uma tigela pequena, misture a maionese e o suco de limão fresco.

8 Abra e descasque o abacate; em seguida, corte-o em quatro e o fatie bem fininho.

9 Faça torrada com os pães e espalhe a mistura de maionese.

10 Cubra cada pão com uma fatia de tomate e ¼ do abacate fatiado.

11 Tempere com sal e pimenta antes de servir.

POR PORÇÃO: *Calorias, 665 (de gorduras, 592); Gordura, 66g (saturada 13g); Colesterol, 225mg; Sódio, 767mg; Carboidrato, 12g (fibra, 7g); Carboidrato líquido, 5g; Proteína, 10g.*

Waffles com Gotas de Chocolate

PREPARO: 15 MIN.	COZIMENTO: 10 MIN.	RENDIMENTO: 2 PORÇÕES

INGREDIENTES

2 ovos grandes, com a clara e a gema separadas

3 colheres de sopa de proteína em pó sabor baunilha com baixo teor de carboidratos

2 colheres de sopa de manteiga sem sal, derretida

1 colher de sopa de eritritol em pó

½ colher de chá de essência de baunilha

1 pitada de sal

2 colheres de sopa de gotas de chocolate adoçadas com estévia

Xarope de bordo sem açúcar a gosto

MODO DE FAZER

1 Em uma tigela média, bata as claras até formar picos firmes.

2 Em outra tigela, misture a proteína em pó, a manteiga, as gemas, o eritritol, a essência de baunilha e o sal.

3 Coloque as claras na mistura de proteína em pó e, em seguida, as gostas de chocolate.

4 Unte e aqueça uma forma de waffle, coloque e deixe a massa de acordo com as instruções do fabricante, até dourar.

5 Coloque os waffles em um prato e cubra com xarope de bordo sem açúcar para servir.

POR PORÇÃO: *Calorias, 244 (de gorduras, 171); Gordura, 19g (saturada, 10g); Colesterol, 221mg; Sódio, 171mg; Carboidrato, 5g (fibra, 2g); Carboidrato líquido, 3g; Proteína, 15g.*

Taco de Queijo

PREPARO: 10 MIN.	COZIMENTO: 15 MIN.	RENDIMENTO: 2 PORÇÕES

INGREDIENTES

1 xícara de queijo muçarela ralado

½ xícara de queijo cheddar ralado

4 fatias de bacon

6 ovos grandes

2 colheres de sopa de creme de leite

Sal a gosto

Pimenta a gosto

½ abacate médio picado

1 tomate pequeno picado

MODO DE FAZER

1. Coloque uma colher de pau sobre uma tigela e reserve.

2. Aqueça uma frigideira grande em fogo médio a alto.

3. Em uma tigela média, misture os queijos muçarela e cheddar.

4. Espalhe ¼ de xícara de queijo em um círculo no meio da frigideira.

5. Deixe o queijo derreter e dourar; depois vire e deixe na frigideira até que a parte de baixo esteja dourada.

6. Use uma espátula para remover o queijo da frigideira e coloque-o sobre a colher de pau para esfriar em uma forma de casca de taco; repita com o resto do queijo.

7. Frite o bacon na mesma frigideira até ficar crocante; escorra em papel toalha e pique-o.

8. Unte outra frigideira e a aqueça em fogo médio a alto.

9. Em uma tigela pequena, misture os ovos, o creme de leite, sal e pimenta.

10. Despeje os ovos na frigideira e frite por 3 a 5 minutos, mexendo ocasionalmente.

11. Coloque as cascas de taco na vertical em dois pratos.

12. Coloque os ovos nas cascas; cubra com abacate, tomate e bacon picado para servir.

POR PORÇÃO: *Calorias, 706 (de gorduras, 487); Gordura, 54g (saturada, 24g); Colesterol, 670mg; Sódio, 1.313mg; Carboidrato, 9g (fibra, 2g); Carboidrato líquido, 7g; Proteína, 46g.*

Shake de Morangos e Creme

PREPARO: 5 MIN.	COZIMENTO: NÃO HÁ	RENDIMENTO: 1 PORÇÃO

INGREDIENTES

½ xícara de morangos frescos

½ xícara de leite de amêndoa sem açúcar

½ xícara de creme de leite

½ colher de chá de extrato de baunilha

3 a 4 cubos de gelo

Extrato líquido de estévia a gosto

2 colheres de sopa de chantilly sem açúcar

MODO DE FAZER

1 Lave os morangos e remova os caules; depois pique-os grosseiramente.

2 No liquidificador, misture o leite de amêndoa, o creme de leite e o extrato de baunilha.

3 Adicione os morangos e o gelo e misture até ficar homogêneo.

4 Adoce a gosto com estévia líquida e misture até ficar homogêneo mais uma vez.

5 Despeje em um copo e cubra com chantilly para servir, se desejar.

POR PORÇÃO: *Calorias, 467 (de gorduras, 415); Gordura, 46g (saturada, 28g); Colesterol, 164mg; Sódio, 137mg; Carboidrato, 11g (fibra, 3g); Carboidrato líquido, 8g; Proteína, 5g.*

Miniquiches

PREPARO: 10 MIN.	COZIMENTO: 25 MIN.	RENDIMENTO: 4 PORÇÕES

INGREDIENTES

1 colher de chá de azeite de oliva

150g de cogumelos brancos, cortados em cubos

80g de tomate em cubos

¼ de xícara de cebola-roxa em cubos

2 dentes de alho picados

6 ovos grandes

½ xícara de creme de leite

1 colher de sopa de salsa fresca picada

Sal a gosto

Pimenta a gosto

1 xícara de queijo muçarela ralado

MODO DE FAZER

1 Pré-aqueça o forno a 180°C e unte uma forma de muffin com spray culinário.

2 Em uma frigideira grande, aqueça o óleo em fogo médio.

3 Adicione os cogumelos, tomate, cebola-roxa e alho; cozinhe até ficarem macios, cerca de 6 a 8 minutos.

4 Em uma tigela média, misture os ovos, creme, salsa, sal e pimenta até ficarem claros.

5 Acrescente os legumes cozidos e o queijo muçarela.

6 Coloque a massa na forma preparada, enchendo os copinhos de muffin uniformemente.

7 Asse por 22 a 25 minutos, até que os ovos estejam firmes, e os topos, levemente dourados.

8 Deixe esfriar completamente; retire da forma e guarde em um recipiente hermético na geladeira.

POR PORÇÃO: *Calorias, 329 (de gorduras, 232); Gordura, 26g (saturada, 13g); Colesterol, 342mg; Sódio, 445mg; Carboidrato, 7g (fibra, 1g); Carboidrato líquido, 6g; Proteína, 18g.*

Omelete de Queijo de Cabra

PREPARO: 15 MIN.	COZIMENTO: 30 MIN.	RENDIMENTO: 4 PORÇÕES

INGREDIENTES

16 aspargos médios

2 colheres de sopa de azeite de oliva

80g de cogumelos brancos fatiados

12 ovos grandes

½ xícara de creme de leite

2 dentes de alho picados

Sal a gosto

Pimenta a gosto

80g de queijo de cabra amassado

2 cebolinhas picadas

MODO DE FAZER

1 Apare as pontas dos espargos e corte em pedaços de 5cm.

2 Em uma frigideira de ferro fundido de 25cm, aqueça o óleo em fogo médio a alto.

3 Adicione os cogumelos e os aspargos e refogue por 3 a 4 minutos, até dourar.

4 Em uma tigela média, misture os ovos, creme, alho, sal e pimenta.

5 Despeje a mistura líquida na frigideira e espalhe queijo de cabra e cebolinha.

6 Asse por 30 minutos a 200°C, até endurecer; depois corte em fatias para servir.

POR PORÇÃO: *Calorias, 505 (de gorduras, 366); Gordura, 41g (saturada, 18g); Colesterol, 622mg; Sódio, 531mg; Carboidrato, 7g (fibra, 2g); Carboidrato líquido, 5g; Proteína, 28g.*

Mingau de Framboesa

PREPARO: 5 MIN.	COZIMENTO: 8 MIN.	RENDIMENTO: 2 PORÇÕES

INGREDIENTES

2 xícaras de leite de amêndoa sem açúcar

¼ de xícara de linhaça moída

¼ de xícara de farinha de coco

⅔ xícara de framboesas frescas

1 colher de chá de extrato de baunilha

8 a 10 gotas de extrato líquido de estévia

MODO DE FAZER

1 Em uma panela pequena, aqueça o leite de amêndoa em fogo médio.

2 Quando o leite de amêndoa começar a ferver, misture a linhaça e a farinha de coco até ficar bem homogêneo.

3 Misture as framboesas e cozinhe até engrossar, por cerca de 10 minutos.

4 Retire do fogo e misture o extrato de baunilha.

5 Adoce com estévia líquida e coloque em tigelas para servir.

POR PORÇÃO: *Calorias, 188 (de gorduras, 88); Gordura, 10g (saturada, 2g); Colesterol, 0mg; Sódio, 211mg; Carboidrato, 19g (fibra, 13g); Carboidrato líquido, 6g; Proteína, 7g.*

> **NESTE CAPÍTULO**
>
> » Fazendo refeições quentes
>
> » Preparando almoços frios

Capítulo 15

Almoços Keto

RECEITAS DESTE CAPÍTULO

Salada de Frango com Abacate

Cheeseburger no Crepe

Almôndega Marinara Assada

Frango com Caju Salteado

Camarão Cremoso e Legumes ao Curry

Salada Cobb

🍳 **Salada de Couve com Limão**

Caçarola de Pizza de Frango

Para manter o controle da keto, é necessário repensar seus almoços. Na verdade, não é tão difícil, mas como cozinhar com gordura requer um conjunto de habilidades diferentes daquelas necessárias aos preparos com carboidratos, você terá de desafiar alguns de seus hábitos básicos ao preparar refeições. Você não pode optar por um fast-food nem pedir uma pizza.

O que descobrirá, no entanto, é que, quando começar a cozinhar pensando na saúde, sua nutrição não apenas terá uma mudança notável para melhor, mas você começará a experimentar muito mais sabores. Infelizmente, muitas pessoas se contentam com um almoço repetitivo, sem graça e pouco saudável no trabalho, quase como se fosse algo que têm de suportar, em vez de desfrutar. Esse não é o caso da keto.

Todas as receitas para almoço que incluímos neste capítulo foram submetidas a alguns testes rigorosos: atender a suas necessidades de macronutrientes, contar com ingredientes saudáveis, ser fácil de preparar e ter a mesma facilidade em um ambiente de trabalho restrito. Um dos critérios mais importantes para uma boa refeição keto é o sabor. Adoramos a intensidade de sabor que a gordura acrescenta aos alimentos e acreditamos que, após apenas um pouco de ajuste, seu paladar não precisará mais dos carboidratos superpreservados que costumavam encher suas refeições do dia e passará a preferir o sabor delicioso, variado e rico dos alimentos cheios de gorduras.

Salada de Frango com Abacate

PREPARO: 10 MIN.	COZIMENTO: 12 MIN.	RENDIMENTO: 1 PORÇÃO

INGREDIENTES

1 coxa de frango desossada de 90 gramas

Sal e pimenta a gosto

1 talo de aipo pequeno, picado

1 colher de sopa de cebola-roxa em cubos

½ colher de chá de salsa picada fresca

1 xícara de abacate em cubos

⅓ xícara de creme de leite

1 colher de chá de suco de limão fresco

1 pitada de alho em pó

MODO DE FAZER

1 Unte e pré-aqueça uma frigideira em fogo médio a alto.

2 Tempere o frango com sal e pimenta e coloque-o na frigideira.

3 Deixe no fogo por 5 a 6 minutos de cada lado, até ficar cozido. Em seguida, desligue o fogo. Deixe o frango esfriar um pouco e depois o desfie.

4 Em uma tigela, misture o aipo, a cebola-roxa e a salsa fresca.

5 Misture o abacate picado e o frango desfiado.

6 Adicione o creme de leite, o suco de limão e o alho em pó, e misture bem.

7 Tempere com sal e pimenta a gosto e sirva.

POR PORÇÃO: *Calorias, 506 (de gorduras, 389); Gordura, 43g (saturada, 13g); Colesterol, 112mg; Sódio, 417mg; Carboidrato, 17g (fibra, 11g); Carboidrato líquido, 6g; Proteína, 18g.*

Cheeseburger no Crepe

PREPARO: 10 MIN.	COZIMENTO: 20 MIN.	RENDIMENTO: 2 PORÇÕES

INGREDIENTES

2 colheres de sopa de azeite de oliva

300g de carne moída magra

½ cebola pequena, picada

10g de queijo cheddar ralado

1 colher de sopa de ketchup sem açúcar

2 colheres de sopa de maionese

2 ovos grandes

20g de cream cheese

MODO DE FAZER

1 Em uma frigideira untada em fogo médio, frite a carne moída e a cebola por 5 minutos.

2 Misture o queijo cheddar, o ketchup e a maionese, depois coloque em uma tigela e reserve.

3 Em uma tigela média, faça uma massa batendo os ovos e o cream cheese até ficar homogêneo.

4 Unte uma frigideira grande e aqueça em fogo alto.

5 Coloque cerca de metade da massa na frigideira, inclinando-a para cobrir uniformemente, e cozinhe por 2 minutos.

6 Com cuidado, vire o crepe e frite-o por mais 2 minutos, até dourar levemente.

7 Coloque o crepe em um prato e mantenha-o aquecido enquanto usa o restante da massa.

8 Coloque a mistura de cheeseburger nos crepes e enrole-os, depois corte ao meio para servir.

POR PORÇÃO: *Calorias, 600 (de gorduras, 474); Gordura, 53g (saturada, 17g); Colesterol, 291mg; Sódio, 455mg; Carboidrato, 7g (fibra, 0g); Carboidrato líquido, 7g; Proteína, 27g.*

Almôndega Marinara Assada

PREPARO: 15 MIN.	COZIMENTO: 30 MIN.	RENDIMENTO: 8 PORÇÕES

INGREDIENTES

700g de carne moída magra

4 ovos grandes

1 xícara de queijo parmesão ralado

¼ de xícara de cebola em cubos

2 colheres de sopa de farinha de amêndoa

2 dentes de alho picados

Sal e pimenta a gosto

1 colher de sopa de azeite de oliva

2 xícaras de molho marinara sem adição de açúcar

2 xícaras de queijo muçarela ralado

Salsa picada fresca, para servir

MODO DE FAZER

1 Pré-aqueça o forno a 180ºC e unte uma caçarola de 15cm x 15cm com spray culinário.

2 Em uma tigela grande, misture a carne, os ovos, o queijo parmesão, a cebola, a farinha de amêndoa e o alho.

3 Tempere com sal e pimenta, depois misture e modele à mão 16 pequenas almôndegas.

4 Unte uma frigideira grande e aqueça em fogo alto; coloque as almôndegas.

5 Sele as almôndegas por todos os lados por 3 a 5 minutos, até dourar.

6 Despeje o molho marinara na caçarola e adicione as almôndegas.

7 Cubra com muçarela ralada e leve ao forno por 20 minutos.

8 Coloque a caçarola no forno por 2 minutos para dourar o queijo.

9 Decore com salsa para servir.

POR PORÇÃO: *Calorias, 356 (de gorduras, 211); Gordura, 23g (saturada, 10g); Colesterol, 176mg; Sódio, 767mg; Carboidrato, 6g (fibra, 2g); Carboidrato líquido, 4g; Proteína, 29g.*

Frango com Caju Salteado

PREPARO: 10 MIN.	COZIMENTO: 20 MIN.	RENDIMENTO: 4 PORÇÕES

INGREDIENTES

2 pacotes de 200g de macarrão de conjac

Sal e pimenta a gosto

1 colher de chá de óleo de coco

1kg de coxas de frango desossadas e picadas

2 colheres de sopa de leite de coco engarrafado

2 colheres de sopa de molho de soja sem açúcar

20 aspargos pequenos fatiados

½ xícara de caju inteiro

1 colher de chá de molho de alho e pimenta, opcional

2 dentes de alho picados

MODO DE FAZER

1 Coloque todo o conteúdo do macarrão de conjac em um escorredor e enxágue bem com água fria.

2 Unte uma frigideira grande com spray culinário e aqueça em fogo médio.

3 Adicione o macarrão e tempere com sal e pimenta. Refogue até aquecer completamente.

4 Em uma frigideira separada, aqueça o óleo de coco em fogo médio.

5 Frite o frango no óleo de coco, mexendo sempre, por cerca de 4 a 5 minutos, até dourar.

6 Despeje o leite de coco e o molho de soja na frigideira com o frango.

7 Adicione o aspargo, o caju, o molho de alho e o alho, e cozinhe por 6 a 8 minutos, mexendo ocasionalmente.

8 Misture o macarrão e cozinhe por 2 minutos até aquecer completamente.

POR PORÇÃO: *Calorias, 313 (de gorduras, 183); Gordura, 20g (saturada, 7g); Colesterol, 106mg; Sódio, 657mg; Carboidrato, 11g (fibra, 5g); Carboidrato líquido, 6g; Proteína, 22g.*

Camarão Cremoso e Legumes ao Curry

PREPARO: 5 MIN.	COZIMENTO: 10 MIN.	RENDIMENTO: 2 PORÇÕES

INGREDIENTES

1 colher de sopa de óleo de coco

1 abobrinha média, cortada em cubos

1 xícara de cogumelos fatiados

½ cebola pequena picada

1 dente de alho picado

500g de camarões grandes, descascados e sem cabeça

2 colheres de sopa de edamame sem casca

200g de cream cheese

1 colher de sopa de molho de soja sem açúcar

1 colher de chá de curry vermelho

½ colher de chá de açafrão

½ xícara de caldo de galinha

¼ de xícara de coentro fresco picado

MODO DE FAZER

1 Em uma frigideira grande, aqueça o óleo em fogo médio.

2 Adicione abobrinha, cogumelos, cebola e alho, depois frite até ficar macio, cerca de 6 a 7 minutos.

3 Coloque o camarão na frigideira em uma única camada e cozinhe por 1 a 2 minutos de cada lado, até ficar rosado.

4 Misture o edamame, o cream cheese, o molho de soja, a pasta de curry, o açafrão e o caldo.

5 Cozinhe por 2 minutos ou até o cream cheese derreter; ajuste o tempero a gosto.

6 Coloque em tigelas e sirva com coentro fresco.

POR PORÇÃO: *Calorias, 425 (de gorduras, 252); Gordura, 28g (saturada, 17g); Colesterol, 265mg; Sódio, 1.031mg; Carboidrato, 12g (fibra, 3g); Carboidrato líquido, 9g; Proteína, 34g.*

Salada Cobb

PREPARO: 10 MIN	COZIMENTO: 5 MIN	RENDIMENTO: 2 PORÇÕES

INGREDIENTES

4 fatias de bacon

2 xícaras de espinafre fresco

2 ovos grandes, cozidos e picados

1 abacate pequeno, sem caroço e fatiado

Sal e pimenta a gosto

1 colher de sopa de creme de leite

1 colher de sopa de maionese feita em casa

1 colher de sopa de creme azedo

½ colher de chá de cebolinha picada

½ colher de chá de salsa picada

¼ de colher de chá de suco de limão fresco

1 pitada de alho em pó

1 pitada de cebola em pó

MODO DE FAZER

1 Em uma frigideira grande, em fogo médio, frite o bacon até ficar crocante.

2 Escorra em papel toalha e pique grosseiramente; reserve.

3 Divida o espinafre em dois pratos de salada ou tigelas.

4 Cubra cada salada com metade dos ovos, abacate e bacon; tempere com sal e pimenta.

5 Em uma tigela pequena, misture os ingredientes restantes e regue-os sobre a salada para servir.

POR PORÇÃO: *Calorias, 355 (de gorduras, 269); Gordura, 30g (saturada, 8g); Colesterol, 220mg; Sódio, 722mg; Carboidrato, 9g (fibra, 5g); Carboidrato líquido, 4g; Proteína, 14g.*

Salada de Couve com Limão

PREPARO: 10 MIN.	COZIMENTO: NÃO HÁ	RENDIMENTO: 2 PORÇÕES

INGREDIENTES

200g de couve fresca

¼ de xícara de azeite de oliva

3 colheres de sopa de suco de limão fresco

1 colher de sopa de raspas de limão fresco

2 dentes de alho picados

Sal e pimenta a gosto

¼ de xícara de amêndoas lascadas

100g de queijo feta amassado

MODO DE FAZER

1 Lave a couve em água corrente; seque.

2 Corte as hastes grossas e rasgue as folhas em pedaços pequenos.

3 Coloque a couve em uma saladeira com o azeite, o suco de limão, as raspas de limão, o alho, o sal e a pimenta.

4 Misture tudo, "massageando" a couve por alguns minutos para amolecê-la.

5 Adicione as amêndoas e o queijo feta e misture.

POR PORÇÃO: *Calorias, 431 (de gorduras, 359); Gordura, 40g (saturada, 9g); Colesterol, 25mg; Sódio, 630mg; Carboidrato, 13g (fibra, 3g); Carboidrato líquido, 9g; Proteína, 10g.*

Caçarola de Pizza de Frango

PREPARO: 15 MIN.	COZIMENTO: 30 MIN.	RENDIMENTO: 4 PORÇÕES

INGREDIENTES

500g de coxas de frango desossadas

1 colher de sopa de azeite de oliva

2 abobrinhas grandes, em cubos

500g de ricota de leite integral

100g de pepperoni fatiado, dividido

2 dentes de alho picados

Sal e pimenta a gosto

1 xícara de queijo muçarela ralado

¼ de xícara de parmesão ralado

MODO DE FAZER

1 Pré-aqueça o forno a 180°C e unte uma assadeira de vidro de 23cm x 33cm.

2 Frite as coxas de frango em uma frigideira com óleo, em fogo médio, até ficarem cozidas.

3 Coloque o frango em uma tábua e o desfie com dois garfos.

4 Em uma tigela grande, misture o frango desfiado com a abobrinha, a ricota, metade dos pepperoni, o alho, o sal e a pimenta.

5 Espalhe a mistura na assadeira e asse por 20 minutos.

6 Polvilhe com muçarela e parmesão, e depois cubra com o restante do pepperoni.

7 Asse por mais 5 a 10 minutos, até que o queijo derreta.

POR PORÇÃO: *Calorias, 631 (de gorduras, 418); Gordura, 47g (saturada, 20g); Colesterol, 205mg; Sódio, 1.052mg; Carboidrato, 9g (fibra, 2g); Carboidrato líquido, 7g; Proteína, 44g.*

NESTE CAPÍTULO

» Comendo direto do pé

» Mergulhando no fundo do mar keto

Capítulo 16

Jantares Keto

RECEITAS DESTE CAPÍTULO

Almôndegas ao Parmesão com Macarrão de Abobrinha

Salmão com Purê de Abacate e Limão

Costeletas de Porco com Maçã

Coxas de Frango Supercrocantes

Carne Moída com Brócolis

Hambúrgueres Mediterrâneos de Cordeiro

Bacalhau Marinara

Frango ao Shoyu

O café da manhã e o almoço às vezes são feitos mais às pressas, mas no jantar você pode deixar sua paixão e habilidade culinárias brilharem, e pedimos que dê asas a elas! Você já está alterando os ingredientes que usa e explorando diferentes receitas e maneiras de cozinhar, então vá até o fim! Pegue o liquidificador, o processador de alimentos ou a batedeira e explore todas as maneiras de testar a gama de seu paladar.

Nas primeiras semanas da keto, quase tudo o que cozinhar será novo, se nunca consumiu pouco carboidrato antes. Escolha seus favoritos, deixe de lado os que não gostar muito e continue explorando. Entendemos que é exaustivo testar uma nova receita todos os dias, portanto, com uma base sólida de receitas, uma ótima maneira de ampliar seus horizontes é escolher um dia por semana para fazer algo novo. Vá até o fim: limitar sua exploração a um ou dois dias por semana lhe permite antecipar os ingredientes de que precisa e os acompanhamentos que fará. Tivemos momentos em que planejamos uma nova refeição ao longo de três ou quatro dias e, em seguida, passamos várias horas na cozinha, verificando se estava certo, desfrutando da companhia um do outro.

A keto lhe permite explorar muitas habilidades culinárias, ferramentas, métodos de preparo e uma lista muito mais abrangente de ingredientes do que poderia ter usado antes. Você descobrirá que as inúmeras maneiras de usar manteiga, por exemplo, podem mudar completamente sua mentalidade no que diz respeito ao que é possível dentro de uma frigideira.

Almôndegas ao Parmesão com Macarrão de Abobrinha

PREPARO: 10 MIN.	COZIMENTO: 15 MIN.	RENDIMENTO: 2 PORÇÕES

INGREDIENTES

½ porção de carne moída magra

¼ de xícara mais 2 colheres de sopa de queijo parmesão ralado

2 colheres de sopa de farinha de amêndoa

1 dente de alho picado

1 ovo grande

Sal e pimenta a gosto

½ xícara de molho de macarrão sem açúcar

1 colher de sopa de manjericão fresco picado

1 abobrinha média cortada em espiral

1 colher de sopa de salsa picada fresca

MODO DE FAZER

1 Em uma tigela grande, misture a carne, ¼ de xícara de queijo parmesão, a farinha de amêndoa, o alho e o ovo.

2 Tempere com sal e pimenta, misture bem com as mãos e modele em bolas de 2,5cm.

3 Unte uma frigideira grande com spray culinário e aqueça em fogo alto.

4 Adicione as almôndegas e frite todos os lados de cada uma; reduza o fogo e adicione o molho de macarrão e o manjericão.

5 Tampe e cozinhe em fogo baixo por 10 minutos, enquanto espiraliza o macarrão de abobrinha.

6 Em fogo médio, cozinhe o macarrão em uma panela untada por 2 minutos, até cozinhar completamente.

7 Sirva as almôndegas sobre uma camada de macarrão de abobrinha e coloque molho extra sobre elas.

8 Decore com as 2 colheres de sopa restantes de queijo parmesão ralado fresco e salsa, e sirva.

POR PORÇÃO: *Calorias, 381 (de gorduras, 212); Gordura, 24g (saturada, 9g); Colesterol, 177mg; Sódio, 928mg; Carboidrato, 10g (fibra, 4g); Carboidrato líquido, 6g; Proteína, 32g.*

Salmão com Purê de Abacate e Limão

PREPARO: 10 MIN.	COZIMENTO: 20 MIN.	RENDIMENTO: 2 PORÇÕES

INGREDIENTES

1 xícara de couve-flor picada

2 colheres de sopa de coentro fresco picado

1 dente de alho picado

Sal e pimenta a gosto

1 abacate médio

2 colheres de sopa de leite de coco engarrafado

1 colher de sopa de suco de limão fresco

1 colher de chá de óleo de coco

2 filés de salmão desossados de 200g

2 colheres de sopa de cebola-roxa em cubos

MODO DE FAZER

1 Coloque a couve-flor em um processador de alimentos e pulse em grãos parecidos com os de arroz.

2 Unte uma frigideira grande e aqueça em fogo baixo; em seguida, adicione a couve-flor, o coentro e o alho.

3 Tempere com sal e pimenta, tampe e cozinhe em fogo baixo por 8 minutos, até ficarem macios.

4 No liquidificador, misture o abacate, o leite de coco e o suco de limão e tempere com sal e pimenta.

5 Bata até ficar homogêneo e cremoso, então reserve.

6 Em uma frigideira grande, aqueça o óleo de coco em fogo médio.

7 Tempere o salmão com sal e pimenta.

8 Coloque o salmão na frigideira e frite por 4 a 5 minutos de cada lado.

9 Coloque a couve-flor em um prato, cubra com o filé de salmão e decore com purê de abacate e cebola-roxa em cubos.

POR PORÇÃO: *Calorias, 411 (de gorduras, 211); Gordura, 24g (saturada, 7g); Colesterol, 80mg; Sódio, 442mg; Carboidrato, 13g (fibra, 4g); Carboidrato líquido, 9g; Proteína, 40g.*

Costeletas de Porco com Maçã

PREPARO: 10 MIN.	COZIMENTO: 20 MIN.	RENDIMENTO: 2 PORÇÕES

INGREDIENTES

2 costeletas de lombo de porco desossadas de 200g

½ colher de chá de tomilho seco

Sal e pimenta a gosto

½ xícara de maçã em fatias

2 ramos de alecrim fresco

1 colher de sopa de azeite de oliva

2 xícaras de couve-flor picada

¼ de xícara de queijo parmesão ralado

2 colheres de sopa de manteiga sem sal

2 colheres de sopa de creme de leite

MODO DE FAZER

1 Tempere as costeletas de porco com tomilho, sal e pimenta.

2 Em uma frigideira grande, aqueça o óleo em fogo alto e coloque a carne de porco; doure dos dois lados.

3 Abaixe o fogo e cubra a carne com as maçãs e o alecrim.

4 Tampe e cozinhe por 6 a 8 minutos, até que esteja completamente cozido.

5 Enquanto isso, coloque a vaporeira dentro de uma panela média com 2,5cm de água; adicione a couve-flor.

6 Deixe a água ferver e cozinhe a couve-flor por 8 minutos, até ficar macia.

7 Escorra a couve-flor e amasse-a com queijo parmesão, manteiga e creme de leite em uma tigela; tempere com sal e pimenta a gosto.

8 Coloque a couve-flor amassada em um prato e sirva com as costeletas de porco.

POR PORÇÃO: *Calorias, 582 (de gorduras, 386); Gordura, 43g (saturada, 19g); Colesterol, 155mg; Sódio, 579mg; Carboidrato, 9g (fibra, 3g); Carboidrato líquido, 6g; Proteína, 39g.*

Coxas de Frango Supercrocantes

PREPARO: 10 MIN.	COZIMENTO: 25 MIN.	RENDIMENTO: 2 PORÇÕES

INGREDIENTES

4 coxas de frango desossadas, com pele

1 colher de sopa de suco de limão fresco

½ colher de chá de alho em pó

Sal e pimenta a gosto

1 abobrinha média

1 colher de chá de azeite de oliva

2 dentes de alho picados

4 colheres de sopa de manteiga sem sal

MODO DE FAZER

1 Pré-aqueça o forno a 180°C e coloque uma grelha sobre uma assadeira.

2 Pincele as coxas de frango com suco de limão e polvilhe com alho em pó, sal e pimenta.

3 Coloque as coxas de frango na grelha e asse por 20 minutos.

4 Em uma frigideira grande, em fogo médio a alto, refogue a abobrinha no azeite até ficar macia.

5 Adicione o alho e refogue por mais 30 segundos; tempere com sal e pimenta.

6 Coloque 1 colher de sopa de manteiga em cada coxa de frango e, em seguida, grelhe até ficar crocante.

7 Sirva o frango com a abobrinha salteada.

POR PORÇÃO: *Calorias, 867 (de gorduras, 586); Gordura, 66g (saturada, 28g); Colesterol, 426mg; Sódio, 537mg; Carboidrato, 6g (fibra, 1g); Carboidrato líquido, 5g; Proteína, 63g.*

Carne Moída com Brócolis

PREPARO: 5 MIN.	COZIMENTO: 25 MIN.	RENDIMENTO: 2 PORÇÕES

INGREDIENTES

1 colher de chá de óleo de coco

1 xícara de brócolis picado

¼ de xícara de cebola em cubos

1 colher de sopa de shoyu sem açúcar

1 colher de chá de gengibre ralado fresco

1 dente de alho picado

500g de carne moída magra

150g de queijo muçarela ralado

1 ovo grande

Sal e pimenta a gosto

2 colheres de sopa de cebolinha picada, opcional

MODO DE FAZER

1 Em uma frigideira grande, aqueça o óleo de coco em fogo alto.

2 Adicione o brócolis, a cebola e frite por 5 a 7 minutos, até dourar.

3 Misture o shoyu, o gengibre, o alho e refogue por mais 1 a 2 minutos, até perfumar. Retire do fogo.

4 Em outra frigideira, em fogo médio, coloque a carne moída e cozinhe até dourar, soltando com uma colher de pau. Escorra um pouco da gordura.

5 Acrescente o queijo muçarela, o ovo e cozinhe até derreter o queijo.

6 Adicione o brócolis, a cebola, o gengibre e o alho à carne e misture bem.

7 Tempere com sal e pimenta a gosto, e então sirva decorado com cebolinha.

POR PORÇÃO: *Calorias, 514 (de gorduras, 306); Gordura, 34g (saturada, 16g); Colesterol, 233mg; Sódio, 1.146mg; Carboidrato, 6g (fibra, 2g); Carboidrato líquido, 4g; Proteína, 45g.*

Hambúrgueres Mediterrâneos de Cordeiro

PREPARO: 5 MIN.	COZIMENTO: 15 MIN.	RENDIMENTO: 2 PORÇÕES

INGREDIENTES

500g de cordeiro moído

2 colheres de chá de alecrim seco

1 colher de chá de tomilho seco

1 dente de alho picado

Sal e pimenta a gosto

1 colher de chá de azeite de oliva

500g de espinafre fresco

¼ de xícara de creme azedo

100g de queijo de cabra

1 colher de chá de flocos de cebola desidratada

MODO DE FAZER

1 Em uma tigela grande, misture o cordeiro, o alecrim, o tomilho, o alho, o sal e a pimenta.

2 Mexa bem; em seguida, molde os hambúrgueres com a mão.

3 Unte e pré-aqueça uma frigideira/grelha em fogo médio a alto e adicione os hambúrgueres.

4 Grelhe por 4 a 6 minutos de cada lado, até ficar cozido.

5 Enquanto isso, em uma frigideira grande, aqueça o óleo em fogo médio a alto.

6 Adicione o espinafre e refogue até murchar, cerca de 1 a 2 minutos; em seguida, misture o creme azedo e tempere com sal e pimenta.

7 Divida o espinafre em dois pratos e cubra os hambúrgueres de cordeiro com queijo de cabra e flocos de cebola desidratada para servir.

POR PORÇÃO: *Calorias, 524 (de gorduras, 311); Gordura, 35g (saturada, 17g); Colesterol, 128mg; Sódio, 806mg; Carboidrato, 21g (fibra, 9g); Carboidrato líquido, 12g; Proteína, 35g.*

Bacalhau Marinara

PREPARO: 5 MIN.	COZIMENTO: 15 MIN.	RENDIMENTO: 2 PORÇÕES

INGREDIENTES

2 colheres de sopa de azeite de oliva

½ xícara de molho marinara sem açúcar

1 colher de sopa de manjericão fresco picado

2 dentes de alho picados

3 folhas de louro pequenas

Sal e pimenta a gosto

2 filés de bacalhau de 400g

1 colher de chá de óleo de coco

2 xícaras de vagens fatiadas

MODO DE FAZER

1 Em uma panela, aqueça o azeite, o molho marinara, o manjericão e o alho em fogo médio.

2 Adicione as folhas de louro, o sal, a pimenta e cozinhe por 5 minutos.

3 Reduza o fogo e adicione os filés de bacalhau.

4 Tampe e cozinhe por 10 minutos, virando o peixe após 5 minutos.

5 Em uma panela separada, refogue as vagens no óleo de coco até ficarem macias.

6 Quando o bacalhau estiver cozido, sirva com as vagens.

POR PORÇÃO: *Calorias, 403 (de gorduras, 193); Gordura, 22g (saturada, 8g); Colesterol, 86mg; Sódio, 705mg; Carboidrato, 13g (fibra, 5g); Carboidrato líquido, 8g; Proteína, 39g.*

Frango ao Shoyu

PREPARO: 35 MIN.	COZIMENTO: 20 MIN.	RENDIMENTO: 2 PORÇÕES

INGREDIENTES

¼ de xícara de shoyu

2 colheres de sopa de suco de limão fresco

1 colher de chá de gengibre ralado fresco

2 dentes de alho picados

1 pimenta jalapeño, sem sementes e picada

4 coxas de frango desossadas, com pele

2 colheres de sopa de azeite de oliva

2 xícaras de vagens fatiadas

MODO DE FAZER

1 Em uma tigela grande, misture o molho de soja, suco de limão, gengibre, alho e jalapeño.

2 Espalhe nas coxas de frango e deixe marinar por 30 minutos.

3 Aqueça o óleo em uma frigideira grande em fogo médio.

4 Coloque as coxas de frango e frite por 8 a 10 minutos de cada lado.

5 Frite as vagens em outra frigideira, em fogo médio a alto, até dourarem.

6 Sirva o frango com as vagens.

POR PORÇÃO: *Calorias, 782 (de gorduras, 483); Gordura, 54g (saturada, 13g); Colesterol, 365mg; Sódio, 673mg; Carboidrato, 9g (fibra, 4g); Carboidrato líquido, 5g; Proteína, 64g.*

> **NESTE CAPÍTULO**
>
> » Versão nova de uma velha história
>
> » Tudo novo de novo

Capítulo **17**

Acompanhamentos

RECEITAS DESTE CAPÍTULO

- 🍴 **Couve-de-bruxelas com Parmesão**

- **Salada de Repolho Cremosa**

- 🍴 **Purê de Couve-flor com Manteiga Dourada**

- 🍴 **Repolho Frito com Curry**

- 🍴 **Vagens ao Creme de Limão**

- 🍴 **Cogumelos Amanteigados ao Alho**

- 🍴 **Aspargos Assados com Queijo**

O foco deste capítulo está nos acompanhamentos: deliciosas adições ao prato principal que acentuam e complementam os sabores à mesa.

Os acompanhamentos são facilmente negligenciados quando se faz qualquer mudança na dieta. As pessoas tendem a se concentrar no prato principal, simplesmente porque, como é a peça central da refeição, é provável que obtenham a maioria das calorias dele. Mas os acompanhamentos dão aquele toque especial e encorpado às refeições! Seu paladar é expandido, e os vários gostos dão uma cara nova a um velho prato.

Algumas das receitas deste capítulo pegam clássicos (como purê de batatas) e mostram a maneira keto de prepará-los, com outros ingredientes, como couve--flor. Não descarte esses substitutos imediatos — o substituto tem um sabor diferente do prato original, mas isso nem sempre é ruim. Um de nossos pratos mais populares ficou conhecido como "batida de repolho", porque essa variação de salada de repolho é tão deliciosa, que é absolutamente viciante!

Acompanhamentos são uma excelente opção para levar a festas ou eventos nos quais a comida keto pode ser escassa. Às vezes, transformamos isso em um jogo, vendo quantos elogios recebemos por uma receita antes de revelar que é keto!

Couve-de-bruxelas com Parmesão

PREPARO: 5 MIN.	COZIMENTO: 20 MIN.	RENDIMENTO: 6 PORÇÕES

INGREDIENTES

700g de couve-de-bruxelas fresca

¼ de xícara de azeite de oliva

1 colher de chá de tomilho seco

Sal e pimenta a gosto

70g de queijo parmesão

MODO DE FAZER

1 Pré-aqueça o forno a 220ºC.

2 Apare os talos das couves-de-bruxelas e corte-as ao meio.

3 Coloque-as em uma tigela grande e misture com o azeite, o tomilho, o sal e a pimenta.

4 Espalhe as couves-de-bruxelas em uma assadeira e asse por 15 a 20 minutos, até dourar.

5 Rale o queijo parmesão sobre elas para servir.

POR PORÇÃO: *Calorias, 158 (de gorduras, 109); Gordura, 12g (saturada, 3g); Colesterol, 8mg; Sódio, 263mg; Carboidrato, 8g (fibra, 3g); Carboidrato líquido, 5g; Proteína, 6g.*

Salada de Repolho Cremosa

PREPARO: 10 MIN.	COZIMENTO: 5 MIN.	RENDIMENTO: 4 PORÇÕES

INGREDIENTES

4 fatias de bacon

1 xícara de repolho-verde ralado

1 xícara de repolho-roxo ralado

1 cenoura média ralada

½ xícara de maionese caseira

1 colher de sopa de creme de leite

1 colher de chá de mostarda Dijon

½ colher de chá de sal de alho

Pimenta a gosto

MODO DE FAZER

1 Em uma frigideira média, frite o bacon em fogo médio a alto até ficar crocante.

2 Coloque o bacon em papel toalha para escorrer; em seguida, pique-o grosseiramente.

3 Misture bem o restante dos ingredientes em uma tigela.

4 Esfrie até estar pronto para servir, depois cubra com o bacon picado para decorar.

POR PORÇÃO: *Calorias, 262 (de gorduras, 229); Gordura, 25g (saturada, 5g); Colesterol, 26mg; Sódio, 483mg; Carboidrato, 5g (fibra, 1g); Carboidrato líquido, 4g; Proteína, 4g.*

Purê de Couve-flor com Manteiga Dourada

PREPARO: 5 MIN	COZIMENTO: 20 MIN	RENDIMENTO: 6 PORÇÕES

INGREDIENTES

700g de couve-flor picada

¾ de xícara de creme de leite

Sal e pimenta a gosto

1 xícara de queijo cheddar ralado

100g de manteiga sem sal

MODO DE FAZER

1 Coloque a couve-flor em um processador de alimentos e pulse até formar grãos parecidos com os de arroz.

2 Despeje o arroz de couve-flor em uma panela grande, depois adicione o creme de leite.

3 Deixe ferver em fogo médio; reduza o fogo e cozinhe por 12 a 15 minutos, até a couve-flor ficar macia.

4 Tempere com sal, pimenta e junte o queijo cheddar. Reserve.

5 Em uma frigideira média, derreta a manteiga em fogo médio.

6 Cozinhe a manteiga até obter uma bela cor âmbar, depois regue sobre o purê de couve-flor.

POR PORÇÃO: *Calorias, 307 (de gorduras, 262); Gordura, 29g (saturada, 18g); Colesterol, 91mg; Sódio, 243mg; Carboidrato, 6g (fibra, 2g); Carboidrato líquido, 4g; Proteína, 8g.*

Repolho Frito com Curry

PREPARO: 5 MIN. | **COZIMENTO: 10 MIN.** | **RENDIMENTO: 4 PORÇÕES**

INGREDIENTES

¼ de xícara de manteiga sem sal

½ cebola pequena picada

700g de repolho-verde ralado

1 colher de sopa de vinagre de vinho branco

1 colher de sopa de pasta de curry vermelho

2 colheres de sopa de água

3 dentes de alho picados

Sal e pimenta

½ xícara de coentro fresco picado

MODO DE FAZER

1 Em uma frigideira grande, aqueça a manteiga em fogo médio a alto.

2 Adicione a cebola e refogue por 2 a 3 minutos, até dourar.

3 Acrescente o repolho e refogue por 5 a 6 minutos, até ficar macio.

4 Misture o vinagre, a pasta de curry, a água, o alho, o sal, a pimenta e refogue por 1 a 2 minutos.

5 Ajuste o tempero a gosto e cubra com coentro fresco para servir.

POR PORÇÃO: *Calorias, 172 (de gorduras, 112); Gordura, 13g (saturada, 7g); Colesterol, 31mg; Sódio, 245mg; Carboidrato, 12g (fibra, 6g); Carboidrato líquido, 6g; Proteína, 3g.*

Vagens ao Creme de Limão

PREPARO: 5 MIN. | **COZIMENTO: 5 MIN.** | **RENDIMENTO: 4 PORÇÕES**

INGREDIENTES

¼ de xícara de manteiga sem sal

300g de vagens frescas, sem as pontas

Sal e pimenta a gosto

¼ de xícara de creme de leite

1 colher de sopa de raspas de limão fresco

¼ de xícara de salsa picada fresca

MODO DE FAZER

1 Em uma frigideira grande, aqueça a manteiga em fogo médio a alto.

2 Adicione as vagens e refogue por 3 a 4 minutos, até ficar levemente crocante. Tempere com sal e pimenta a gosto.

3 Espalhe-as uniformemente na frigideira e despeje o creme de leite.

4 Deixe no fogo por 1 a 2 minutos, até engrossar; polvilhe com raspas de limão e misture.

5 Ajuste o tempero a gosto e decore com salsa para servir.

POR PORÇÃO: *Calorias, 180 (de gorduras, 154); Gordura, 17g (saturada, 11g); Colesterol, 51mg; Sódio, 156mg; Carboidrato, 7g (fibra, 3g); Carboidrato líquido, 4g; Proteína, 2g.*

Cogumelos Amanteigados ao Alho

PREPARO: 15 MIN.	COZIMENTO: 15 MIN.	RENDIMENTO: 4 PORÇÕES

INGREDIENTES

¼ de xícara de manteiga sem sal derretida

1 colher de sopa de tomilho fresco picado

1 colher de chá de vinagre balsâmico

2 dentes de alho picados

Sal e pimenta a gosto

700g de cogumelos crimini

Salsa picada fresca

MODO DE FAZER

1 Pré-aqueça o forno a 200°C e forre uma assadeira com papel-alumínio.

2 Em uma tigela média, misture a manteiga, o tomilho, o vinagre, o alho, o sal e a pimenta.

3 Despeje a mistura sobre os cogumelos, misturando bem.

4 Espalhe os cogumelos na assadeira e asse por 15 a 20 minutos, até ficarem macios. Mexa-os após cerca de 8 minutos, para que cozinhem de maneira mais uniforme.

5 Decore com salsa para servir.

POR PORÇÃO: *Calorias, 143 (de gorduras, 104); Gordura, 12g (saturada, 7g); Colesterol, 31mg; Sódio, 158mg; Carboidrato, 8g (fibra, 1g); Carboidrato líquido, 7g; Proteína, 4g.*

Aspargos Assados com Queijo

PREPARO: 10 MIN.	COZIMENTO: 30 MIN.	RENDIMENTO: 4 PORÇÕES

INGREDIENTES

700g aspargos médios

½ xícara de creme de leite

Sal e pimenta a gosto

1 xícara de queijo muçarela ralado

½ xícara de queijo parmesão ralado

MODO DE FAZER

1 Pré-aqueça o forno a 200°C e unte uma assadeira de vidro de 23cm x 33cm.

2 Apare as pontas dos espargos e coloque-os na assadeira. Despeje o creme de leite por cima.

3 Tempere com sal e pimenta, depois cubra com muçarela e parmesão.

4 Asse por 25 minutos até que o queijo derreta.

5 Se tiver um dourador ou maçarico, use-o para dourar o queijo.

POR PORÇÃO: *Calorias. 249 (de gorduras, 183); Gordura, 20g (saturada, 12g); Colesterol, 72mg; Sódio, 487mg; Carboidrato, 5g (fibra, 2g); Carboidrato líquido, 3g; Proteína, 13g.*

> **NESTE CAPÍTULO**
>
> » **Comendo petiscos sem riscos**
>
> » **Preparando iguarias low carb**

Capítulo **18**

Petiscos sem Riscos

RECEITAS DESTE CAPÍTULO

Chips de Queijo e Guacamole

Tirinhas de Pão com Pesto

Chips de Abobrinha com Ranch

Miniespetos Caprese

Anéis de Cebola Crocantes

Petiscos são uma das coisas mais incríveis do mundo, especialmente se você curte comer, como nós. Pense nisso: são receitas pensadas para ser tão deliciosas, que o objetivo é fazer você querer comer mais! Eles são servidos no início da refeição, quando a fome está mais intensa, o estômago está mais vazio e você está pronto para começar a refeição pela qual esperou. Isso requer os mais altos níveis de satisfação, e adoramos informar que os petiscos keto dão conta do recado!

Muitos pratos tradicionais dessa categoria têm pequenas quantidades de carboidratos: não são cruciais ao prato, mas passamos a pensar que são, sim. Por exemplo, quando foi a última vez que você esteve em uma festa e alguém estava comendo guacamole, depois parou, olhou em volta e exclamou em voz alta: "Nossa, que chips gostosos!" Se você ouve um elogio aos chips com guacamole, ele quase sempre se concentra em como o molho é delicioso — o chip é apenas um suporte para uma explosão de sabor. Você verá que muitos aperitivos são assim: se deseja comer asas de frango, o foco está nas asas e no sabor, que pode ser produzido usando métodos com baixo ou alto teor de carboidratos e bons ingredientes.

CAPÍTULO 18 **Petiscos sem Riscos** 287

Os pratos que apresentamos neste capítulo concentram-se na eliminação de carboidratos sem perder o sabor; de fato, fazemos o possível para aumentar o "fator de delicadeza" o máximo possível. Se a comida que fazemos é sem graça, a culpa é nossa, não um reflexo dos ingredientes que podemos utilizar. Petiscos low carb são um de nossos métodos favoritos para trazer pessoas para a keto, e temos muito orgulho de ver pessoas que achavam que essa dieta era uma amostra grátis do inferno se apaixonando por esse estilo de vida.

Usar pratos menores como esses como lanches é outro aspecto essencial da abordagem keto. Pode ser um desafio ingerir todas as calorias confiando exclusivamente nas grandes refeições — a gordura sacia tanto, que as porções diminuem e, como resultado, você come menos (lembre-se de que cada grama de gordura contém mais do dobro da energia de um grama de carboidrato ou proteína). Comer menos durante uma dieta focada na perda de peso não é um problema, mas lembre-se de que você *pode* comer muito pouco. O objetivo da perda de peso é comer o suficiente para manter seu metabolismo alto, mas não a ponto de seu corpo não precisar recorrer aos estoques de gordura e queimar o excesso de peso.

DICA

Os lanches são uma ótima maneira de fazer pequenos ajustes em suas necessidades diárias de macronutrientes e calorias. Quando criar sua lista de refeições para a semana, ajustá-la aos macros e ver que tem calorias a menos, não adicione outra refeição (que pode extrapolar as calorias até fazê-lo não perder mais peso). Em vez disso, basta adicionar um lanche.

Se estiver fazendo jejum intermitente junto com a keto, comer durante a janela de quatro a oito horas por dia pode dificultar saber se está consumindo o suficiente de alimentos. Não é impossível, mas requer ajustes. Uma maneira perfeita de satisfazer essa necessidade é adicionar alguns lanches deliciosos que atendam a seus desejos. Os que apresentamos neste capítulo são só uma ideia do que é possível, mas há dezenas de receitas adicionais e completas em nosso site, www.tasteaholics.com/recipes/quick-bites, portanto, visite-o para encontrar outras opções.

288 PARTE 5 **Receitas Keto**

Chips de Queijo e Guacamole

PREPARO: 5 MIN. | **COZIMENTO: 12 MIN.** | **RENDIMENTO: 2 PORÇÕES**

INGREDIENTES

½ xícara de queijo cheddar ralado

¼ de colher de chá de alho em pó

1 pitada de pimenta-de--caiena

1 abacate médio picado

½ tomate pequeno picado

1 colher de sopa de cebola picada

1 colher de sopa de suco de limão fresco

1 colher de sopa de coentro picado fresco

¼ de colher de chá de cominho em pó

Sal e pimenta a gosto

MODO DE FAZER

1 Pré-aqueça o forno a 220°C e forre uma assadeira com papel-manteiga.

2 Polvilhe o queijo ralado em círculos na assadeira, usando cerca de 1 colher de sopa por círculo, espaçando-os em 2cm.

3 Cubra o queijo com uma pitada de alho em pó e pimenta-de-caiena.

4 Asse por 6 a 10 minutos, verificando com frequência, até o queijo derreter e borbulhar.

5 Retire da assadeira e deixe esfriar até ficar crocante.

6 Em uma tigela, amasse o abacate e junte o tomate, a cebola, o suco de limão, o coentro e o cominho.

7 Tempere com sal e pimenta.

8 Sirva o guacamole com as lascas de queijo cheddar.

POR PORÇÃO: *Calorias, 250 (de gorduras 187); Gordura, 21g (saturada, 7g); Colesterol, 30mg; Sódio, 469mg; Carboidrato, 10g (fibra, 3g); Carboidrato líquido, 7g; Proteína, 10g.*

Tirinhas de Pão com Pesto

PREPARO: 10 MIN.	COZIMENTO: 20 MIN.	RENDIMENTO: 8 PORÇÕES

INGREDIENTES

½ xícara de farinha de amêndoa

¼ de xícara de farinha de coco

1 colher de chá de fermento em pó

½ colher de chá de alho em pó

½ colher de chá de sal

1½ xícara de queijo muçarela ralado

5 colheres de sopa de manteiga sem sal amolecida

60g de molho pesto

1 ovo grande, bem batido

MODO DE FAZER

1 Pré-aqueça o forno a 180ºC e forre uma assadeira com papel-manteiga.

2 Em uma tigela média, misture a farinha de amêndoa, a farinha de coco, o fermento, o alho em pó e o sal.

3 Em uma panela pequena, derreta o queijo e a manteiga em fogo baixo e mexa bem.

4 Retire o queijo e a manteiga do fogo e misture-os com ingredientes secos, até que se incorporem à massa.

5 Abra a massa com 0,5cm de espessura entre duas folhas de papel-manteiga.

6 Espalhe o pesto por cima da massa, depois corte em tiras de 2,5cm.

7 Coloque as tiras de pão na assadeira e pincele com o ovo.

8 Asse por 15 a 20 minutos, até dourar, e então sirva quente.

POR PORÇÃO: *Calorias, 226 (de gorduras, 176); Gordura, 20g (saturada, 9g); Colesterol, 61mg; Sódio, 486mg; Carboidrato, 5g (fibra, 2g); Carboidrato líquido, 3g; Proteína, 8g.*

Chips de Abobrinha com Ranch

PREPARO: 10 MIN	COZIMENTO: 2H	RENDIMENTO: 8 PORÇÕES

INGREDIENTES

1 xícara de maionese

½ xícara de creme azedo

1 colher de sopa de salsa seca

½ colher de sopa de cebolinha seca

½ colher de sopa de endro seco

½ colher de chá de alho em pó

Sal e pimenta a gosto

4 xícaras de abobrinha fatiada (muito fina)

1 colher de chá de orégano seco

1 colher de sopa de azeite de oliva

Sal a gosto

MODO DE FAZER

1 Em uma tigela, misture a maionese, o creme azedo, a salsa, a cebolinha, o endro e o alho em pó.

2 Bata bem e tempere com sal e pimenta; deixe esfriar até que esteja pronto para usar.

3 Pré-aqueça o forno a 100ºC e forre uma assadeira com papel-manteiga e unte com spray culinário.

4 Em uma tigela média, misture a abobrinha fatiada com o orégano e o azeite; depois distribua-os sobre a assadeira.

5 Polvilhe com sal; asse por 1 a 2 horas até secar e ficar crocante. Sirva com o molho ranch.

POR PORÇÃO: *Calorias, 239 (de gorduras 224); Gordura, 25g (saturada, 5g); Colesterol, 18mg; Sódio, 338mg; Carboidrato, 3g (fibra, 1g); Carboidrato líquido, 2g; Proteína, 1g.*

Miniespetos Caprese

PREPARO: 10 MIN.	COZIMENTO: NÃO HÁ	RENDIMENTO: 4 PORÇÕES

INGREDIENTES

16 tomates-cereja

100g de muçarela fresca

8 folhas grandes de manjericão rasgadas ao meio

2 colheres de sopa de azeite de oliva

2 colheres de sopa de vinagre balsâmico

Sal e pimenta a gosto

MODO DE FAZER

1 Corte os tomates-cereja ao meio, e a muçarela, em cubos.

2 Monte os espetinhos com duas metades de tomate, dois cubos de muçarela e uma folha de manjericão rasgada ao meio.

3 Disponha os espetos em um prato ou travessa.

4 Regue com azeite e vinagre balsâmico; tempere com sal e pimenta para servir.

POR PORÇÃO: *Calorias, 159 (de gorduras, 120); Gordura, 14g (saturada, 5g); Colesterol, 23mg; Sódio, 172mg; Carboidrato, 4g (fibra, 1g); Carboidrato líquido, 3g; Proteína, 5g.*

Anéis de Cebola Crocantes

PREPARO: 5 MIN.	COZIMENTO: 20 MIN.	RENDIMENTO: 4 PORÇÕES

INGREDIENTES

1 cebola amarela grande

1 xícara de farinha de amêndoa

½ xícara de queijo parmesão ralado

1 colher de chá de alho em pó

1 colher de chá de páprica

¼ de colher de chá de sal

1 ovo grande, bem batido

MODO DE FAZER

1 Pré-aqueça o forno a 200°C e forre uma assadeira com papel-manteiga.

2 Corte a cebola em rodelas com cerca de 2,5cm de espessura.

3 Em uma tigela, misture a farinha de amêndoa, o queijo parmesão, o alho em pó, a páprica e o sal.

4 Em um prato raso, bata o ovo e mergulhe os anéis de cebola nele.

5 Passe os anéis de cebola na mistura de farinha de amêndoa, depois coloque na assadeira.

6 Pulverize com spray culinário e asse por 15 a 20 minutos, até ficar crocante e dourado. Vire-os após 8 minutos, se necessário.

POR PORÇÃO: *Calorias, 240 (de gorduras, 164); Gordura, 18g (saturada, 3g); Colesterol, 55mg; Sódio, 328mg; Carboidrato, 11g (fibra, 3g); Carboidrato líquido, 8g; Proteína, 12g.*

294   PARTE 5 **Receitas Keto**

> **NESTE CAPÍTULO**
>
> » **Economizando tempo**
>
> » **Fazendo refeições keto**

Capítulo **19**

Delícias Práticas

RECEITAS DESTE CAPÍTULO

Filé Mignon com Couve Crocante

Sopa de Abóbora

Frango ao Bacon Crocante com Espinafre ao Alho

Linguiça e Legumes na Frigideira

Costeletas de Porco Fritas com Molho de Cogumelos

Sopa de Couve-flor Cremosa

Sopa de Legumes

Lasanha de Abobrinha de Frigideira

Nosso dia a dia é cheio. Se não estamos envolvidos em uma atividade, estamos correndo para a seguinte. Deixar tudo de lado e dedicar horas ao preparo de uma deliciosa refeição de três pratos é bom, mas quem tem tempo?

Fazer comida em uma única panela, frigideira ou até mesmo forma tem inúmeras vantagens — primeiro, a simplicidade. Tudo o que é preciso está em um prato, que é quente, saudável e completo, sem medo de sentir fome depois. Considere este capítulo seu "destino" para os dias frios em que o conforto de uma comida caseira é tudo.

Além da natureza descomplicada, o nível de conveniência é incomparável. Há uma razão para este capítulo se chamar "Delícias Práticas": preparamos refeições completas, com uma variedade de ingredientes e sabores que se ajustam a suas necessidades em um único prato. Poucas coisas tornaram a keto mais conveniente do que receitas que permitem que uma refeição inteira seja preparada em um único recipiente.

Filé Mignon com Couve Crocante

PREPARO: 5 MIN.	COZIMENTO: 10 MIN.	RENDIMENTO: 4 PORÇÕES

INGREDIENTES

1 maço grande de couve, sem os caules grossos e com as folhas rasgadas em pedaços pequenos

2 colheres de sopa de azeite de oliva

Sal e pimenta a gosto

4 bifes de filé mignon de 200g

MODO DE FAZER

1 Em uma tigela grande, misture a couve ccm o azeite; tempere com sal e pimenta.

2 Forre uma assadeira com papel-manteiga e espalhe a couve sobre ela.

3 Tempere os bifes com sal e pimenta e coloque-os na assadeira.

4 Grelhe em fogo baixo por 2 a 3 minutos; depois vire os bifes, mexa a couve e grelhe por mais 2 a 3 minutos.

5 Retire a assadeira do forno e deixe os bifes descansar 5 minutos antes de servir.

6 Sirva os bifes quentes com a couve crocante.

POR PORÇÃO: *Calorias, 562 (de gorduras, 344); Gordura, 38g (saturada, 13g); Colesterol, 173mg; Sódio, 256mg; Carboidrato, 5g (fibra, 1g); Carboidrato líquido, 4g; Proteína, 48g.*

Sopa de Abóbora

PREPARO: 5 MIN.	COZIMENTO: 45 MIN.	RENDIMENTO: 4 PORÇÕES

INGREDIENTES

1 abóbora descascada e em cubos

1 colher de sopa de azeite de oliva

Sal e pimenta a gosto

2 xícaras de caldo de galinha feito em casa

½ xícara de leite de coco

1 colher de sopa de alho picado

1 colher de sopa de tomilho fresco picado

¼ de colher de chá de canela em pó

1 pitada de noz-moscada

MODO DE FAZER

1 Pré-aqueça o forno a 200°C e forre uma assadeira com papel-manteiga.

2 Coloque os cubos de abóbora na folha e regue com azeite.

3 Tempere com sal e pimenta; depois asse por 40 minutos ou até ficar macia.

4 Retire a abóbora do forno e coloque no liquidificador.

5 Adicione o restante dos ingredientes e misture bem.

6 Ajuste o tempero a gosto e sirva quente.

POR PORÇÃO: *Calorias, 126 (de gorduras, 76); Gordura, 9g (saturada, 5g); Colesterol, 0mg; Sódio, 622mg; Carboidrato, 12g (fibra, 3g); Carboidrato líquido, 9g; Proteína, 2g.*

Frango ao Bacon Crocante com Espinafre ao Alho

PREPARO: 5 MIN.	COZIMENTO: 15 MIN.	RENDIMENTO: 4 PORÇÕES

INGREDIENTES

4 fatias de bacon

8 coxas de frango com osso

Sal e pimenta a gosto

4 dentes de alho

¾ de xícara de caldo de galinha feito em casa

1 colher de sopa de manteiga sem sal

2 xícaras de espinafre fresco

MODO DE FAZER

1 Em uma frigideira grande de ferro fundido, frite o bacon em fogo médio a alto até ficar crocante.

2 Retire o bacon e escorra um pouco da gordura da frigideira. Corte em pedaços bem pequenos quando esfriar.

3 Aqueça a gordura do bacon na frigideira em fogo médio a alto e adicione o frango com a pele virada para baixo e o alho picado.

4 Frite por 6 a 8 minutos, até a pele ficar crocante; depois vire e tempere com sal e pimenta.

5 Deixe o frango na frigideira por mais 8 minutos, até ficar cozido; em seguida, retire apenas o frango.

6 Adicione o caldo de galinha à frigideira, raspe todos os pedaços de pele e adicione a manteiga.

7 Coloque o frango novamente na frigideira e cozinhe até que o molho comece a engrossar.

8 Misture o espinafre e cozinhe-o até murchar, depois polvilhe com bacon para servir.

POR PORÇÃO: *Calorias, 719 (de gorduras, 437); Gordura, 49g (saturada, 15g); Colesterol, 383mg; Sódio, 713mg; Carboidrato, 3g (fibra, 1g); Carboidrato líquido, 2g; Proteína, 65g.*

Linguiça e Legumes na Frigideira

PREPARO: 5 MIN. | **COZIMENTO: 20 MIN.** | **RENDIMENTO: 4 PORÇÕES**

INGREDIENTES

6 gomos de linguiça toscana com cerca de 80g cada

1 colher de sopa de azeite de oliva

1 cebola pequena picada

1 pimentão vermelho pequeno, sem caroço e picado

Sal e pimenta a gosto

3 dentes de alho picados

½ colher de chá de orégano seco

½ colher de chá de páprica

1 pitada de pimenta calabresa

2 xícaras de repolho-verde picado

½ xícara de repolho-roxo picado

1 xícara de couve-de--bruxelas fatiada

½ xícara de couve picada

MODO DE FAZER

1 Coloque as linguiças em uma frigideira média de ferro fundido e adicione água suficiente para que fiquem submersas.

2 Espere levantar fervura; desligue o fogo e deixe as linguiças descansarem por 5 a 7 minutos, até que estejam cozidas.

3 Escorra a água; em seguida, leve a frigideira ao fogo novamente e doure todos os lados das linguiças.

4 Coloque as linguiças em uma tábua e corte em fatias quando estiverem frias o suficiente para manusear.

5 Aqueça o azeite na mesma frigideira em fogo médio.

6 Adicione a cebola, o pimentão e refogue por 2 a 3 minutos; tempere com sal e pimenta.

7 Adicione o alho, o orégano, a páprica e a pimenta calabresa e cozinhe por mais 30 segundos.

8 Misture o repolho, a couve-de-bruxelas e a couve; cozinhe por cerca de 4 a 6 minutos, mexendo sempre, até que comece a murchar.

9 Ajuste o tempero a gosto; em seguida, adicione as linguiças fatiadas de volta à frigideira e cozinhe até aquecer. Sirva quente.

POR PORÇÃO: *Calorias, 293 (de gorduras, 193); Gordura, 22g (saturada, 7g); Colesterol, 37mg; Sódio, 949mg; Carboidrato, 11g (fibra, 3g); Carboidrato líquido, 8g; Proteína,15g.*

Costeletas de Porco Fritas com Molho de Cogumelos

PREPARO: 5 MIN.	COZIMENTO: 15 MIN.	RENDIMENTO: 4 PORÇÕES

INGREDIENTES

4 costeletas de lombo de porco desossadas de 150g

1 colher de chá de tomilho seco

Sal e pimenta a gosto

2 colheres de sopa de manteiga sem sal

30g de cogumelos fatiados

1 cebola pequena, picada

2 dentes de alho picados

½ xícara de vinho branco

¼ de xícara de caldo de galinha feito em casa

½ xícara de creme de leite

MODO DE FAZER

1 Tempere as costeletas de porco com tomilho, sal e pimenta.

2 Em uma frigideira grande, aqueça metade da manteiga em fogo médio a alto e adicione as costeletas de porco.

3 Frite por 3 a 4 minutos de cada lado, até dourar, depois coloque em um prato e mantenha aquecido.

4 Aqueça a frigideira, coloque a manteiga restante e adicione os cogumelos; mexa-os para cobri-los com a manteiga.

5 Cozinhe por 1 minuto; em seguida, junte a cebola e o alho e cozinhe por mais 2 minutos.

6 Adicione o vinho e o caldo de galinha, raspando os pedaços dourados do fundo da panela.

7 Cozinhe em fogo médio a baixo até reduzir pela metade, depois misture o creme.

8 Cozinhe até o molho engrossar; em seguida, adicione as costeletas de porco à frigideira.

9 Cozinhe até que a carne de porco esteja aquecida, e então sirva com o molho de cogumelos.

POR PORÇÃO: *Calorias, 375 (de gorduras, 215); Gordura, 24g (saturada, 13g); Colesterol, 128mg; Sódio, 182mg; Carboidrato, 8g (fibra, 2g); Carboidrato líquido, 6g; Proteína, 32g.*

Sopa Cremosa de Couve-flor

PREPARO: 20 MIN.	COZIMENTO: 45 MIN.	RENDIMENTO: 4 PORÇÕES

INGREDIENTES

4 fatias de bacon picado

1 colher de sopa de manteiga sem sal

½ cebola pequena picada

1 cenoura pequena picada

1 talo de aipo pequeno picado

1 couve-flor média picada

2 dentes de alho picados

½ colher de chá de tomilho seco

2 xícaras de caldo de legumes

1½ xícara de creme de leite

Sal e pimenta a gosto

MODO DE FAZER

1 Em uma panela de ferro, frite o bacon em fogo médio a alto até ficar crocante.

2 Com uma escumadeira, coloque o bacon em uma toalha de papel para escorrer.

3 Adicione a manteiga, a cebola, a cenoura e o aipo, e cozinhe em fogo médio a alto por 2 minutos.

4 Misture a couve-flor e cozinhe em fogo baixo por 12 a 15 minutos, até ficar macia.

5 Misture o alho, o tomilho e cozinhe por mais 1 minuto.

6 Despeje o caldo, o creme de leite, e tempere com sal e pimenta.

7 Cozinhe por 30 minutos em fogo baixo; decore com pedaços de bacon para servir.

POR PORÇÃO: *Calorias, 455 (de gorduras, 375); Gordura, 42g (saturada, 25g); Colesterol, 142mg; Sódio, 858mg; Carboidrato, 15g (fibra, 4g); Carboidrato líquido, 11g; Proteína, 8g.*

Sopa de Legumes

PREPARO: 5 MIN.	COZIMENTO: 30 MIN.	RENDIMENTO: 4 PORÇÕES

INGREDIENTES

1 colher de sopa de azeite de oliva

½ cebola pequena picada

1 pimentão pequeno picado

2 dentes de alho picados

1½ xícara de couve-flor picada

1 xícara de vagens cortadas

½ xícara de tomate em cubos

2½ xícaras de caldo de galinha feito em casa

1 colher de chá de tempero italiano seco

1 folha de louro pequena

Sal e pimenta a gosto

Salsa picada fresca

MODO DE FAZER

1 Em uma panela grande, aqueça o azeite em fogo médio.

2 Adicione a cebola, o pimentão e refogue por 6 a 8 minutos, até dourar.

3 Acrescente o alho e refogue por 1 minuto.

4 Adicione a couve-flor, a vagem, o tomate, o caldo, o tempero italiano, a folha de louro, o sal e a pimenta.

5 Deixe ferver; em seguida, tampe e deixe em fogo baixo por 15 minutos, até os legumes ficarem macios.

6 Decore com salsa picada fresca.

POR PORÇÃO: *Calorias, 75 (de gorduras, 39); Gordura, 4g (saturada, 1g); Colesterol, 0mg; Sódio, 735mg; Carboidrato, 8g (fibra, 3g); Carboidrato líquido, 5g; Proteína, 3g.*

Lasanha de Abobrinha de Frigideira

PREPARO: 15 MIN.	COZIMENTO: 15 MIN.	RENDIMENTO: 4 PORÇÕES

INGREDIENTES

2 abobrinhas médias

1 colher de chá de azeite de oliva

350g de carne moída magra

1 xícara de cogumelos em cubos

2 dentes de alho picados

Sal e pimenta a gosto

3 colheres de sopa de extrato de tomate

1 xícara de tomate em cubos

1 xícara de molho marinara sem adição de açúcar

1 colher de chá de orégano seco

1 colher de chá de manjericão seco

1½ xícara de queijo muçarela ralado

¼ de xícara de queijo ricota integral

Salsa desidratada, para servir

MODO DE FAZER

1 Com um descascador especial de legumes, descasque a abobrinha, e passe o descascador para tirar lascas largas para fazer o macarrão; seque-a com papel toalha.

2 Em uma frigideira grande, aqueça o azeite em fogo médio a alto e adicione a carne.

3 Frite-a até dourar, cerca de 4 a 5 minutos, e mexa com uma colher de pau para ficar bem soltinha.

4 Escorra o excesso de gordura, depois junte os cogumelos e o alho; tempere com sal e pimenta.

5 Misture o extrato de tomate, o tomate, o molho marinara, o orégano e o manjericão; em seguida, deixe ferver.

6 Reduza o fogo e cozinhe por 5 minutos; em seguida, misture o macarrão de abobrinha e tampe.

7 Cozinhe por 3 a 4 minutos, depois retire do fogo e misture o queijo muçarela.

8 Ajuste o tempero a gosto e cubra com montinhos de queijo ricota e salsa desidratada para servir.

POR PORÇÃO: *Calorias, 375 (de gorduras, 199); Gordura, 22g (saturada, 11g); Colesterol, 93mg; Sódio, 895mg; Carboidrato, 15g (fibra, 4g); Carboidrato líquido, 11g; Proteína, 29g.*

PARTE 5 **Receitas Keto**

NESTE CAPÍTULO

» Cozinhando à moda low carb

» Saboreando deliciosas sobremesas

Capítulo **20**

Sobremesas: A Vida É um Doce, Vida É Mel

RECEITAS DESTE CAPÍTULO

- 🍮 **Panquecas de Morango e Creme**
- 🍮 **Bolo Fácil de Canela na Caneca**
- 🍮 **Musse de Biscoito Cremoso**
- 🍮 **Pudim de Abóbora**
- 🍮 **Torta de Gelatina de Limão**
- 🍮 **Panna Cotta de Limão**
- 🍮 **Muffins de Banana e Amêndoas**
- 🍮 **Sorvete de Chocolate com Menta**
- 🍮 **Musse de Abacate com Chocolate**
- 🍮 **Brownie com Calda de Amêndoas**
- 🍮 **Pudim de Banana**

omo os carboidratos se transformam em açúcar, muitos recém-chegados ao low carb lutam contra os desejos por doces nas primeiras três semanas, quando passam para a cetose. Dependendo de sua ingestão de açúcar antes de iniciar a keto, ela pode ser uma prova de fogo de autocontrole e persistência na dieta.

A boa notícia é que não é preciso evitar os doces; basta ser cauteloso com a ingestão e as receitas usadas. Com adoçantes naturais saudáveis disponíveis, como estévia, fruta do monge e eritritol, fica fácil adaptar várias receitas para atender a suas necessidades na keto.

Descobrimos que desejos descontrolados prejudicam a dieta mais do que qualquer outra coisa. O autocontrole precisa ser trabalhado, é claro, mas toda a nossa missão no mundo keto se concentra em fornecer acesso aos mais deliciosos alimentos disponíveis, sem sacrificar a qualidade, consumindo pouco carboidrato. Se pudermos criar uma versão compatível com a keto, faremos.

Essa também é uma ótima ferramenta de "dogma keto". Há poucas coisas mais alucinantes para os detratores do que desafiar suas suposições sobre o corte de guloseimas aparecendo em uma festa com uma sobremesa pecaminosamente deliciosa e low carb na mão. Muitos oponentes da keto a pintam como algo sem graça, insípido e desprovido de qualquer coisa que se assemelhe à doçura.

Neste capítulo, damos ótimas opções para apresentá-lo ao mundo das sobremesas deliciosas e saudáveis, que seus amigos provavelmente não serão capazes de distinguir das originais. Cada receita dura, no máximo, combinando preparo e cozimento, trinta minutos, com ingredientes fáceis de encontrar, instruções simples de seguir e degustação de perder o juízo.

Panquecas de Morango e Creme

PREPARO: 10 MIN.	COZIMENTO: 15 MIN.	RENDIMENTO: 2 PORÇÕES

INGREDIENTES

2 ovos grandes, clara e gema separadas

½ colher de chá de creme de tártaro

60g de cream cheese

½ colher de chá de essência de baunilha

¼ de colher de chá de canela em pó

8 a 12 gotas de extrato líquido de estévia, a gosto

½ xícara de morangos fatiados

1 colher de chá de azeite de oliva

¼ de xícara de chantilly sem açúcar

MODO DE FAZER

1 Em uma tigela média, bata as claras em neve com uma batedeira por cerca de 30 segundos.

2 Adicione o creme de tártaro e bata em alta velocidade até formar picos firmes.

3 Em uma tigela separada, bata as gemas, o cream cheese, a essência de baunilha, a canela e a estévia até misturar bem.

4 Acrescente a clara em neve e os morangos.

5 Coloque a massa em uma assadeira untada e pré--aquecida usando ¼ de xícara de massa por panqueca e asse em fogo baixo por 4 a 5 minutos, até quase cozer completamente.

6 Vire cuidadosamente as panquecas e asse até dourar por baixo, cerca de 1 a 2 minutos.

7 Coloque as panquecas em um prato e mantenha-as aquecidas enquanto prepara o restante.

8 Sirva quente com chantilly por cima.

POR PORÇÃO: *Calorias, 259 (de gorduras, 201); Gordura, 22g (saturada, 11g); Colesterol, 238mg; Sódio, 169mg; Carboidrato, 6g (fibra, 1g); Carboidrato líquido, 5g; Proteína, 9g.*

Bolo Fácil de Canela na Caneca

PREPARO: 5 MIN.	COZIMENTO: 10 MIN.	RENDIMENTO: 1 PORÇÕES

INGREDIENTES

2 colheres de sopa de eritritol em pó

¾ de colher de chá de canela em pó

¼ de xícara de farinha de amêndoa

¼ de colher de chá de noz-moscada moída

1 pitada de sal

1 ovo grande

1 colher de sopa de manteiga sem sal derretida

½ colher de chá de essência de baunilha

Xarope de bordo sem açúcar

MODO DE FAZER

1 Em uma tigela pequena, misture ½ colher de sopa de eritritol com 1/4 de colher de chá de canela em pó; reserve.

2 Pré-aqueça o forno a 180°C e unte um ramekin de 150ml com spray culinário.

3 Em uma tigela pequena, misture a farinha de amêndoa com o eritritol restante, a canela restante, a noz-moscada e o sal, até ficar homogêneo.

4 Acrescente o ovo, a manteiga e a essência de baunilha, misturando até a massa ficar homogênea.

5 Despeje a mistura no ramekin untado e polvilhe com a mistura de eritritol e canela.

6 Asse por 12 minutos (ou leve ao micro-ondas por 1 minuto), até firmar.

7 Regue com xarope de bordo sem açúcar e sirva no ramekin.

POR PORÇÃO: *Calorias, 349 (de gorduras, 273); Gordura, 31g (saturada, 10g); Colesterol, 217mg; Sódio, 236mg; Carboidrato, 11g (fibra, 4g); Carboidrato líquido, 7g; Proteína, 13g.*

Musse de Biscoito Cremoso

PREPARO: 10 MIN. | **COZIMENTO: 3 MIN.** | **RENDIMENTO: 2 PORÇÕES**

INGREDIENTES

2 colheres de sopa de manteiga sem sal

60g de cream cheese

¼ de xícara de eritritol em pó

1 colher de chá de xarope de bordo sem açúcar

1½ colher de chá de essência de baunilha

¼ de xícara de gotas de chocolate amargo

MODO DE FAZER

1 Em uma panela pequena, derreta a manteiga em fogo baixo até dourar.

2 Em uma tigela média, bata o cream cheese, o eritritol, o xarope de bordo e a essência de baunilha com uma batedeira até ficarem homogêneos e bem misturados.

3 Misture com a manteiga dourada até ficar homogêneo.

4 Acrescente as gotas de chocolate; em seguida, coloque em duas xícaras de sobremesa e leve à geladeira até estar pronto para servir.

POR PORÇÃO: *Calorias, 378 (de gorduras, 334); Gordura, 37g (saturada, 22g); Colesterol, 93mg; Sódio, 184mg; Carboidrato, 16g (fibra, 6g); Carboidrato líquido, 10g; Proteína, 5g.*

DICA: Sugerimos chocolates da marca Lily's.

Pudim de Abóbora

PREPARO: 10 MIN.	COZIMENTO: 1 MIN.	RENDIMENTO: 2 PORÇÕES

INGREDIENTES

½ xícara de leite de coco

¼ de xícara de eritritol em pó

3 colheres de sopa de purê de abóbora

1 colher de chá de essência de baunilha

1 colher de chá de tempero de torta de abóbora

⅛ de colher de chá de goma xantana

2 colheres de sopa de chantilly

1 pitada de canela em pó

MODO DE FAZER

1 Em uma panela média, misture o leite de coco, o eritritol, a abóbora, a baunilha, o tempero para torta de abóbora e a goma xantana em fogo médio.

2 Mexa sem parar por 1 minuto.

3 Com o auxílio de uma colher, coloque em uma tigela e leve à geladeira por 30 minutos, até endurecer.

4 Divida em tigelas pequenas e cubra com chantilly e canela para servir.

POR PORÇÃO: *Calorias, 133 (de gorduras, 108); Gordura, 12g (saturada, 11g); Colesterol, 10mg; Sódio, 20mg; Carboidrato, 4g (fibra, 1g); Carboidrato líquido, 3g; Proteína, 2g.*

Torta de Gelatina de Limão

PREPARO: 15 MIN.	COZIMENTO: 15 MIN.	RENDIMENTO: 4 PORÇÕES

INGREDIENTES

1 xícara de nozes-pecãs sem sal

1 colher de chá da mistura de adoçantes: fruta-do-monge e eritritol, chegando ao mesmo poder adoçante do açúcar

½ colher de chá de canela em pó

1 pitada de sal

1 colher de sopa de manteiga sem sal derretida

1 pacote de 10g de gelatina de limão em pó sem açúcar e sem maltodextrina

⅔ de xícara de água fervente

250g de cream cheese

2 colheres de sopa de suco de limão fresco

1 colher de chá de raspas de limão fresco

MODO DE FAZER

1 Pré-aqueça o forno a 180°C e unte uma assadeira de 15cm x 15cm com manteiga.

2 Coloque as nozes-pecãs, o adoçante, a canela e o sal no processador de alimentos.

3 Pulse a mistura até formar uma textura semelhante à de migalhas; em seguida, bata com a manteiga derretida até misturar bem.

4 Pressione a mistura na assadeira preparada.

5 Asse por 12 a 15 minutos, até secar ao toque e dourar; deixe esfriar por 15 minutos.

6 Em uma tigela média, misture o pó de gelatina com a água fervente e mexa até dissolver.

7 Adicione o cream cheese, o suco de limão, as raspas de limão e mexa até ficar homogêneo.

8 Despeje a mistura na crosta e refrigere durante a noite até endurecer; corte em 4 quadrados para servir.

POR PORÇÃO: *Calorias, 404 (de gorduras, 361); Gordura, 40g (saturada, 14g); Colesterol, 70mg; Sódio, 276mg; Carboidrato, 7g (fibra, 3g); Carboidrato líquido, 4g; Proteína, 7g.*

Panna Cotta de Limão

PREPARO: 10 MIN.	COZIMENTO: 2 MIN.	RENDIMENTO: 4 PORÇÕES

INGREDIENTES

2 xícaras de creme de leite

1 pacote de 8 gramas de gelatina sem sabor

¼ de xícara de eritritol granulado

4 limões, suco e raspas

½ colher de chá de essência de baunilha

1 pitada de sal

1 colher de sopa de óleo de coco

¼ de xícara de farinha de amêndoa

1 colher de chá de eritritol granulado

1 pitada de canela em pó

MODO DE FAZER

1 Em uma panela média, misture o creme de leite, a gelatina e ¼ de xícara de eritritol em fogo médio a baixo.

2 Mexa até o eritritol dissolver; bata o suco e as raspas de limão, a essência de baunilha e o sal.

3 Unte quatro ramekins pequenos com óleo de coco; em seguida, despeje a massa de panna cotta neles.

4 Leve à geladeira por 4 a 6 horas, ou deixe durante a noite, até que fique firme.

5 Antes de servir, misture a farinha de amêndoa, o eritritol e a canela em uma tigela pequena.

6 Coloque a mistura a uma frigideira quente e deixe em fogo baixo até tostar.

7 Polvilhe a panna cotta com a mistura torrada para servir.

POR PORÇÃO: *Calorias, 512 (de gorduras, 460); Gordura, 51g (saturada, 31g); Colesterol, 164mg; Sódio, 87mg; Carboidrato, 12g (fibra, 3g); Carboidrato líquido, 9g; Proteína, 6g.*

Muffins de Banana e Amêndoas

PREPARO: 10 MIN.	COZIMENTO: 18 MIN.	RENDIMENTO: 6 MUFFINS

INGREDIENTES

1 xícara de manteiga de amêndoa

⅔ de xícara de eritritol em pó

3 ovos grandes

1½ colher de chá de essência de baunilha

1 colher de chá de fermento em pó

½ colher de chá de essência de banana

1 pitada de sal

¼ de xícara de amêndoas em lascas

MODO DE FAZER

1. Pré-aqueça o forno a 160°C e forre seis formas de muffin com papel-manteiga.

2. No liquidificador, misture a manteiga de amêndoa e o eritritol e bata até ficar homogêneo.

3. Adicione os ovos, a baunilha, o fermento em pó, o extrato de banana, o sal e bata novamente até ficar homogêneo.

4. Divida entre as seis formas de muffin.

5. Polvilhe com amêndoas e asse por 16 a 18 minutos, até dourar.

POR PORÇÃO: *Calorias, 292 (de gorduras, 221); Gordura, 25g (saturada, 2g); Colesterol, 93mg; Sódio, 126mg; Carboidrato, 8g (fibra, 6g); Carboidrato líquido, 2g; Proteína, 13g.*

Sorvete de Chocolate com Menta

PREPARO: 20 MIN.	COZIMENTO: NÃO HÁ	RENDIMENTO: 8 PORÇÕES

INGREDIENTES

2 xícaras de leite de coco, sem açúcar

¼ de xícara de creme de leite

¾ de xícara de eritritol em pó

1 abacate médio, sem caroço e picado

1 colher de chá de essência de baunilha

½ colher de chá de essência de menta

½ xícara de gotas de chocolate amargo

MODO DE FAZER

1 Congele o tambor da sorveteira durante a noite ou de acordo com as instruções do fabricante.

2 Em um processador de alimentos, misture o leite de coco, o creme, o eritritol, o abacate, a essência de baunilha, o extrato de menta e misture até ficar homogêneo.

3 Despeje a mistura no tambor de sorvete congelado e bata de acordo com as instruções do fabricante.

4 Coloque a mistura em um recipiente hermético, jogue as gotas de chocolate rapidamente e deixe no freezer durante a noite.

5 Deixe em temperatura ambiente por 10 a 15 minutos antes de servir.

POR PORÇÃO: *Calorias, 187 (de gorduras, 162); Gordura, 18g (saturada, 13g); Colesterol, 10mg; Sódio, 18mg; Carboidrato, 10g (fibra, 4g); Carboidrato líquido, 6g; Proteína, 3g.*

DICA: Sugerimos chocolates da marca Lily's.

Musse de Abacate com Chocolate

PREPARO: 10 MIN.	COZIMENTO: NÃO HÁ	RENDIMENTO: 4 PORÇÕES

INGREDIENTES

½ colher de chá de café instantâneo em pó

2 colheres de sopa de creme de leite

2 abacates médios

2 colheres de sopa de cacau em pó sem açúcar

3 colheres de sopa de eritritol em pó

1 colher de chá de essência de baunilha

¼ de xícara de chantilly

MODO DE FAZER

1 Dissolva o café em pó no creme de leite.

2 Descasque os abacates e remova os caroços.

3 Coloque a polpa de abacate no liquidificador e adicione o pó dissolvido do café, o creme, o cacau em pó, o eritritol e a essência de baunilha.

4 Misture até ficar homogêneo e cremoso.

5 Coloque em xícaras de sobremesa e cubra com chantilly para servir.

POR PORÇÃO: *Calorias,186 (de gorduras, 155); Gordura, 17g (saturada, 5g); Colesterol, 21mg; Sódio, 6mg; Carboidrato, 10g (fibra, 3g); Carboidrato líquido, 7g; Proteína, 3g.*

Brownie com Calda de Amêndoas

PREPARO: 15 MIN.	COZIMENTO: 12 MIN.	RENDIMENTO: 12 BROWNIES

INGREDIENTES

1 xícara de manteiga de amêndoa

¾ de xícara de eritritol em pó

10 colheres de sopa de cacau em pó sem açúcar

3 ovos grandes

1 colher de chá de essência de baunilha

½ colher de chá de fermento em pó

¼ de xícara de gotas de chocolate amargo

MODO DE FAZER

1 Pré-aqueça o forno a 160°C e unte uma assadeira de 23cm x 23cm com spray culinário.

2 Em um processador de alimentos, misture a manteiga de amêndoa e o eritritol até ficar homogêneo.

3 Coloque o cacau em pó, os ovos, a baunilha e o fermento em pó no liquidificador.

4 Pulse várias vezes e depois bata até ficar homogêneo.

5 Espalhe a massa na assadeira preparada e polvilhe com gotas de chocolate amargo.

6 Asse por 10 a 12 minutos, até firmar; deixe esfriar completamente antes de fatiar para servir.

POR PORÇÃO: *Calorias, 155 (de gorduras, 115); Gordura, 13g (saturada, 2g); Colesterol, 47mg; Sódio, 35mg; Carboidrato, 8g (fibra, 5g); Carboidrato líquido, 3g; Proteína, 7g.*

DICA: Sugerimos chocolates da marca Lily's.

Pudim de Banana

PREPARO: 10 MIN.	COZIMENTO: 5 MIN.	RENDIMENTO: 1 PORÇÃO

INGREDIENTES

½ xícara de creme de leite

3 colheres de sopa de eritritol em pó

1 gema de ovo grande

1 colher de chá de essência de baunilha

½ colher de chá de goma xantana

½ colher de chá de extrato de banana

1 pitada de sal

¼ de xícara de chantilly sem açúcar

MODO DE FAZER

1 Em banho-maria, misture o creme, o eritritol e a gema do ovo em fogo médio a baixo.

2 Bata constantemente até o eritritol se dissolver e a mistura engrossar.

3 Misture a baunilha, a goma xantana e bata por mais 1 minuto.

4 Adicione o extrato de banana e sal; mexa até ficar bem misturado.

5 Coloque em um prato pequeno e cubra com plástico, deixando encostar no pudim.

6 Leve à geladeira por 4 horas; depois coloque em xícaras de sobremesa.

7 Cubra com chantilly para servir.

POR PORÇÃO: *Calorias, 592 (de gorduras, 540); Gordura, 60g (saturada, 36g); Colesterol, 390mg; Sódio, 67mg; Carboidrato, 7g (fibra, 1g); Carboidrato líquido, 6g; Proteína, 6g.*

318   PARTE 5 **Receitas Keto**

A Parte dos Dez

NESTA PARTE...

Descubra dez benefícios da vida low carb.

Conheça as melhores gorduras saudáveis.

Encontre os recursos keto mais úteis.

Capítulo **21**

Dez Benefícios da Cetose

N este capítulo, mostramos rapidamente as dez principais razões para seguir a keto e como isso mudará sua vida para melhor.

Perda de Peso Rápida

O veredito é: se você testou todas as dietas disponíveis no mundo e não conseguiu perder peso ou, pior ainda, recuperou todo o peso perdido e até ganhou muito mais, a keto é tudo o que procurava. Pesquisas mostram com frequência que as pessoas que fazem a dieta keto perdem mais peso e o mantêm por mais tempo do que as que seguem dietas com pouca gordura e rica em carboidratos.

Estabilização do Açúcar no Sangue

O diabetes está desenfreado na sociedade ocidental. Cerca de um terço dos norte-americanos é pré-diabético, e muitos nem sabem. A keto é uma forma segura e natural de estabilizar o nível de açúcar no sangue, evitando picos de insulina, o hormônio que, com o tempo, propicia acúmulo de peso e acarreta o aumento dos níveis do diabetes. A keto é tão eficaz, que alguns médicos e nutricionistas a recomendam para controlar e até reverter o diabetes tipo 2!

Aumento da Energia

A cetose é um combustível eficiente para fazer o corpo, e o cérebro em particular, funcionar com gorduras. Muitos adeptos da keto percebem ter mais energia e uma alegria geral que lhes faltam em uma dieta rica em carboidratos. Na keto, não há oscilações de açúcar no sangue nem desejo de ingerir carboidratos. Em vez disso, você deixa seu corpo fazer o que ele faz de melhor: prosperar.

Redução dos Níveis de Colesterol

Gordura faz bem! Estudos mostram que a variedade de gorduras em uma dieta keto equilibrada melhora os níveis de colesterol:

> » Diminuindo os níveis de triglicerídeos.

> » Diminuindo a lipoproteína de baixa densidade (LDL) ou colesterol "ruim".

> » Aumentando a lipoproteína de alta densidade (HDL) ou colesterol "bom".

Melhorar os níveis de colesterol é fundamental para manter o coração saudável e prevenir doenças cardiovasculares, como ataques cardíacos e derrame.

Redução da Pressão Sanguínea

A pressão alta é outra doença comum que assola muitas pessoas. Ela é conhecida como "assassina silenciosa", porque a maioria das pessoas que a tem sequer sabe. Foi demonstrado que as dietas low carb reduzem a pressão arterial, e as complicações que a acompanham, para que você não tenha nada com o que se preocupar e viva uma vida longa e saudável.

Melhora do Sono

A keto é excelente para lhe dar as horas de sono tão necessárias. Ela aumenta o tempo de sono em suas partes mais regenerativas: sono profundo e sono REM (movimento rápido dos olhos). Você terá um sono mais repousante, mesmo quando não puder dormir muitas horas. Isso significa que não há tempo perdido contando carneirinhos ou olhando o relógio.

Controle da Fome

Seguir uma dieta rica em gorduras e low carb interrompe naturalmente os desejos insanos por açúcar. Sem a dependência de carboidratos, você experimentará a liberdade como nunca.

Alimentos ricos em gordura estimulam a saciedade e a sensação de energia. Sem ficar pensando na próxima refeição ou em comer um bolo, ou se arrepender por ter exagerado, você ficará cheio de energia para se concentrar nas coisas que ama e com que se preocupa.

Pele Perfeita

O açúcar não apenas causa uma fome excessiva e aumento de peso, como também é um gatilho para a acne. Se você está procurando um tratamento seguro e natural para a acne facial, a keto é a resposta que procurava.

Alguns dermatologistas recomendam dietas low carb para adolescentes e outras pessoas que não conseguem se livrar da acne, apesar de experimentar uma série de medicamentos com receita médica. Portanto, o estilo de vida keto não apenas o mantém saudável, mas com uma pele maravilhosa!

Alto Astral Constante

A maioria das pessoas na jornada keto percebe que pequenas coisas não as afetam tanto quanto na época em que comiam pão e macarrão com regularidade. Isso ocorre porque, diferentemente dos carboidratos, que contribuem para a névoa mental, a cetose aumenta:

» **Cetonas**, que diminuem a resposta inflamatória e fortalecem a conexão entre as células cerebrais.

» **Substâncias como adenosina e ácido gama aminobutírico (GABA)**, que acalmam e limitam a excitação excessiva das células cerebrais.

Seguir o estilo de vida keto o ajuda a se livrar da tristeza e a ver o copo meio cheio da vida.

Interrupção da Resposta Inflamatória

Muitas das doenças crônicas que atormentam as pessoas resultam da inflamação decorrente do excesso de açúcares e outros alimentos ricos em carboidratos. A keto trabalha duro para manter seu corpo saudável e livre de inflamações, o que evita patologias como doenças cardiovasculares, câncer, fibromialgia e várias outras condições.

Capítulo **22**

Dez Fontes de Gorduras Saudáveis

Nem todas as gorduras são iguais. Os benefícios da cetose vêm do foco em obter a maior parte de suas calorias de gorduras de alta qualidade. Neste capítulo, apresentamos as dez gorduras favoritas que nos mantêm saudáveis, satisfeitos e apaixonados pelo estilo de vida keto.

Abacate/Óleo de Abacate

O soberano abacate é a comida dos sonhos de quem faz a keto. Cheio de ácidos graxos monoinsaturados (AGMs) saudáveis, oferece vitaminas e minerais, como potássio e magnésio, para ajudá-lo a superar a gripe cetogênica (veja o Capítulo 2). Além disso, essa fruta amiga da keto é uma boa fonte de fibras e antioxidantes, que contribuem com o aspecto anti-inflamatório geral da keto. O abacate tem uma textura ótima e cremosa, perfeita para fazer smoothies, sobremesas, saladas e sopas. Com o abacate, as opções são infinitas!

Ghee

O ghee, resultado da fervura da manteiga para remover as gorduras e outros componentes do leite, é uma versão mais densa e saudável do produto. Tem vitaminas lipossolúveis e é usada há milhares de anos na *ayurveda* (uma forma tradicional de cura desenvolvida na Índia) para reduzir a resposta inflamatória e promover a saúde. Pesquisas mostram que os médicos ayurvédicos estão certos: os ácidos graxos de cadeias curta e média do ghee estão associados à perda de gordura e à saúde do coração, além de melhorar a digestão e a saúde do intestino.

DICA

Ao escolher o ghee e qualquer outro produto lácteo, verifique se vem de vacas alimentadas com capim. O ghee é excelente para refogar legumes e grelhar proteínas. Acrescenta um sabor amendoado à comida.

Óleo de Coco

O óleo de coco é rico em gordura saturada, mas diferentemente das gorduras saturadas de origem animal, tem cerca de 50% de gorduras de cadeia média que nosso corpo tende a transformar rapidamente em combustível para a queima de gordura. Estudos mostram que o óleo de coco melhora os níveis de lipoproteína de alta densidade (HDL) e combate as bactérias que causam infecções. Como o ghee, o óleo de coco é ótimo para grelhar e fritar, e deixa os alimentos muito mais saborosos.

Azeite de Oliva

Base da dieta mediterrânea, o azeite de oliva é conhecido por seus AGMs saudáveis para o coração. Ele reduz a pressão sanguínea e o risco de ataque cardíaco e derrame, ajudando a manter um peso saudável. Além disso, contém 75% da dose diária recomendada de vitaminas E e K. O azeite é repleto de antioxidantes que atenuam o risco de doenças inflamatórias, como a doença de Alzheimer.

DICA

Escolha o azeite de oliva extravirgem, que retém mais antioxidantes e não é fabricado com produtos sintéticos nocivos, como suas versões refinadas. Como o óleo de coco e o ghee, o azeite de oliva é excelente para cozinhar e também é ótimo para usar em temperatura ambiente (por exemplo, como base para o molho da salada).

Amêndoas

São um excelente alimento keto multifuncional, cruas, assadas ou temperadas. As amêndoas, além de consistir em 65% de AGMs, são ricas em magnésio e manganês e uma boa fonte de antioxidantes anti-inflamatórios, como a vitamina E. São ótimas como lanches, adicionadas a saladas e sopas ou sua versão em farinha. Além disso, são um alimento low carb, com proteína moderada e alto teor de gordura (exatamente como a keto em geral), e o manterão satisfeito no dia a dia. Pegue um punhado de amêndoas agora mesmo!

Carne de Boi Alimentado com Capim

Como as amêndoas, a carne é uma excelente fonte de gordura e proteína e gera saciedade. Porém, nem toda carne é igual. Os bois que andam livremente e comem capim, em vez de milho processado (o alimento típico dos animais criados para abate), produzem mais ômega 3, betacaroteno, vitamina E e AGM, o que melhora muito a qualidade. Além disso, a carne de boi alimentado com capim é orgânica, o que significa que não recebe antibióticos ou hormônios prejudiciais para aumentar seu rendimento.

DICA

A carne de boi alimentado com capim é mais cara e difícil de encontrar, mas vale o custo e o esforço. Procure o mercado de um fazendeiro local se os supermercados por perto não comercializarem esse tipo de carne.

Óleos Triglicerídeos de Cadeia Média

Os óleos triglicerídeos de cadeia média (MCT) são a base da maioria dos muitos benefícios do óleo de coco. Eles são mais fáceis de digerir do que outros tipos de gordura saturada e são queimados mais rapidamente como combustível. Os óleos MCT melhoram seus níveis de colesterol e controlam o aumento da *grelina* (hormônio estimulante do apetite que geralmente aumenta em pessoas que fazem dieta). Além disso, combatem a constipação e são uma ótima maneira de iniciar a cetose.

DICA

Os óleos MCT são um bom suplemento para ajudar aqueles que seguem a dieta cetogênica cíclica a conseguir recuperar a cetose (veja o Capítulo 1). Lembre-se, no entanto, de que seu sistema digestório precisa se adaptar a mudanças significativas na dieta, e sobrecarregá-lo com MCTs pode causar dores de estômago e diarreia. Incorpore gradualmente mais óleos saudáveis à dieta, e tudo dará certo.

CAPÍTULO 22 **Dez Fontes de Gorduras Saudáveis**   327

Peixe Gorduroso

Há ótimas opções de peixes gordurosos, como cavala, salmão, truta e variedades enlatadas, como sardinha e anchova. Eles são conhecidos pelos benefícios à saúde do coração, devido aos altos níveis de ácidos graxos ômega 3. Também são excelentes fontes de vitaminas lipossolúveis, como a vitamina D, e estudos mostram que as pessoas que comem quantidades maiores de peixe tendem a ter uma taxa mais baixa de problemas de memória relacionados à idade. Algumas pessoas evitam peixe por causa dos altos níveis de mercúrio, mas os gordurosos geralmente têm poucas toxinas.

CUIDADO

Embora comer peixe seja tremendamente saudável, o consumo excessivo acarreta alguns riscos para a saúde. Muitos peixes de água salgada contêm vestígios de mercúrio, o que não apresenta problema em pequenas quantidades, porque seu corpo o expulsa. Por um longo tempo, no entanto, o excesso pode se acumular em seu sistema, até atingir níveis tóxicos. Os especialistas recomendam que o consumo semanal de peixe deve se limitar a algo entre 220 e 340 gramas, para evitar possíveis complicações.

Sementes de Cânhamo[1]

As sementes de cânhamo são um ótimo suplemento para uma dieta keto. Essas nozes da planta do cânhamo — com pouca ou nenhuma substância ativa da maconha — têm um teor de proteína mais alto do que as sementes de chia ou linhaça. Além de gordura, são ricas em muitos minerais, como zinco e magnésio, importantes para o estilo de vida keto. Como o ghee na Índia, as sementes de cânhamo também são usadas há milhares de anos na medicina tradicional chinesa, e por boas razões. Estudos mostram que seus nutrientes atenuam doenças cardiovasculares. As sementes de cânhamo podem ser adicionadas a saladas ou sobremesas ou consumidas como um lanche prático.

Manteiga de Nozes

Como as nozes, a manteiga feita a partir delas é um ótimo suplemento para a keto. É uma excelente cobertura low carb para vegetais e ótima para fazer uma marinada com alto teor de gordura e proteína moderada, ou como ingrediente alternativo para sobremesas keto. Ao fazer compras, preste atenção aos rótulos e compre apenas opções que contenham nozes, amendoins e/ou sal;

---

1 Até a data de publicação deste livro, elas não haviam sido liberadas no Brasil. [N. E.]

muitas marcas comuns incluem óleos parcialmente hidrogenados e quantidades abundantes de açúcar, embora existam muitas opções naturais.

DICA

Escolha opções como manteiga de amêndoas, tahine ou de amendoim, devido ao baixo teor de carboidratos. Algumas manteigas de nozes (e as próprias nozes) têm mais carboidratos do que outras — por exemplo, a manteiga de amêndoa e a de amendoim têm menos carboidratos por porção que a de caju.

330   PARTE 6 **A Parte dos Dez**

Capítulo **23**

Dez Recursos da Keto

U m dos principais ingredientes de uma dieta bem-sucedida é ter à mão os recursos certos. Obter boas informações de autoridades qualificadas é tão importante quanto ter ingredientes de qualidade para cozinhar.

Os estudos reiteram que a parceria com outra pessoa ou comunidade comprometida com os mesmos objetivos é um fator crucial para se ater à perda de peso e mantê-lo baixo!

Neste capítulo, listamos os dez principais recursos da keto, incluindo comunidades. Além de fornecer informações excelentes, esses sites são feitos por pessoas excelentes e prestativas, comprometidas em viver o melhor de suas vidas com um baixo teor de carboidratos [todos com conteúdo em inglês].

Diet Doctor

Uma das melhores fontes sobre low carb da internet, o Diet Doctor (www. dietdoctor.com) fornece uma série de guias keto, receitas, informações sobre saúde, vídeos e notícias. Todos os seus guias são escritos ou revisados por médicos, para que você saiba que está obtendo os dados mais precisos possíveis.

Aplicativo Total Keto Diet

Desenvolvemos o aplicativo Total Keto Diet (www.totalketodiet.com) para ser uma referência para quem segue dietas low carb. Registre seus macronutrientes e os transforme em receitas e, então, em listas de compras — bem, digamos que a relação segue entre tapas e beijos. O aplicativo dá acesso a centenas de receitas com informações nutricionais já calculadas, incluindo calorias e macros. Você pode adicionar ingredientes às listas de compras no aplicativo, fazendo a seleção de refeições, o cálculo de macros e compras possíveis dentro do aplicativo. Os recursos de bônus incluem um serviço de planejamento de refeições, seção de notícias sobre keto e calculadora de macros.

Healthline Nutrition

O Healthline Nutrition (www.healthline.com/nutrition) é uma excelente fonte de informações sobre todos os aspectos da dieta low carb. Não só fornece uma das bibliotecas mais abrangentes de dados de keto, como cada artigo é escrito e revisado por nutricionistas e nutrólogos.

As informações disponíveis vão muito além de conselhos típicos de dieta "coma isso, não coma aquilo". Há artigos discutindo sobre como o colágeno afeta a saúde do cabelo ou como diminuir a ingestão de carboidratos beneficia sua pele. Se tiver alguma dúvida sobre como a dieta cetogênica afetará sua vida, comece por aqui.

Tasteaholics

Começamos o Tasteaholics (www.tasteaholics.com) depois que nos apaixonamos pela keto. Deixamos nossa própria jornada fomentar o conteúdo, perguntando-nos sempre: "O que gostaríamos de ter como recurso quando começamos?"

Após muitos anos de experiência, entendemos profundamente todas as dificuldades de começar ou voltar à dieta keto. É por isso que há centenas de receitas low carb e dezenas de artigos científicos sobre a keto e outros tópicos relacionados à saúde.

332   PARTE 6 **A Parte dos Dez**

Peter Attia

O médico Peter Attia (www.peterattiamd.com) é um dos pensadores mais inovadores do mundo low carb. Seus artigos, podcasts, vídeos e suas entrevistas são incrivelmente informativos. O Dr. Attia foi uma das principais inspirações quando decidimos testar a dieta cetogênica, e as informações que ele publica são tão úteis, que ainda visitamos seu site regularmente e sempre nos surpreendemos.

DICA

Confira sua palestra no YouTube sobre metabolismo, desempenho humano, resiliência e saúde (https://youtu.be/NqwvcrA7oe8). Foi uma das primeiras coisas que vimos sobre a keto, e nos abriu um universo incrível.

Mark's Daily Apple

Mark Sisson, criador da série Primal Blueprint (www.marksdailyapple.com/primal-blueprint-101), seleciona as melhores partes esquecidas de nossas tradições ancestrais e as combina com a modernidade para nos permitir viver genuinamente a melhor vida possível. Seu site, Mark's Daily Apple (www.marksdailyapple.com), está cheio de recursos, receitas a rotinas de exercícios. Se você procura um estilo de vida que vá além da simples perda de peso, temos certeza de que ficará encantado com o que Mark tem a oferecer.

KetoConnect

Se quiser descobrir mais sobre a keto com uma experiência personalizada para obter informações, veja o KetoConnect (www.ketoconnect.net). Esse site publica recursos em todas as principais plataformas de rede social, incluindo o YouTube. Ele também tem um podcast informativo (www.ketoconnect.net/keto-for-normies), além de toneladas de recursos de planejamento e preparo de refeições, e uma série de programas interativos.

/r/keto Subreddit, do Reddit

Indiscutivelmente o maior grupo do planeta focado em keto, o /r/ keto subreddit (www.reddit.com/r/keto) oferece inúmeras informações interativas. Com mais de 1 milhão de assinantes, há milhares de membros online a todo momento. Se você estiver com um problema específico e não conseguir encontrar ajuda, escreva lá. É quase certo encontrar vários colegas de dieta que tiveram, e superaram, exatamente o mesmo problema.

Calculadora de Macros para a Keto

Embora a Tasteaholics tenha sua própria calculadora de macros (www.tasteaholics.com/keto-calculator), há várias outras calculadoras em sites de qualidade. Ela deve sempre ser seu ponto de partida na keto, porque seus macros determinam tudo. Aqui estão algumas que recomendamos:

» https://revolucaoketo.com/calculadora-keto/ [em português]
» www.perfectketo.com/keto-macro-calculator
» www.wholesomeyum.com/the-best-free-low-carb-keto-macro-calculator

Como cada calculadora tem sua maneira de calcular os macros, a melhor tática é usar duas ou três e calcular a média dos resultados.

LEMBRE-SE

Se usar mais de uma calculadora, os resultados poderão variar um pouco. Não se preocupe muito com essa discrepância: cada calculadora adota uma abordagem um pouco diferente, avaliando opções como atividade profissional e níveis de condicionamento. Procure várias, calcule a média dos números e vá em frente. Ao encontrar o que funciona melhor para sua vida, você poderá personalizar seus macros para encontrar o que mais combina em seu caso.

Grupos de Facebook sobre Keto e Low Carb

Embora a maioria dos recursos listados neste capítulo seja informativa, nada supera o suporte que você obtém ao interagir com colegas que estão na mesma jornada. O Facebook é uma excelente plataforma para fazer isso, com grupos grandes e pequenos para oferecer conselhos, feedback e incentivo a cada passo.

Nosso grupo no Facebook, Total Keto Diet (www.facebook.com/groups/totalketodiet), é a base de compartilhamento de receitas, histórias de sucesso e inspiração. Se você acabou de ingressar no estilo de vida low carb ou se é um profissional experiente, esse é seu lugar. Também há grupos menores, direcionados para uma localização geográfica específica ou com foco em problemas individuais, como PCOS ou diabetes.

LEMBRE-SE

Você não precisa fazer isso sozinho, e existem milhões de pessoas por aí que querem ajudá-lo!

PARTE 6 **A Parte dos Dez**

Apêndice
Guia de Conversão Métrica

Nota: As receitas deste livro não foram desenvolvidas ou testadas usando medidas métricas. Pode haver variação ao converter para unidades métricas.

Abreviaturas Comuns

Abreviaturas	O que Significa
cm	Centímetro
X., x.	Xícara
G, g	Grama
kg	Quilograma
l	Litro
ml	Mililitro
col. de chá	Colher das de chá
col. de sopa	Colher das de sopa

Índice

A

abacate, 311

acetilcolina, 75

acetoacetato, 35, 41

acetona, 41

ácido

    alfalinolênico (ALA), 53, 105

    docosa-hexaenoico (DHA), 53

    eicosapentaenoico (EPA), 53

    gama-aminobutírico (GABA), 33

    graxo monoinsaturado (AGM), 144, 311

    linoleico, 55

      conjugado, 57

    málico, 90

    oleico, 82

    β-hidroxibutirato, 31

    β-hidroxibutírico, 35, 41

ácidos graxos, 44

    monoinsaturados, 52–53

    poli-insaturados, 56–57, 74

    tipos, 41

acne, 31

açúcar

    simples, 72

    tipos, 66

adenosina, 33

    trifosfato (ATP), 26, 216

adiponectina, 193, 202

adoçantes, 88, 98

    artificiais, 68

afundos, 234

agachamentos unilaterais, 235

água, 96

    detox, 97

    eletrolítica, 101

    ervas frescas, 97

    infundida, 97

albumina, 241

álcool, 108

alimentos

    cetogênicos, 8

    naturais, 73

    orgânicos, 73

almoço, 151

amêndoas, 313

aminoácidos, 30, 42

    essenciais, 222

    ramificados, 222

artrite reumatoide, 201

atividades de resistência, 216

autofagia, 45

    lisossômica, 195

azeite de oliva, 312

    extravirgem, 81

azia, 173

B

banha, 81

    de porco, 82

Berkhan, Martin, 205

beta amiloide, 204

beta-hidroxibutirato (BHB), 214

bile, 172

biotina, 169

bolas BOSU, 234

burpees, 237

C

café, 102
 da manhã, 151
cafeína, 245
calculadoras de TMB, 122, 320
cálculos biliares, 172
calorimetria indireta, 122
cânhamo, 314
carboidrato complexo, 72
carboidratos, 146
 líquidos, 132
 saudáveis, 28
carne
 cortes, 77
 de boi, 313
caseína, 241
cervejas light, 110
cetoacidose, 17, 35
 diabética, 90
 sinais, 162
cetogênese, 22
cetonas, 17, 244
 exógenas, 89
 β-hidroxibutirato, 50
cetose, 8, 15, 41, 308, 309
chá, 103–104
Choose My Plate, 59
ciclo de Krebs, 26
colesterol, 37, 55, 308
 da lipoproteína de alta densidade (HDL), 10
 da lipoproteína de baixa densidade (LDL), 10
 níveis, 171
 tipos, 29
 total, 29
colina, 75
comida
 chinesa, 145
 japonesa, 145
 mediterrânea, 144
constipação, 164
corpos cetônicos, 44
creatina, 243
crustáceos, 83

D

dendritos, 201
desintoxicação, 203
destilados, 110
DHGNA, 119
diabetes, 14, 24, 32, 308
 tipo 1, 17
 tipo 2, 14, 25, 28, 202
diarreia, 165
dieta
 cetogênica
  cíclica, 11–12
  direcionada, 11
  hiperproteica, 12
  padrão, 10–11
 de Atkins, 186
 dos guerreiros, 206
 mediterrânea, 52
 rápida, 206
disponibilidade calórica, 92
distrofia muscular, 196
diverticulose, 138
doença
 celíaca, 69
 de Alzheimer, 26, 31, 201
 de Parkinson, 27
 hepática, 119
 pancreática, 119
 renal, 119–120
doenças cardiovasculares, 33
Duve, Christian de, 203

E

eczema, 198

efeito ioiô, 23

eletrólitos, 101, 130, 135

energéticos, 107

epilepsia, 9, 31

    infantil, 9

    intratável, 31

    refratária, 22

equação de Mifflin-St. Jeor, 122–123, 169

equivalente metabólico (MET), 215

eritritol, 88

estatinas, 29

ésteres cetônicos, 89

estévia, 88

estresse, 170

estrogênio, hormônio, 84

exercício aeróbico, 233

exercícios na transição

    desvantagens, 213

F

fator neurotrófico derivado do cérebro (BDNF), 201

fenóis, 81

ferro heme, 78

fibra

    tipos, 137–139

fibromialgia, 32–33

fruta-do-monge, 88

frutas, 85

frutos do mar, 83, 143

frutose, 71

G

gasto energético diário (GED), 123

ghee, 82, 312

glicogênio, 44, 213

glicólise, 40, 217

gliconeogênese, 24, 41–42, 90, 133, 223

    intestinal, 137

glúten, 69

gorduras

    alternativas, 83

    grupos, 52

    trans, 57–58, 81

gravidez ou amamentação, 118

grelina, 23, 193

gripe cetogênica, 13, 34, 160–161

    principais remédios, 161

    sintomas, 47

guacamole, 149

H

hálito cetogênico, 19, 35, 41, 167

hemoglobina A1c (HgbA1c), 32

heroína, 19

HGH, 194

hipertensão arterial, 202

hipoproteína de alta densidade (HDL), 29

hipotireoidismo, 121

HMG-CoA redutase, 29

Hofmekler, Ori, 205

hormônio

    do crescimento humano (HGH), 218

    do jejum, 193

I

IG, escala, 71

IGF-1, 197

IMC, 115

inanição, 45–46

índice glicêmico, 65

indigestão, 173

insulina, 43

intolerância à lactose, 104

inulina, 139

isoflavonas, 84, 106

J

jejum, 45, 191, 204

    dezesseis horas, 205

    dias alternados, 207

    vinte horas, 205

K

ketchup, 147

keto

    adaptação, 213

    bebidas aceitas, 152

    biblioteca, 318

    cíclica, 228

    direcionada, 116, 227

    erupção, 174–175

    estágios, 180

    refeições, 126

L

lanches

    opções, 128

L-carnitina, 78

leptina, 23, 194

lipase, 166

lipoproteína

    de alta densidade (HDL), 81, 171, 202, 308

    de baixa densidade (LDL), 29, 98, 171, 207, 308

L-teanina, 245

M

macroautofagia, 195

macronutrientes, 39

    primários, 15

maionese, 149

manteiga, 80

    de nozes, 314

massa corporal magra, 24

mercúrio, 79

metabolismo

    aeróbico, 216

    anaeróbico, 216

metilsulfonilmetan, 170

modelo transteórico, 179

mogrosídeos, 99

molho

    barbecue, 147

    béarnaise, 150

    de búfalo, 150

    de feijão preto, 147

    holandês, 149

Mosely, Michael, 206

MPS, 221

multivitamínico diário, 245

N

neurotransmissores, 25

    ácido gama-aminobutírico (GABA), 25

    monoaminas, 25

neurotrofinas, 26

nozes, 87

O

Ohusmi, Yoshinori, 203

óleo

    de abacate, 136

    de canola expeller pressionado, 81

    de coco, 54, 312

        virgem, 81

    de girassol, 82

    de nozes, 136

    de peixe, 245

    MCT, 36, 48, 136, 243

tipos, 80

óleos triglicerídeos, 313

ômega 3, 53–54, 75

ômega 6, 56–57, 81

ovos, 151

    como escolher, 76

oxidação da gordura, 217

P

palpitações cardíacas, 166

peixes, 78

    gordurosos, 314

pele

    acne e marcas, 198

período de "areia movediça", 181

peso, perda, 307

Pilon, Brad, 207

polifenóis, 104

pré-bióticos, 137

pressão alta, 308

probióticos, 137

proteína, 133

    da ervilha, 242

    do leite, 241

    do ovo, 241

    em excesso, 226

    em pó, 240

prurigo pigmentoso, 174

psoríase, 198

Q

queda de cabelo, 169

R

raiz de chicória, 99

realimentação, síndrome, 209

refeições prontas, 91

refrigerantes dietéticos, 107

resistência à insulina, 40, 117

ressaca, 112

restaurantes self-service, 143

S

saciedade, 309

sal de Epsom, 161

sangue, exame, 50

shakes, 92

sinapses, 201

síndrome

    do intestino poroso, 69

    do ovário policístico (SOP), 10, 30

    metabólica, 32

síntese de proteínas musculares, 196

SIRT1, 202

sistema endocanabinoide, 34

Sociedade Internacional de Nutrição Esportiva (ISSN), 220–221

sono, 309

    estágios, 27

sprints curtos, 215–216

sriracha, 147

substitutos lácteos, 104

sucralose, 100

suplementos, 93, 239

T

tagatose, 99

Tai chi, 234

taxa metabólica basal (TMB), 121–123

telômero, 199

tempeh, 84

teriyaki, 147

teste de urina para cetose, 17

tireoide, 121

tofu, 83

treinamento, 232

de alta intensidade, 216

intervalado de alta intensidade (HIIT), 216

triglicerídeos, 29, 44

de cadeia média (MCT), 26, 81, 228

U

ubiquitina-proteassoma, 195

urina, teste, 49

V

vegetais

amiláceos, 70

low carb, 85

vinagre balsâmico, 147

vinhos secos, 110

vitaminas lipossolúveis, 151

W

whey protein, 240–241

X

xarope de yacón, 99

xilitol, 88

Y

yoga, 235

CONHEÇA OUTROS LIVROS DA PARA LEIGOS

Todas as imagens são meramente ilustrativas.

CATEGORIAS
Negócios - Nacionais - Comunicação - Guias de Viagem - Interesse Geral - Informática - Idiomas

SEJA AUTOR DA ALTA BOOKS!

Envie a sua proposta para: autoria@altabooks.com.br

Visite também nosso site e nossas redes sociais para conhecer lançamentos e futuras publicações!

www.altabooks.com.br

ALTA BOOKS
E D I T O R A

/altabooks ▪ /altabooks ▪ /alta_books

Este livro foi impresso nas oficinas gráficas da Editora Vozes Ltda.,
Rua Frei Luís, 100 – Petrópolis, RJ.